U0939323

做女人当如林徽因，如她一样为自己谱写一个如夏花般绚烂的人生！

你若盛开，蝴蝶自来

做个像林徽因一样的女人

拱瑞　编著

吉林文史出版社
JILINWENSHICHUBANSHE

图书在版编目（CIP）数据

你若盛开，蝴蝶自来：做个像林徽因一样的女人 / 拱瑞编著 . -- 长春：吉林文史出版社，2018.6

ISBN 978-7-5472-4875-1

Ⅰ. ①你… Ⅱ. ①拱… Ⅲ. ①林徽因（1904-1955）—传记 Ⅳ. ①K826.16

中国版本图书馆 CIP 数据核字（2018）第 023530 号

你若盛开，蝴蝶自来：做个像林徽因一样的女人
NI RUO SHENGKAI HUDIE ZI LAI:ZUO GE XIANG LINHUIYIN YIYANG DE NVREN

编　　著　拱　瑞
出 版 人　孙建军
责任编辑　陈春燕　崔月新
封面设计　子　时
图片提供　www.ICpress.cn
出版发行　吉林文史出版社有限责任公司
地　　址　长春市人民大街4646号
电　　话　0431-86037509
网　　址　www.jlws.com.cn
印　　刷　北京中振源印务有限公司
开　　本　720mm × 1020mm　1/16
印　　张　20
字　　数　360千
版　　次　2018年6月第1版　2018年6月第1次印刷
定　　价　69.00元
书　　号　978-7-5472-4875-1

前言

在馨香如诗的六月，空气中蔓延着夏日的湿润与清新，执一笺朴素的光阴，走近一个美与智慧交织的灵魂——绝代风华、旷世才情林徽因。

萧乾先生的夫人文洁若女士在《林徽因印象》中说："林徽因是我平生见过的最令人神往的东方美人。"她还说："按说经过抗日期间岁月的磨难，她的健康已受严重损害，但她那俊秀端丽的面容、姣好苗条的身材，尤其是那双深邃明亮的大眼睛，依然充满了美感。"

中西方文化的共同滋养，使她既具有东方传统古典的节制与宁静，又有着西方浪漫洒脱的热情和飘逸，她成就一个时代女性的传奇。尽管世事纷扰她却从未迷失，她从不承担岁月流逝带来的沧桑，云淡风轻地看穿起落沉浮，安静素然，优雅如初。

她的身上折射出许多优秀男人的光芒，她斐然的才情与绝代风华让徐志摩魂牵一生，让梁思成宠爱了一生，让金岳霖仰慕了一生。她柔婉诗意的存放好这一段段生命难以承受之重的深情，不沉迷、不背叛、不辜负。当爱入迷途时，她决绝知返斩断情丝；当缘定终身时，她心如蒲苇韧如丝，坚定守候；当柏拉图式爱情降临时，她心虽两难却真实坦诚。她洋溢着迷人的魅力，让仰慕者的目光无法移开。

当然，爱情并非她生活的全部。知识女性的智慧张扬着自我的独立品格，在她家著名的"太太的客厅"里有文化气息浓郁的艺术沙龙茶会，这是精神领域的饕餮盛宴，聚集着包括朱光潜、沈从文、巴金、萧乾在内的一批文坛名流巨子，他们谈文学、说艺术、读诗、辩论，而林徽因总是灵魂人物。她用英语探讨英国古典文学和中国新诗创作，那由天马行空般的灵感而迸发出的精彩评述赋予沙龙强烈的个人魅力，使她成为一颗不夜的明珠，光芒四射、熠熠生辉。

她是建筑师，参与国徽设计、改造传统景泰蓝、参与天安门人民英雄纪念碑设计，伴随她的丈夫梁思成考察不可计数的荒郊野地里的民宅古寺。梁思成曾经对学生说，自己著作中的那些点睛之笔，都是林徽因给画上去的；她是文人，一生写过几十首诗，诗中暖和爱的回响至今传唱。

作为女人，她还是一个温柔的妈妈，1932年儿子梁从诫响亮的啼哭给梁家上下带来了喜悦与满足，当林徽因抱着这个生命的时候，心中涌动起浓浓的爱意，如四月的春风，抚慰着她身心，她把这人间的情爱和暖意用诗写了下来。

她说：我们要在安静中，不慌不忙地坚强。萧乾在《才女林徽因》中写道："听说徽因得了很严重的肺病，还经常得卧床休息。可她哪像个病人，穿了一身骑马装……她说起话来，别人几乎插不上嘴。徽因的健谈绝不是结了婚的妇人的那种闲言碎语，而常是有学识、有见地，犀利敏捷的批评……在她生命的最后岁月，即使要承受病痛的折磨，依旧优雅如初。"

做女人当如林徽因，如她淡定素然，如她聪慧独立，如她率真坦诚，如她执着坚韧，如她一样为自己谱写一个如夏花般绚烂的人生！

目录

第一章 江南有佳人，倾城醉未苏——精致女人成就永恒美丽

在喧嚣的尘世，她如岁月长河里一朵不败的清莲，温存如璞玉般镶嵌在人们记忆的琥珀中。悉心的美丽，婉约的知性，没有不甘的求索，没有逼仄的眼泪和无奈，“最是那一低头的温柔，像水莲花不胜凉风的娇羞”。岁月依旧静好，你优雅如初。

第二章
捧兰心蕙质，驻书香悠长——女人的修养成就生命的丰盈

伫立在红尘彼岸，回望年轮更迭中的半生痕迹，她曾用心灵的纯美和庄严去寻找生活中恒长的宁静，于生命哲学之光照耀下迸发出智慧的火花，用丰厚的学识与智者并肩，任时光从身边悄无声息地流淌，让那瓣瓣莲花飘散于书香，她守一窗娴静的淡月。

她也曾轻品一杯淡雅的清茶，在午后温暖的客厅，天马行空般的灵感迸发出的精彩评述，让她坚韧的眼神在黑白分明中透露她隐隐的锋芒，在奔流不息的生命长河里保持一如既往的热情。

任岁月的轻霜爬上脸颊，她用浅笑绿了荒野、晴了雨天。

第三章
人生乐在相知，有情不必终老——有你是最好的时光

浩如烟海的光阴里，那些走过的风景，路过的记忆，经历的成长，轻随过往远去。你曾倚着岁月的门扉莞尔浅笑，温婉多情描绘出素年锦时的美好，也曾想要冲破层层羁绊将灵魂的寂寞搁浅。微醺的晚风浮动暮霭中的淡淡哀愁，那一夜的月色旖旎，你决定悄然离去。

也许每一段悲伤都是幸福的预演，告别一次不被祝福的爱情，好过无辜人痛苦的成全。于是，那一季花开得灿烂，仓皇美好不过一瞬间。就把那些遗憾留在昨天，把一切的执念都交付给时间。

爱过，就是成长。

第四章

相伴不忘初心，守望婚姻麦田——相濡以沫的爱是婚姻的保护伞

一定是三生石畔曾默然颔首，这一世，才能执子之手。婚姻，也许注定要有柴米油盐的平淡，相伴一生，道路不可能永远是坦途，曾冷战、争吵，曾失望、徘徊，然后却更坚定地握紧彼此的手。不要让爱因岁月的冲刷而斑驳失色，为我们曾经风花雪月的浪漫，曾经为爱不顾一切的勇敢，曾经说好的一生，相依相伴。依旧静好，你优雅如初。

第五章
红颜不失志，梦想在心中流淌—— 在乐业中雕刻时光

世人总是津津乐道于她缠绵悱恻的爱情，于是不经意间就忽略了她傲骨博学的大家风范。她不仅是一个浪漫迤逦的女子，她还是写得一手音韵极美新诗的具有美感和想象力的诗人、一个从事开创工作的具有科学家的细致和踏实精神的建筑学家、一个学识渊博的治学严谨具有充沛热情的教育家……

她张扬着自我的独立品格，在乐业中雕刻出最美的时光。

第六章

水滴涟漪终消散，木记轮回恋此生—— 享受生活，活出自我

为追寻那一抹美的灵光，她在纷呈世相中，步步生辉，寸寸皆是庄严。

岁月流转，她心若莲花，盛放过后还有暗香盈动，在你不经意间沁入心肺，而难以忘怀。当智慧的双眼看透了生命的终点是死和美的短暂性，她将半生的荣耀与流离演绎成绝代风华，仰止当世，光照来人。

在喧嚣的尘世，她如岁月长河里一朵不败的清莲，温存如璞玉般镶嵌在人们记忆的琥珀中。悉心的美丽，婉约的知性，没有不甘的求索，没有逼仄的眼泪和无奈，『最是那一低头的温柔，像水莲花不胜凉风的娇羞。』岁月依旧静好，你优雅如初。

第一章

江南有佳人，倾城醉未苏
——精致女人成就永恒美丽

用优雅拂去岁月的轻尘

在一场雪的曼舞中淡如云烟，然后又轻轻地摇曳一场月光如水的相逢。栖身于世风百态却能静守优雅，将心开成一朵素雅的莲，面对周而复始的生活的洗礼独享清欢，经年的流韵被温进一盏茶香，在静寂时独享。心中有花开，幸福就在。

尘俗中的优雅舞者

林徽因有一个女人梦寐以求的先天条件——容貌秀丽，20世纪30年代，金岳霖曾题“梁上君子、林下美人”的对联赠予梁思成、林徽因夫妇。冰心提起林徽因，开口就说：“她很美丽，很有才气。”比较林徽因和陆小曼时，更以为林徽因“俏”、陆小曼“不俏”。

与林徽因一起长大的堂姐堂妹，几乎都能细致入微地描绘她当年的衣着打扮、举止言谈是如何地令她们倾倒。一个美艳如花的女人得到众多男士的追捧并不罕见，可是能得到这些同性的赞美，证明林徽因确实有魅力。

林徽因曾在美国的宾夕法尼亚大学读书，一个美国女孩儿这样描述林徽因的气质：“一位高雅的、可爱的姑娘，像一件精美的瓷器。”

萧乾先生的夫人文洁若女士在《林徽因印象》中说：“林徽因是我平生见过的最令人神往的东方美人。”还说，“按说经过抗日期间岁月的磨难，她的健康已受严重损害，但她那俊秀端丽的面容，姣好苗条的身材，尤其是那双深邃明亮的大眼睛，依然充满了美感。”“美在于神韵——天生丽质和超人的才智与后天良好高深的教育相得益彰。”

林洙女士在追忆她与梁思成、林徽因的往事时，说：“她是我在一生中见过最美最有风度的人。”

众多的赞誉证实了林徽因的天生丽质。

她的美貌的确毋庸置疑，可是，美貌会随着岁月的流逝发生很多改变，没有谁的容貌可以永不衰老。我们的历史从未缺少过美女，女子倘若只是容貌艳丽还不足以称奇，岁月易逝，年华易老，当只剩下没有灵魂的丑陋的皮囊，又有谁肯去回望那些香消玉殒的容颜？

但是，经过岁月的磨难后，林徽因依然是“充满了美感”的。这里所说的美感，已经不再仅仅是来自于容貌，这美包含了太多的东西，更准确地说，它应该是一种来自灵魂的优雅。她一直努力地丰富着自己，实现着自己的梦想。她知道，只有一个内外兼修的人、一个灵魂丰盈的人，才会有一个精彩的人生。

于是，她用她过人的艺术涵养和文学天赋去展现灵魂的丰盈，她的诗歌非常优美，“我说你是那人间的四月天，笑响点亮了四面风；轻灵，在春的光艳中交舞着变”。

这随着心意流淌出的文字，这对于世间美好事物的赞颂，已经足够表现出她的才情。她用微笑做笔，感悟了流年的婉转。繁华过眼，她总是懂得去珍视岁月中最美的眷恋。她优雅盛开——如一支暗香盈盈的白莲花。

女孩儿需要富养出来的优雅

法国著名女作家西蒙娜·德·波伏瓦有一个著名的论断：女人，不是生而为女人的，是被变成女人的。尤其是林徽因生活的时代，女性的成长和发展大多取决于所在的家庭。

她很幸运，有一个很好的起点和平台。

她生于官宦世家，早期在培华女子中学读书。培华女中是所教会办的贵族学校，教育制度较为先进。聪慧的林徽因接受了良好的教育，尤其是为英语的学习打下了坚实的基础。在那样的时代，能有这样受教育的机会已实属难得。可是父亲林长民对她还有更高的期许。1920 年春天，父亲林长民赴欧洲考察西方宪制，特意带着爱女林徽因。他行前明确告知女儿：“我此次远游携汝同行。第一要汝多观察诸国事物增长见识。第二要汝近我身边能领悟我的胸次怀抱……第三要汝暂时离去家庭烦琐生活，俾得扩大眼光，养成将来改良社会的见解与能力。”（1920 年致林徽因信）这次游历的经历，确实让她

感受到了世界的广阔，视野和胸襟也由此开阔。她兼具着中西之美，既秉有大家闺秀的古典之美，又具备中国传统女性所缺乏的独立精神和现代气质。是父亲让她有了成为新女性的可能，这样的经历令同时代众多优秀女性所艳羡。

所以说，一个很好的起点对于一个女人的成长至关重要。

气质的培养，视野的开阔，阅世能力的丰富，见识的增强更容易成就一个有智慧、自强、自立的女性。聪明的女人之所以清楚自己要的是什么、什么是真正值得追求的东西，是因为她们的阅历足够丰富，没有比较，哪来选择。

所以林徽因对于徐志摩"你是我波心一点光"的热烈的爱才能做到最终放手，决绝地离开是如此明智。只有拒绝了错误的，才有找到对的可能。也只有这样，女人的美才不会昙花一现，她得到的不是一时的追捧，而是一世的仰慕和追随。金岳霖为了她终身未娶，不论是战前在北平还是战后迁回清华，金岳霖总是"逐林而居"。中年患肺病的林徽因需要安静，金岳霖在她的住宅前竖起一块木牌，嘱托往来行人及附近的孩子们不要吵闹，以免影响病人休息。他不求回报的付出，用完全无私的、柏拉图式的爱对一位聪慧女性给予了最高的褒奖。

富养出的女孩儿不但有过人的聪慧，也能够看清浮世的繁华和虚荣的诱惑，去守住自己的一片纯净天空。在面对世间种种无奈，懂得不追问、不强求。因为知道自己如沧海一粟般渺小，从不高傲自负，因为知道生命短暂，才要更精彩地活。

富养并不是骄纵，因为富养的"富"指的主要是精神财富。因为只有精神的丰盈才可以真正使一个女人蜕变得优雅从容。

林徽因的父亲给她提供的恰恰是这样丰厚的精神财富。

卢梭曾经说过："一个女人可以用化妆品使她出一出风头，但是获得别人的喜爱，还要依赖她的人品和处世手段。"

因为家境较为殷实，父亲林长民不但学识渊博，思想又开通，他不但给女儿提供了优越的成长空间，让这个女孩儿从未因为物质的匮乏产生过耻辱感和自卑感，还给她了一个聪慧的头脑，让她能在为人处世时宽容豁达。如果不是因为父亲林长民的"富养"，林徽因的人生定要大打折扣。

其实贫穷并不可怕，可怕的是女孩儿在这其中产生的那种对物质的强烈欲望。如果一个女孩儿能够在贫穷时仍然能不卑不亢，这也是"富养"。

对于女人来讲，能够从容优雅，大多是因为自己拥有自信，而这自信来源于学识、见识和修养。这些品质的养成自然要靠从小的积累。从这个角度来讲，对于女孩儿的培养，家长其实要付出更多的精力。不管物质条件如何，都要让自己的女儿懂得自尊自强并拥有自信，快乐虽然简单但不能肤浅，不要因为虚荣而挥霍自己的青春。其实，培养一个出色的女孩儿，并不是为了嫁入豪门，而是优秀的女孩儿才能匹配优秀的男人。

女孩儿需要富养，也需要自信带来的优雅。

一个气质高贵、见多识广、优雅聪慧，并且独立自主的女人，走到哪里，都会有目光追随。

优雅的气质使女人成为一道鲜活、亮丽的风景

拥有闭月羞花、沉鱼落雁的容貌的女人只是少数，而且她们都未必因为貌美就幸福。但是，有些人相貌平平却能因为其知性、优雅而绽放光彩，并得到生活丰富的馈赠。

这就是这个瞬息万变的现代社会对女性的审美标准，优雅的气质才使女人成为一道鲜活、亮丽、永不褪色的风景。内在修养的不断提高，驾驭生活的能力不断增强，生活因为智慧的增加而不断丰富，让女人能在混乱的外部世界中，始终淡定从容地安于当下。

没有人生来优雅。如果说美丽可以与生俱来，但优雅气质却是后天修炼而成的。年轻的女孩儿总是想不起优雅，因为大多时候，她们都是用青春和无畏去战胜现实的残酷，错了可以重来，有大把的时间可以挥霍。

可是总有一天，女孩儿要长大，要成为妻子、母亲，她要扮演更多的角色。当其认识到内在成长的重要性，才开始真正认识到，优雅对于一个女人的重要。

一个优雅淡定的女人可以把柴米油盐原本枯燥的生活安排得舒心而惬意，她能在不同的场合表现出得体的仪态，她能在举手投足间非常自然地表现出一种雍容大气的风度，她的微笑能让周围的每一个人都感到温暖快乐。一个优雅的女人不会因为韶华逝去而多么悲伤，因为她知道女人的美在于岁月的沉淀，在于时光的雕琢，优雅是人生不可多得的美好，她的内心不惧怕衰老。曾经青春逼人现已近不惑之年的张曼玉，在岁月和生活的磨砺中历久弥新，她的举手投足充满了女人特有的魅力，她总能神采奕奕地保持优雅的微笑，她蜕变出了四十岁女人优雅洒脱的气质。

一个内心焦躁的人，会觉得整个世界都是焦躁的。而一个优雅的人，自然能够在岁月中找到幸福和美好。这就是优雅之于一个女人的重要。

做一个优雅的女人，虽然不需要倾城倾国的外貌，但是一个整洁舒服的面容还是非常重要的。做好日常的保养，加强运动锻炼保持好身材，才能展现出自己的魅力。在社交场合中，要注意谈吐，应彬彬有礼、落落大方，别夸张地大笑和肆无忌惮地交谈。多

培养自己高雅的兴趣爱好，每天只知道家长里短，吃了饭就坐在沙发上看电视的女人，注定在男人眼中是索然无味的。

保持一颗随意平和的心，要懂得平衡自己内心的欲望。优雅是日子一点儿点儿小火煨出来的，是一个个经历磨炼出来的，优雅也是一种淡定从容的心态。不要在挫折失意时就妄自菲薄，也不要把自己紧紧包裹在内心里。好或坏、福或祸，都能以恬静安宁的心态去对待。优雅的人生活会有艰辛、坎坷，但她可以从容地接受，有能力让自己在不幸福中找到快乐。

我们每一个人都逃不过老去的命运，而昂贵的化妆品只能维持表面的虚幻美丽，与其在年岁的砥砺之下仓皇老去，不如以积极的心态和健康的生活品质时刻绽放优雅。心似莲开，清风自来！

静/思/小/语

面对周而复始的生活的洗礼，不管是我们的容颜还是灵魂都难免刻上岁月的痕迹，既然我们每个人都逃不过老去的命运，不如用优雅拂去岁月的轻尘，保持一颗随意平和的心，让心中的花开，随幸福存在。

用浪漫诠释人生

岁月随时光流转，人生中，风雨几番相伴，离合几许悲欢，风景不断变幻，在世事纷争的喧嚣中，要有一颗浪漫的心，将岁月里的苍凉慢慢地融化。是浪漫的心境，让女人在无声中慢慢散发出淡淡的清香，成为一道美丽的风景线。

浪漫打败生命的乏味

在对林徽因众多的赞誉中，有一个人的评价颇值得回味，她就是张幼仪。

张幼仪是徐志摩的第一任妻子，因为是父母之命、媒妁之言，所以这样的传统婚姻并无爱情基础，婚后两个人也因为过大的文化差距而渐行渐远。当她知道徐志摩喜欢上林徽因时，她对这个“情敌”自然心情复杂。可是，在她见过林徽因之后，这样评价：“徐志摩的女朋友是另一位思想更复杂、长相更漂亮、双脚完全自由的女士。”

这里，不但再一次印证了林徽因的漂亮，更说出了她的与众不同的个性。她有着西方人的那种自由和浪漫。

1937 年，林徽因曾向自己很喜爱的小说家沈从文动人地回忆起自己当年随父客居伦敦的生活：“理想的我老希望有点儿浪漫的事发生，或是有个人来叩门坐在我对面同我谈话，同我坐在炉边给我讲故事，最要紧的还要有个人要来爱我。我做着所有女孩儿做的梦，而实际上是天天落雨又落雨，我从不认识一个男朋友，从没有一个浪漫聪明的人来同我玩儿。”在这孤寂时光里，徐志摩恰到好处地出现了。自此，那段雨雾氤氲的英伦时光，便被诗意和浪漫围绕，从此成为林徽因一

生之中美好的记忆和诗篇。

对于一个女人来说，最大的幸福莫过于与爱人一起享受浪漫美好的生活了。每个女孩儿的脑海中都有一个白马王子，很多女性在小的时候就开始幻想以后和自己的爱人共度美好时光了，随着年龄的增长，这种期盼也越来越强烈。在最美的年纪就该邂逅最美的爱情。女人不应整日自艾自怜，总是怨天尤人。整日强赋新愁，面目逐日可憎。少女情怀总是诗，那么，拥有如诗情怀就如少女一样可爱。

我们不要做岁月的奴、听从命运的安排，我们要让生命更丰富，我们需要爱情滋养生命，那就需要更勇敢的心，去捕捉爱的讯息，去聆听爱情的召唤。即使无法一起慢慢守望到老，只剩一人清欢，但至少，曾萍水相逢，在那交会时互放出光亮。

一个浪漫可爱的灵魂，才是最美的愉悦

卞之琳曾说："她天生是诗人气质、酷爱戏剧，也专学过舞台设计，却是她的丈夫建筑学和中国建筑史名家梁思成的同行，表面上不过主要是后者的得力协作者，实际却是他灵感的源泉。"

林徽因用自己浪漫的诗人气质给丈夫无限灵感。喜欢浪漫的女人，都是内心美好善良的。

谁说只有女人爱浪漫，男人不也享受这份浪漫带来的愉悦吗?

有时，对丈夫最好的辅佐，并非只有衣食住行的嘘寒问暖、贴身照顾，一个浪漫可爱的灵魂，才是最美的愉悦。也许很多时候，女人把太多的注意力放在了日常琐事上，并未关照好自己爱人的情感需要。每一朵花都有它的美丽，每一个女人都有自己独特的

魅力，但凡所有的美丽，都不只是为自己盛开，都存在着一份期待。

有这样一个关于丝袜的哲理故事。

假如送一双名牌丝袜给美国女人，那她会说：瞧，我有一双全世界最好的丝袜！可法国女人会说：瞧，我是全世界最性感的美腿女人！

这就是讲究实用的美国女人和浪漫的法国女人的不同之处。这也说出了世界上两种不同的女人的价值观。

同样是一双丝袜，对两个女人所产生的幸福感是不同的，法国女人所代表的浪漫女人其实获得了更大的幸福。她对这双丝袜充满无限浪漫的想象，也许，它会带来一次次魅力四射的舞会的艳遇；也许是一次白马王子的深情回眸；也许是一段销魂蚀骨的爱的旅程……

一个浪漫的女人就因为一双丝袜而成就了幸福的历程。

幸福在法国女人的行动中产生、存在，持久地散发着芬芳。若干年后，丝袜或许早成灰烬，而法国女人却永远记住了这些曾经有过的幸福，这种幸福将会以纯粹的方式被女人保存积累，在她一生的日子中都会被放大、回忆，并为之珍爱，一双丝袜所经历过的幸福让她这一生都成了有意义的生活！

对于讲究实用的美国女人来说，让她感到幸福的是自己拥有了那双漂亮的丝袜，因为占有而幸福必将短暂，因为万物无法永恒，有一天，她可能会因丝袜的消失而失望或烦恼。我们追求的其实是一种幸福的感觉。

有人经常说："为了老公，应该好好打扮。"这句话乍听起来可能会感觉不对，为老公打扮？但是并非没有道理，放眼社会，多少婚姻的破裂是因此而起。太多离婚的都是男人以女人是黄脸婆为借口的。虽然说以此为借口的男人品格有一些问题，但不能总让男人有以此为理由的机会。爱美之心人皆有之。当然，在装扮外表之余，更重要的是还要有一种浪漫的情怀。

□ 爱打扮的林徽因对于面容、发式、衣袜都没有草率对待过，她不但拥有美丽，还懂得绽放美丽。

试着去拥有一个浪漫可爱的灵魂，它不但能取悦别人，还能愉悦自己，何乐而不为呢？

如何变成一个浪漫的女人

婚前，梁思成问林徽因：“有句话，我只问这一次，以后都不会再问，为什么是我？”林徽因答：“答案很长，我得用一生去回答你，准备好听我了吗？”感情要用一辈子的时间回答、一生的时间来证明，激情岁月永远比不过细水长流。

如此浪漫的回答更加坚定了梁思成同她携手一生的决心。谁不愿同一个浪漫的女人过一生，生命乏味与否，在大多数时间取决于伴侣的性格。生活其实都是需要自己去实践。

碌碌无为、琐事缠身是一生，琴瑟和鸣、举案齐眉、逍遥快活也是一生。事实也证明了，梁思成对婚姻生活是如此满意。他说：“人家讲‘老婆是别人的好，文章是自己的好’，但是我觉得‘老婆是自己的好，文章是老婆的好’。”

林徽因的堂弟林宣曾这样回忆林徽因：

> 香山环境清幽，有小径山涧，有满目红叶，有明月秋风，不时触发林徽因的诗作灵感。我姐写诗常在晚上，且极为浪漫，还要点一炷清香，再摆上一瓶插花，身穿一袭白绸睡袍，面对庭中一池荷叶，在飘摇清风中吟哦酵制佳作。

当时林徽因因为肺病在香山调养，身体虽然不适，但是她还乐于去营造这样浪漫的氛围，而营造这样的氛围也并不难，一瓶花、一袭白绸睡袍，再有一个好一点儿的环境，自己忽然就因为这样的氛围迷醉了。愉悦自己原来如此简单。

浪漫不见得都需要惊心动魄、别出心裁。不仅是在生日时收到令

人尖叫的花束，也不是在每一个纪念日收到一份奢侈商品作为礼物。其实，只要你珍惜每一个能够相聚的时刻，感性地分享、性感地共处，浪漫也会在一问一答中淋漓尽致地体现。

一双能发现美好的眼睛、一颗细致温柔的心能让平凡的生活也充满浪漫。不妨试着偶尔紧握彼此的手，去迎接生命中的一个个挑战；去共同聆听一首优美的歌曲，在朋友聚会时默契地深情对唱；共同牵手去看一场他喜欢的动作片和一场自己喜欢的爱情片来减压放松。你会发现，原来贴近一个人，是可以如此轻而易举。

轻轻的一个拥抱能够融化一颗层层防御的心。笑倒在一起的甜蜜能快速地解除危机或治疗受伤的情绪。让彼此回想起最初心跳的感觉，学着给予尊重，让彼此站在同一个高度，分享共同的人生视野。当你急着出门时的匆匆一吻有多么大的魔力？临别的一吻能把你们彼此的心紧紧地系住。偶尔意外地为他做顿丰盛的晚餐或是偕他一同去他最喜欢的餐厅，共同享受生活的美好。

浪漫并不是年轻人的专利。浪漫更多的是需要一种平和而热烈的心境，是一种面对现实的修养，是一种生活方式。

静/思/小/语

既然浪漫的心境，可以让女人在无声中慢慢散发出淡淡的清香，那就试着用轻轻的一个拥抱去融化一颗层层防御的心，用一种浪漫的情怀去聆听爱情的召唤，去解除感情的危机，去治疗受伤的情绪。生为女人，浪漫一生又何妨？

气质如兰，卷舒开合任天真

在如烟世事中，曾有多少人遗失掉最初的美好。我们常常追问，究竟要以何种姿态行走于世间，才算不辜负自己数十载光阴？卢梭说：“只有内心的安宁才会有表面的平静。”也只有骨子里深藏的率真才能成就如同幽谷中的兰花一样芳馨纯洁的气质。

率真坦诚，找到幸福

林徽因那一张3岁的照片，深深庭院里，背倚着一张老式藤椅，清澈的眼睛看着前方。面对这样的纯真美丽，不禁让人感慨，就算被浑浊的红尘浸染多时，她心灵深处却始终如她明净的双眸，那一处洁净的角落，永远如初时美好。

林徽因性格中最鲜明的特点也是那不落俗、更不媚俗的率真。她用纯真的韶华和披荆斩棘的气势行走世间，用青春的热血、率真的豪情成就人生。

率真是自内散发的美丽与魅力，超越了睿智与深刻，超越了机谋与权变。它公平地在每个生命中出现，却又在虚伪的人心中消失。它是人生情感昂贵的奢侈品。就如至爱也许只能惊鸿一瞥，率真也不是生命中每个时刻都需倾诉，就如爱的呵护，也许一生无语……

有时，率真的表达即使收获的是无言以对，率真的人也能在沉默中享受，因为收获不是本心，付出才是真意！

1923年，梁思成车祸受伤，她心如刀割，同家人一起前去看望。面对受伤的梁思成，她悉心照顾，没有丝毫的矜持。那时，天气已经比较炎热。梁思成的绷带一直缠到腰间，林徽因坐在病床边帮他擦汗、翻身，她守在梁思成的病床边，一待就是半天，她知道对于一个病人来讲，快乐是最好的良药。因此她热心地和他说话、开玩笑，希望梁思成能快一点儿康复。有这样一个蕙质兰心、温柔可人的女孩儿照顾，梁思成感到踏实、欣慰。其实，他作为林徽因的守护者，一直默默等候。在他的眼里，林徽因简直是完美的化身。林徽因的秀美、灵动，气质、见识，无一不让梁思成倾心。他对林徽因不仅是情爱，而且是欣赏，是珍爱。当爱慕得到回应，这无比的甜蜜再一次坚定了他一爱到底的决心。

可是，林徽因的率真并未得到梁思成母亲的赞赏，她认为一个未婚女子的表现太出格了，有失大家闺秀的风范，甚至认为梁思成娶这么个女子不会幸福。

也许，寻常女子知道未来婆婆的不满早已知难而退，毕竟那是一个并不开放的社会。林徽因得知后自然很是苦恼，但她并未改变初衷。她听从率真的本性，把心底最深的关切始终如一地表露给爱人，她还是每天去看望、护理梁思成，梁思成也因此精神、身体恢复得很快。

对此，还是有人看出林徽因这种率真品质的可贵。梁启超对林徽因的表现就非常满意，他在一封信中说：“徽因我也很爱她，我常和你妈妈说，又得一个可爱的女儿，老夫眼力不错吧。徽因又是我第二回的成功。”

的确，真诚面对自己，真诚对待他人，不矫情，不虚伪，真情流露，真爱便会永存。拥有坦率真诚的女人看不到歹毒的圈套和蒙骗的陷阱，听不到阴冷的话语诋毁喧嚣，她会最终得到别人的认可。

有人认为林徽因应该为取得未来婆婆的欢心稍作变通。她确实不够圆滑。但是一个圆滑的人往往对人不够真诚，更不能真诚面对自己。我们常常在恭维某人圆滑时悄悄地对其开启防备，我们又常常责备某人太“固执”却又对其敞开心扉。那是因为我们宁可结交一个讲逆耳忠言的朋友，也不想交一个谎话连篇的人。

在李安执导的电影《卧虎藏龙》中，俞秀莲对玉娇龙说：“不论你做什么决定，你一定要真诚面对自己。”真诚地对待自己的喜恶，不委屈、不求全，该伤心时别强颜欢笑，该放手时别苦苦哀求。

当真爱来临，要像林徽因一样率真。

曾有多少女人抱怨，真爱是如何艰难，她们却从不反思，在真爱面前其实自己不勇敢。若是你真爱一个人，怎么能缺乏勇气呢？即便有身高的距离、年龄的差距、地位的悬殊、长辈的阻挠，只需要你坦诚地表露爱意，两个人有在一起的决心，就有幸福的可能。你都不曾看重自己的爱，就别想轻易得到别人的祝福。

林徽因曾经说，“凡是在横溢奔放的情感中时，我便觉到抓住一种生活的意义，即

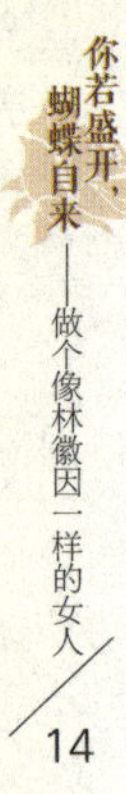

使这横溢奔放的情感所发生的行为上纠纷是快乐与苦辣对渗的性质，我也不难过不在乎”。就是因为有如此坚定真挚的情感，才值得那么多人对她呵护一生。

世人总是感叹梁思成对林徽因的万般宠爱，却忽略林徽因对梁思成的良苦用心。这世界上没有真爱可以不劳而获、唾手可得。能有一段勇敢爱的情事，那便是刻于岁月上一段最美的箴言。

敞开心扉，做爱人最美的公主

1931 年的一天，梁思成出差回来，林徽因哭丧着脸告诉他：“我苦恼极了，因为我同时爱上了两个人，不知道怎么办才好。”林徽因很坦诚，对梁思成毫不隐讳。其实她对于梁思成的依赖也已胜过情爱，她没有将真实情感一味地隐藏，也没有肆意让这爱泛滥成灾。她需要她最信任的人帮助她解决这苦恼。

梁思成听后很心痛，但是权衡再三还是说，“如果你选择老金，我祝你们幸福”。林徽因又把原话告诉金岳霖，金岳霖的回答更是率直坦诚得令人惊讶：“看来思成是真正爱你的。我不能去伤害一个真正爱你的人。我应该退出。”从那以后，他们三人毫无芥蒂，金岳霖仍旧跟他们毗邻而居，相互间更加信任，甚至梁思成与林徽因吵架，也是找理性冷静的金岳霖仲裁。她如此坦荡，令许多女子不免汗颜。

面对这样的感情纠葛，三个人的态度让我们感动万分。很多时候，或许我们交给对

□ 梁思成（左）与金岳霖（右）同时深爱着一个女人——林徽因（中），他们三人坦诚的态度让彼此之间没有芥蒂。金岳霖明白，自己的守护只能是默默的，才不会让林徽因有压力，不会让梁思成反感和厌恶。而梁思成也给予了他们最大的信任。

方选择的权利，才是给了自己生活的希望，所以林徽因说：“你给了我生命中不能承受之重，我将用一生来偿还！”

当遭遇情感困惑，林徽因用她的坦率去化解危机，所以最后只有无怨无悔的守候，没有剪不断、理还乱的纠缠。林徽因的率真、美好成为了这两个男人甚至更多男人对爱情所有的想象。所以，金岳霖愿不问结果一生追随。

多少女人羡慕林徽因像公主般被人呵护。

在每一个女人心中都有这样的一个公主梦。即便她们坚强、勇敢，她们的善良、天真仍需要被呵护、被关爱。如果可以，女人希望自己像孩子一样无忧无虑。只不过，有时一路走来，生活的重负和琐碎埋葬了女人的赤子之心。我们忘记了纯真年代的白裙子和旧草帽，更重要的是我们不再关照自己内心的需要，直到一日油尽灯枯，我们才发现自己竟如此残忍。

仓央嘉措曾经叹道，一个人要隐藏多少秘密，才能巧妙地度过一生。与其让这样的情绪在心底压抑，我们不如换一种姿态，即使面对生活的琐碎与无聊、职场的艰难与挫折，也用天真和坦率去面对生活，敞开心扉，把困惑向爱人倾诉，把难题留给男人解决。因为，在每个男人心中也都有一个公主。一个会诵诗、会跳舞，对一切充满天真好奇而又面容清秀的姑娘，这是所有男人的梦想。电影或电视中经常会有这样的桥段，当一个男人面临爱情的选择时，总是选择那个柔弱的人，他们的答案是，这个人更需要保护。其实每个男人的心里都有一个英雄主义在作祟，他最爱的是那个能够激起自己保护欲的女人。这就能解释，为什么你倾尽心力去爱的男人却轻易跟着另一个人跑了，而对方明明哪里都不如你?

还记得《东京爱情故事》中美丽的莉香吗？那样一个微笑着落泪、悲伤地跳舞的女子，她用全部的生命情感来守护着、爱着完治，她在完治面前总是灿烂地笑。她宁愿独自在深夜舔舐伤口也不愿告诉完治心里的痛苦。如果莉香也会楚楚动人地哭泣，故事会不会是另一个结局？总是在爱人前留下灿烂的笑容，那个永不在爱人面前落泪的人除了得到一个坚强的美誉，她可曾真正快乐幸福?

放下自以为是的坚强，去做自己爱人最美的公主。

让率真的花期延伸到人生的每一个春夏秋冬

1931年11月19日，徐志摩由南京乘飞机到北平，他想赶着去听林徽因的一场演讲，当天因遇大雾飞机失事，徐志摩不幸遇难。社会上对于他的离婚和再婚的种种指责并未因他的离世而停止。

这也理所当然地牵涉到林徽因。

林徽因16岁那年，随父亲林长民在英国定居一年，恰巧徐志摩也来到伦敦。诗人对她一见钟情，“如果有一天我获得了你的爱，那么我飘零的生命就有了归宿，只有爱才能让我匆匆行进的脚步停下，让我在你的身边停留一小会儿吧，你知道忧伤正像锯子锯着我的灵魂”，诗人用这样的一首首浓烈的情诗去拨动少女的心弦。已有家室的他甚至为了方便离婚逼着妻子去打胎，在妻子生产后不久，又逼迫她在离婚协议书上签了字。

林徽因并未跟随徐志摩狂热的脚步，她知道这样的幸福其实是另一个女人最深的痛楚。

当林徽因缘定梁思成后，徐志摩知道自己追求无望，随即转而追求京城有名的交际花、北京大学教授王庚的妻子陆小曼。陆小曼为了徐志摩同王庚离了婚。不久，陆小曼便同徐志摩举行了婚礼。

徐志摩的感情生活也因此遭受了很多指责。

在徐志摩去世后，这样的指责变本加厉，甚至转向了对于徐志摩的全面否定。当种种曲解和毁谤铺天盖地地砸向已逝的徐志摩，林徽因却不再沉默，她挺身而出，写下一篇《悼志摩》来肯定徐志摩的诗歌成就，客观阐释大诗人的独特性情。

……这以后许多思念你的日子，怕要全是昏暗的苦楚，不会有一点点光明……志摩的人格里最精华的是他对人的同情，和蔼，优容。志摩的最动人的特点，是他那不可信的纯净的天真……比我们对万物都更有信仰，对神，对人，对灵，对自然，对艺术！

文中，林徽因呼唤公正，呼唤良知，这何尝不是在彰显自己的本真和品质！只有这样至情至性之人，才不会漠然观望，她为友人的殒命和消逝而伤痛。有人形容“再没有看过比《悼志摩》更好的怀人文字了”。至真至诚，所以动人。

她不仅仅是个欣赏者，而且是一个心灵的认同者。历史证明了她的认同是正确的，因为徐志摩的诗歌不但没有因时间的烟云被冲淡褪色，反而拥有更加广泛的读者。

一个至诚至真的人有一颗博大包容的心，她使天真的花期延伸到人生的每一个春夏秋冬。她所成就的传奇并非只因她的美丽，还有她的率真为她赢得的尊重。

也许，我们很难遇到需要抉择的大是大非。但是，女人要有自己的处世方式和底线。这是赢得别人尊重的前提。在职场中最不受欢迎的就是那些没有原则、只会“随风倒”的女人。她们不分对错、没有立场，常常为了保全自己的利益，站在更强势的一边。在上级眼中她们是最容易争取的“棋子”。她们因为如此容易收买所以又是如此地不可靠。不管是在职场还是在生活中，我们都要做一个有原则的人。

不搬弄是非、不背后诋毁是一种原则，不赞成观点但却认真聆听是一种原则，懂得感恩、明辨是非也是一种原则，在热恋中看到自己在失爱中放过自己同样是一种原则……只有这样，才不会在纷繁的世界中迷失自己，多一份从容，也就多了一份幸福。

静/思/小/语

女人，要在花开花谢的岁月之中，静守着执念，静听花开，坐看雨落，坦然面对每一天。纵使浮华俗世里有再多的纠缠，疏离的岁月中有再多的繁乱，只要保留几分率真和几许天真，总能够跨越过生命残冬的贫瘠。没有这样的情怀，怎么去承载扑面而来的浓浓情意？

认真的女人最美丽

生命不只是需要清净中独坐观望，没人能永远于时光深处安静栖息。生命还是一段需要全情投入的旅程，认真地生活，不断修炼自我，才能真正感觉到时光的无悔和人生的意义。

用认真成就自己的传奇

有人说，林徽因的美丽与淡然是与生俱来的，她的超凡脱俗有一种不同于世俗的韵味。的确，有些美是无须修饰的。可是，一个女子可以在众人心中赢得一世的赞誉，那就需要漫长的修炼，就像好的艺术品需要耐心雕饰，需要时间和心血精心打磨，需要一颗热爱生命的心去认真地享受生活中的每一天。这样的魅力不仅不会随年岁的改变而消失，反而会在岁月的打磨之中香醇久远，散发出与生命同在的永恒气息。

林徽因16岁随赴欧考察的父亲游历欧洲，在伦敦居住一年，她并没有沉溺于灯红酒绿、吃穿游乐，而是注意到英国有一门学问，就是建筑学，“建筑师”成为了林徽因最初的梦想。女建筑师，这在当时还无先例。就是在宾夕法尼亚州立大学的建筑系都未曾招收过女生，林徽因只能改入该校美术学院，但主修的还是建筑。她的丈夫，中国著名的建筑学家梁思成也是受她的影响才学了建筑。

首开先例也许只能说她勇气

可嘉，真正令人钦佩的是她对于这一领域做出的贡献。

她同丈夫梁思成留下《论中国建筑之几个特征》《晋汾古建筑预查纪略》《中国建筑史》等珍贵的建筑学史料，为中国建筑学做出了基础性的和发展方向性的重大贡献；她为保护北京古建筑，不顾喉音失嗓，金刚怒吼；人民英雄纪念碑和新中国国徽的设计倾注了她澎湃的激情；她参与改造北京传统工艺品景泰蓝，抢救了这一濒于灭绝的中国独有的手工艺品；她和丈夫梁思成不计名利为清华创建建筑系，为中国建筑史的发展写下了浓重的一笔……在历来被看作男性传统领域的建筑行业，林徽因绽放出女性的第一道光芒。1936 年的一天，两人一同倚坐在北京天坛祈年殿的屋顶上，林徽因自豪地相信自己是中国历史上第一个敢于踏上皇帝祭天宫殿屋顶的女性。

□ 梁思成与林徽因对古建筑的考察充满了热情，他们的足迹遍及全国 190 个县市，对考察路途上的艰辛和测绘工作的辛劳丝毫没有怨言。美国学者费正清对他们的工作做了这样的评价：“二次大战中，我们又在中国的西部重逢，他们都已成了半残的病人，却仍在不顾一切地、在极端艰苦的条件下致力于学术，在我们的心目中，他们是不畏困难、献身科学的崇高典范。”

在建筑领域，林徽因绝对是一个严谨求实的科学工作者。她曾立誓要以建筑这个“把艺术创造与人的日常需要结合在一起的工作”作为自己的终身职业。她在欧洲时就着手做建筑参观考察，回国后又从中国古建筑的基础资料开始研究。她同丈夫译注古籍、编写营造则例，还不辞辛苦地去进行实地调查，一些古代建筑遗存通常都极为偏远，林徽因从来都是亲任不辞。她对自己挚爱的事业无比认真，这也使得她在建筑领域取得了辉煌的成就。

她的丈夫梁思成曾经对学生说，自己著作中的那些点睛之笔，都是林徽因给加上去的。她的认真自然让她技艺不凡。

建筑学是冰冷的，林徽因却将它注入诗人般的热情，使它有了艺术光彩。她曾在东北大学任教，在讲到沈阳的大政殿到八旗亭时，她说：“……这组古代建筑还告诉我们，美就是各部分的和谐，不仅表现为建筑形式中各相关要素的和谐，而且还表现为建筑形式和其内容的和谐。最伟大的艺术，是把最简单和最复杂的多样变成高度的统一。”

她用史学的哲思、文学的激情，让自己的讲解更具人文气息。她对事业的热情

和专注让她在建筑学者中成为一位真正意义上的先行者和思想者。

建筑之路美丽但充满艰辛，林徽因从未放弃，她认真专注地做着自己的工作。建筑学常常需要对古老的建筑进行精确的测量、分析和比较，因此她要常常爬梁上柱亲自测量，从未因为自己的性别而对工作有所懈怠。

她和丈夫在全国各地徒步考察，足迹遍布山西、河北、山东、浙江等十几个省份，村野僻壤以及考察途中生活的艰苦和测绘工作的辛劳从来不曾打败这位认真投入工作的美丽女人。面对颠沛流离的逃难生活、数年疾病缠身，她却凭着顽强的毅力从来不曾离开建筑学术。

没有这样的成绩，林徽因也许只是三个男人背后的女人，她成就不了自己的传奇。

曾经有一首《认真的女人最美丽》这样唱道："认真的态度是一种过程，付出的不会是牺牲，认真地坚持迎向你人生，你就是最美的女人。"

认真的女人会散发出不可抗拒的魅力。当她专心致志地做着手上的事情，那种忘我的神情让人陶醉。长期专注地做一件事，有了专业的素质，再加上敬业的精神，就会有一番成就。对于林徽因来说，她享受着工作带来的满足。当女人认真走好脚下每一步，认真规划自己的未来，她的人生就开始闪闪发光。

让认真成为一种习惯

当认真成为一种习惯，生命的质量就在提升。

工作中的林徽因认真而专注，在为梦想努力的途中坚定执着，当实现一个又一个梦想时，她的人生也因此愈发厚重。

其实，这种认真而有韧性的优秀品质在当今很多成功女性的身上都具备。

美国著名的脱口秀女主持人奥普拉的访谈节目倾倒了数以百万计的观众，而她自己充满坎坷的奋斗史更给生活中遭遇挫折的美国妇女以极大的信心和希望。

当谈到自己的成功时，她总是将其归功于认真和勤奋。

在采访中经常有她与被采访人智慧的碰撞和交融。这源于采访前大量的资料搜集、整理、阅读，这是同被采访者有一个很好的沟通的前提。通过她的认真和努力，她获得了感染、影响他人的力量和对自己生命的掌控力。

认真其实很简单，就是仔仔细细去做自己想做的事情，踏踏实实地去走自己选择的路。但是，让认真成为一种习惯却并不容易。

因为如果认真，注定会付出更多的精力和汗水。就像林徽因，她要进行更严谨的建筑学术研究，就必须认真地对实地的建筑文物进行精确的测量，这注定要比那些只会纸上谈兵的人辛苦。可是，当她这样认真的工作态度贯穿了整个一生之后，历史对她的成就给予了最崇高的嘉奖。

将认真细致成为一种习惯，这不仅是一种做事的态度，更是对生命负责的态度。

当认真融入血液中，我们可能会更加接近自己追求的目标。

虽然每个人的能力不一样，但凡事只要我们认真对待，努力做了，即便结果不尽如人意，我们也能够坦然面对。当认真成为一种习惯时，我们会将生活打理得井井有条，每天从容淡定地迎接挑战，而那些临时抱佛脚的女人注定和优雅无缘，她们总是羡慕别人的优雅，仿佛那是与生俱来的，其实每一次风光的背后，都有不为人知的付出和汗水。

对生活也要认真经营

林徽因事业上的追求虽然占据了她的大部分时间，但是，她对家庭生活的经营从未懈怠。

梁从诫回忆说："实际上，她仍是一位热心的主妇，一个温柔的妈妈。三十年代我家坐落在北平东城北总布胡同，是一座有方砖铺地的四合院，里面有个美丽的垂花门，一株海棠，两株马缨花。中式平房中，几件从旧货店里买来的老式家具，一两尊在野外考察中拾到的残破石雕，还有无数的书，体

□ 林徽因不单单是一个建筑学家，不单单是一个作家，还是一位妻子、一位妈妈，她总是努力扮演好自己的各种角色，认真地经营自己的生活。

现了父母的艺术趣味和学术追求。当年，我的姑姑、叔叔、舅舅和姨大多数还是青年学生，他们都爱这位长嫂、长姊，每逢假日，这四合院里就充满了年轻人的高谈阔论，笑语喧声，真是热闹非常。”（《倏忽人间四月天——回忆我的母亲林徽因》）

林徽因认真地经营自己的生活，她虽然并不喜欢琐碎的家务，但她还是将家务事处理得井井有条，将儿女教育得聪明乖巧。

不是每个女人都能成为职场精英成就辉煌的事业。有时为了子女得到更好的教育、丈夫得到更好的照顾，她们放弃了自己的工作。全职太太成为一个越来越常听到的名称。有些人工作十几年被迫辞职，职场生涯给她们的成就感不再有，收入、快乐、满足感渐渐消失，突然陷入家务的琐碎让人不堪重负。如何将主妇生涯经营得有声有色，成为很多全职太太最迫切想得到的答案。

其实，别因为放弃了工作就放弃自己的生活态度。既然经过反复权衡全职太太已经是自己最好的选择，那就将其作为一项事业去经营。

每天尝试不同的菜式、烘焙美味的糕点，将家布置得像小小天堂一般，丈夫从此对家里越来越依赖。除了照顾家庭，还应认真照顾自己，去充实内心，小心地将一些情绪完整地寄托在书香里；去发展爱好，拂动心内的欢喜；去了解建立两性和谐关系的规律，让岁月的疏离可以用爱意和温情化解……不是所有的全职主妇都会变成黄脸婆，也不是每个职业女性都会实现双赢。事业、家庭两头烧的蜡烛，却燃烧不出一个美好的未来的大有人在。

没有一个认真经营的态度，职业女性也许会两边无法兼顾，最终事业家庭双失意；没有一个积极的应对心态，全职主妇蓬头垢面整日抱怨生活的枯燥迟早会沦为糟糠。当她们把家庭作为自己的事业去认真经营，她们同样收获幸福和满足。

有这样一个全职妈妈，当她不得不把人生中的一段交付家庭生活时，她并未迷茫也

没痛苦。她在照顾孩子料理家务之余，认真地从事写作，每天查资料，翻日记，写文章，让她感觉到无比充实，当她的新书出版后，她的成就感取代了无所事事的空虚。

生活本身精彩与否其实完全取决于我们是否认真经营。一个不懂经营的女人别说兼顾事业和家庭，就是只负责一样，都会弄得无比焦躁。

我们常常追问什么是魅力，辞典中的标准解释是："很吸引人的力量。"其实，魅力是一种复合的美，是一种通过认真获取成果的一种力量，它可以放大女人的生命力，能够给女人的生命以新的希望和活力。那些在自己的天地中表现得优秀出色的女人，总是能赢得尊重和青睐。她们认真专注时的眼神儿，总能穿透男人的胸膛。

静/思/小/语

认真的女人会散发出不可抗拒的魅力，一个女人不管是事业还是家庭的成功，都需要漫长的修炼，用认真的态度去提升自己的生活质量，去放大女人的生命力。当女人认真走好脚下每一步，认真规划自己的未来，她的人生就开始闪闪发光。

别丢掉，这一把过往的热情

有位哲人曾说过：你的热情将会感染、激励和吸引人。他们将为此而爱戴你，他们将为此愿意伴随你前行。这就是热情的魅力所在，似水流年里，我们希望永远充满生命的张力与青春的活力，那就去做热情的自己，永远燃烧生命之烈焰。

热情是一个女人拥有无穷魅力的源泉

别／丢／掉

别丢掉
这一把过往的热情，
现在流水似的，
轻轻
在幽冷的山泉底，
在黑夜，在松林，
叹息似的渺茫，
你仍要保存着那真！

一样是明月，
一样是隔山灯火，
满天的星，
只有人不见，
梦似的挂起，
你问黑夜要回
那一句话——
你仍得相信，
山谷中留着
有那回音。

这是林徽因对于生命热情的浅吟低唱。

林徽因对自己事业投入了相当大的热情，但是如果眼中只有事业，那就并非是专注而是单一了。林徽因是一个丰富的女人，她为人热情坦诚。

田时雨在《美丽与哀愁：一个真实的林徽因》中写道：

这是她的智慧美。她热爱朋友，有朋友在，她就思路洞开，妙语如珠，艺术和思想的灵感如电光石火般熠熠闪亮，耀人眼目。

……她以绝美的姿态倾听朋友的高谈阔论，又时常对朋友的观点给予热情的回应……

……开心的时候，她一定要跟知心朋友一起分享；伤心难过的时候，她会从朋友身上汲取力量，以便快速走出人生的阴霾……

聪慧如她，在热情付出的同时，懂得从别人的身上获得正能量。热切的交谈更容易引发共鸣以及心灵的震撼，这对于诗人林徽因也许是一个个灵感的来源。思路由此开阔，也许是建筑师林徽因学术创新的一次契机。炽热的情绪能激发无限的能量。

这样一个热情的人注定丰富，因为她总是在交流中懂得挖掘自己没有的另一种灿烂和辉煌。热情是一种优良的精神特质，它是由灵魂辐射出的能量，所以她不是虚情假意地敷衍，它深深地根植于人的内心，热情的人充满激情，而这激情也会鼓舞别人。

林徽因家的“太太的客厅”在北平文化圈子里颇有名气，这是一个文化沙龙，去的大都是文坛巨子、社会名流。林徽因的才情远近闻名，文学家萧乾在刚来沙龙时，也因此有几分忐忑。

但让萧乾吃惊的是，林徽因居然能把他的小说大段大段地背诵出来。她对小说由衷地赞美：“读你的小说让我想到，艺术不仅要从生活得到灵性，得到思想和感情的深度，得到灵魂的骚动或平静，而且能在艺术的线条和色彩上形成它自身，艺术本身的完美在它的内部，而不在外部，它是一层纱幕，而不是一面镜子，它有任何森林都不知道的鲜花，有任何天空不拥有的飞鸟，当然也会有任何桑树上没有的蚕。”

这样细腻而富有美感的解读让萧乾感到激动。林徽因的热情，让他忘掉了来时的那种拘谨。也许在这一刻，萧乾也从内心真正接纳了这样一个朋友。没人能拒绝一个真正懂得自己的人。千金

□ 林徽因的热情，不仅体现在对事业的追求上，还体现在她的为人处世中。由于她的热情，“太太的客厅”闻名遐迩，使得当时的文人争相参加。

易得，知己难求。热情是因为内心的真正认同而表现得热烈。它是发自内心对朋友的真诚友善。有位哲人曾说："你的热情将会感染、激励和吸引人。他们将为此而爱戴你，他们将为此愿意伴随你前行。"林徽因用这样的热情将自己的文化沙龙办得有声有色，她独具魅力且具有极大的热情和恒久的凝聚力，文人慕名而来。每逢相聚，林徽因都用超人的亲和力去调动客人的情绪，她总是能够捕捉到既有社会广度又有学术理论高度的话题，她思维敏锐，热烈地参与谈论，恰到好处地展现自己的才华。

做一个热情的女人，放弃不可一世的孤傲，因为只沉迷于自己的世界将如井底之蛙般狭隘。当你有了热情，也许能将额外的工作变成机遇，然后更加热爱自己的工作；当你有了热情，也许能将萍水相逢的陌生人变成知己，多收获一份温暖。

别吝啬自己的热情

林徽因虽然优雅脱俗，但这并不代表她孤傲冷漠。她的性格简直就是一半是海水，一半是火焰。对于朋友，她从不吝啬自己的热情。

她的生前好友钱端升在她离世多年以后，犹自念及"要几辈子感谢林徽因"。因为林徽因的热心促成了一段锦绣良缘。

钱端升和夫人陈公蕙在婚前曾发生矛盾，陈公蕙负气离平赴津。钱端升请求梁思成开汽车追。于是梁思成、林徽因、金岳霖、钱端升四人开车一路追往天津。陈、钱和好如初，遂一同到上海去结婚。

虽然林徽因是自己生命当之无愧的主角，但是，她同样愿意去做朋友生命里的背景音乐，音韵和谐、节奏动人，所以当事人能够在这样的旋律之下化解矛盾、缔结良缘。林徽因是聪明的，她让自己的世界不再孤独，如果有一天心冷了，她也可以躲进熟悉的旋律里取暖。

有人曾把朋友比作衣服，这样的比喻其实也有恰当之处，谁不需要衣服来温暖、来美化？如同邂逅真善美的朋友，真是款式，善是质地，美是色彩。

林洙在《梁思成、林徽因与我》中提到一件事，林洙算是林徽因的同乡，她考清华没被录取，最初不好意思去拜访林徽因，林徽因听说后主动邀请她到自己家中。后来，林洙到清华先修班学习，又因为英语水平达不到学校的要求，林徽因则主动热心地给她补习英文。当时林徽因的肺结核已经到了晚期，授课只能时断时续。林洙要和在清华任教的男友结婚，可是因为经济窘迫婚礼迟迟无法举行，林徽因又热心帮助其筹措资金，她拿自家的钱善意地欺骗林洙，“是营造学社的钱借给你用”。最终婚礼顺利进行，林徽因还送了一套青花瓷杯盘做贺礼。

李健吾这样说林徽因：“绝顶聪明，又是一副赤热的心肠，口快，性子直，好强，几乎妇女全把她当作仇敌。”

当沈从文一度经济拮据，林徽因有意接济，又怕他不肯接受，就让表弟林宣向沈从文借书，还书时悄悄夹进一些票子。“林徽因式”的热情，让人感觉到她的真心的柔软。

林洙在一次采访中这样形容林徽因：“她瘦得剩一把骨头，但深深陷入眼窝里的眼睛，放着奇异的光彩，一下子就能把人抓住。她的美、生命力、热情、才华，都表现了出来，给你强大的感染力，那是一种形容不出来的感觉。你就觉得实体的林徽因消失了，你能看到她的精神。”

这个美丽的嘴上有时不饶人的太太，却能热情地对待挚友亲人，她融化了人与人之间冰冷的鸿沟。一个人最令人无法抗拒的魅力就是热情。林徽因强烈的感染力和吸引力让她周身充满积极向上的气息。所以这就是为什么林徽因生前得到如此多重量级才子的青睐而去世后又能得到众人的美誉的原因。

懂得这个时代的交际箴言

女人的热情不是过分地讨好别人，而是要表现出适度的喜好。那种故作淑女状的文静与矜持往往无法取得别人的好感，尤其是在一些朋友聚会上，不合时宜的安静好像是在拒人于千里之外。开朗大方已成为这个时代的交际箴言。你的热情会表示出你对这次见面、这次交谈、这次活动和这个人发自内心的喜欢，那么自然你也会受到大家的欢迎。你的热情会使人们把谈论的中心转移到你们都感兴趣的事情上，这样你们就有更多的交流与共鸣。当你把热情传递给身边的人，他们也会因此觉得和你在一起很快乐。热情的女人最懂得生活情趣，感情丰富细腻。她们通常体贴入微、纯真大胆，喜欢迎接挑战，尽情探索人生。

心理学家曾经分析，热情的人之所以被人们喜欢是因为热情的品质与其他优秀品质和特性，如真诚、积极、乐观密切相关。

热情能给人带来快乐。当这样的情绪感染着我们，它就能唤起人内心深处神奇的力量，带给我们美妙的心境，让我们感到愉快和兴奋。当它融化掉人与人之间无形的障碍，拉近心灵之间的距离，自然就使人感觉到取代孤独的温暖。热忱的心让人忘记生活的苦痛，当然还会消除心灵上的一切褶皱。

热情能给人带来幸运。当用热情感染着四周的人们，就算你有一些错误大家也会耐心包容，因为人们都喜爱热情的人，更愿意把机会留给充满热忱的人。热情的人总是面对阳光，远离黑暗。人一旦有了热情，心胸也将变得宽广；抛弃怨恨，生活就会变得轻松愉快。

缺乏热情的女人常常受到冷落，因为不受欢迎，也没有真正感染人的力量，自然缺乏迷人的魅力。她们的谈话生硬而没有趣味，由于缺乏关注，做起事来拖沓懒散，没有规划。要做一个充满热情的女人，不妨试试做到

□ 热情的女人直率、心胸宽广、善解人意、乐于助人，这样的女人是最可爱的、最动人的、最让人信赖的，时刻都给朋友以相知相依的感觉，林徽因（右一）就是这样的一个女子。

以下几点：

待人接物时要充满亲和力的微笑。充满亲和力的微笑会表现出温馨、亲切的表情，能有效缩短双方的距离，给对方留下美好的心理感受。充满亲和力的微笑是对较陌生的人表达热情最好的方式，在给予别人微笑的同时，也会给自己带来快乐。

在朋友需要帮助时慷慨相助。在朋友最困难、最需要帮助的时候，你若能够主动站出来给其安慰、热心帮忙、为其解除烦恼才算是真正的朋友。当然肯于帮助别人，才能得到别人的更多帮助。

朋友聚会时积极参与。当然，这并非是简单的参加。既然选定了的聚会，就应该多多表现自己的魅力。而热情也并非虚伪的客套或无节制的交谈。女人要有一个健康的气场，让人觉得舒服和放松。她的面孔应该是舒展开的，而不是眉头紧锁，四肢是自然放松的，胳膊和手应该自然下垂，而不是紧紧抱在胸前。在认真倾听的同时，还应适时地发表独到的见解。聚会前认真准备，没有谁天生就能无所不知。

静/思/小/语

麦克阿瑟将军曾说过这样一句话："没有了热情，就会伤及灵魂。"而灵魂的丰盈很多时候来自于对人对事的热情。热情包括平易近人的笑容、发自内心的真挚情感以及不问回报的真情付出。当热情控制了你的思维和情感，你的魅力便开始逐渐展现。

把苦难婉约成一抹诗意

没有谁的人生会一帆风顺，当岁月的伤痕与生命的苦难不期而至，有人悲伤太久，纵容眼泪哭伤了双目；有人不堪重负，从此心底投下浓重的阴影；还有人，将种种苦涩化为唇边云淡风轻的一朵微笑，然后，用爱抹灭了时代的艰辛、岁月的风尘。荷尔德林说过："人应该诗意地栖居在大地上。"安逸时从不受宠若惊，困顿时从不大呼小叫。顺境逆境都是风景。所谓精神贵族，说的就是这样一份从容。

在逆境中欣赏风景

有人说，林徽因的美是完整的美。她出身显赫，游学欧洲，专注于自己热爱的建筑学，对文学也有天赋……她的生活好像不应该和窘迫相关。在一些人眼中，她仿佛只是一个养尊处优地坐在客厅里高谈阔论的尊贵太太，但事实上，林徽因也有过困顿。生活的艰辛、疾病的折磨让她在苦难面前也有抱怨，但她还是坚持用生命中的一些美好——写一些浪漫的小诗，继续坚持完成建筑学著述——去化解苦闷。因为任何人在一个大的历史背景下都是如此渺小，她也只能跟随命运的脚步。

1937 年日本全面入侵中国，林徽因全家也随即开始了近十年的颠沛流离，从长沙辗转到西南的昆明，在全家前往昆明途中，路过湘西。湘西是沈从文的老家。他的小说《边城》中有很多湘西风光的描写，林徽因对此神往已久。即使旅途奔波劳累，也丝毫没影响她欣赏美景的心境。当看到茂密的原始森林、四面环山，泉水悠然，这自然造化的鬼斧神工让日夜担惊受怕的一家人心情放松了一些。

后来到了昆明又因为不断受到日军飞机的轰炸，林徽因一家随着营造学社前往四川李庄。在那里，是她最为艰苦的日子——疾病缠身、贫穷围绕。在李庄，由于医疗条件的限制，林徽因由于一次大病最终导致了肺部的癌变。

"空寂的小庙，娇枝嫩叶在凋零，靠着浪漫的自尊依稀去跨越那朦胧的桥身"，她轻轻慨叹，这段动荡的岁月生活注定艰难，但她已经准备好要"靠着浪漫的自尊"去承受、

去跨越。

萧乾在《才女林徽因》中写道："听说徽因得了很严重的肺病，还经常得卧床休息。可她哪像个病人，穿了一身骑马装……"

林徽因不允许自己有半点儿邋遢，即使病痛缠身，她依然穿戴整齐。女为悦己者容，当然这绝对不是为了取悦别人，更多的时候，保持自身的优雅是取悦自己，如果外面的世界已经残败不堪，不如关照好自己，给自己走下去的动力。能有下一个明天，也许就有再次幸福的可能。

在最艰苦的日子，为了一家人的生计，林徽因叫梁思成去当掉大部分的家当，但是唯一没有当掉的就是一架留声机和几张贝多芬、莫扎特的唱片。

人活着，尤其是一个女人活着，总要去找到一份信念来支撑，心有所想，梦有所求，才能去维系住那些深楚的思想和情感。否则在这磕磕绊绊的人世中，你的优雅、你的端庄、你的美好都会缴械投降。没人愿意接受一个只会抱怨、只会发牢骚的女人。

所以，林徽因不肯当掉那个留声机，优美的音乐能在寒夜陋室中减轻剧烈咳嗽带来的痛苦，这是她灵魂的支撑。于是，她写下优美的诗句："太阳从那奇诡的方位带来静穆而优美的快感。"在这诗句中我们仿佛又看到那个始终不愿向岁月低头、优雅自持的睿智女子。

柴米油盐的平庸、颠沛流离的苦难终究无法湮没她对爱与美的追求，她的气韵在悲喜人生中完整地凸显。一个能在逆境中欣赏到独具特色的风景的女人，她的人生之路更显芳华与魅力。

尘埃中开出花朵，苦难中享受人生

面对生活突如其来的变故，其实很少能有人一开始就从容面对。林徽因也曾抱怨，她在给费慰梅的信中说：

我一起床就开始洒扫庭院和做苦工，然后是采购和做饭，然后是收拾和洗涮，然后就跟见了鬼一样，在困难的三餐中根本没有时间感知任何事物，最后我浑身痛着呻吟着上床，我奇怪自己干吗还活着。这就是一切。

家务的琐事占用了她做建筑研究的时间。之前，这些家务都由用人打理，现在都得自己亲力亲为。她苦恼极了，于是她常常写信给她的挚友费慰梅。

费慰梅是美国人，在23岁时来到北平，她和林徽因相识后非常投缘，她们是用英语交流的。她们有太多的共同点，都是学习美术，都对中国艺术深感兴趣，都对“美”很敏感，因为林徽因有着双重文化的熏染，她的一些想法更容易得到这位西方友人的理解。

所以，林徽因常常会把烦恼向这位朋友倾诉。

最最亲爱的慰梅、正清，我恨不能有一支庞大的秘书队伍，用她们打字机的猛烈敲击声去盖过刺耳的空袭警报，过去一周以来这已经成为每日袭来的交响乐。别担心，慰梅，凡事我们总要表现得尽量平静。每次空袭后，我们总会像专家一样略作评论：“这个炸弹很一般嘛。”之后我们通常会变得异常活跃，好像是要把刚刚浪费的时间夺回来。你大概能想象到过去一年我的生活的大体内容，日子完全变了模样。我的体重一直在减，作为补偿，我的脾气一直在长，生活无所不能。

在信中，我们也能够读出林徽因的一点儿幽默，以及在应对生活中那些无力改变的现状的一点儿诙谐。日子还在继续，愁眉苦脸并不能解决问题。

1940年春天，梁思成和林徽因亲手设计并建造完成了这间80多平方米的住宅，有3间住房和1间厨房。这座小屋背靠高高的堤坝，上面是一排笔直的松树，南风习习吹拂着，野花散发出清新的香，短暂的平静让人错觉又回到了往昔的生活。这是梁思成、林徽因夫妇一生中唯一一次为自己设计建造住房。

当年，在房屋建好之后，林徽因在给友人的信中提到：“我们正在一个新建的农舍里安下家来。它位于昆明东北八公里处的一个小村边上。风景优美而没有军事目标……出人意料地，这所房子花了比原先告诉我们的高三倍的价钱，所以把我们原来就不多的积蓄都耗尽了，使思成处在一种可笑的窘迫之中……以致最后不得不为争取每一块木板、每一块砖，乃至每一根钉子而奋斗……”

林徽因用行动去践行她那“要用浪漫跨越艰难”的心愿。这里不是故乡，但是她相信，有家的地方才有归属感，她想要一个温馨的港湾，梁思成就去“为争取每一块木板、每一块砖，乃至每一根钉子而奋斗”，苦难在这份浪漫中也褪去些许苦涩。

常常听到有人感叹：“生活如一潭死水激不起一丝波澜，活着简直就是在浪费生命！”

显然，这是不懂生活的人。生命本身是一张空白的画布，随便你在上面怎么画：你将痛苦画上去，看到的将是灰暗和空虚；将完美和幸福画上去，呈现在面前的将是绚烂和惊喜。

即便艰难又如何？当我们用诗一样的情怀去浇灌，就能让尘埃开出花朵。苦难困顿只在我们的额头上留下皱纹，却未在一个诗意的灵魂上留下烙印。

学会苦中作乐

张爱玲曾说：“生活是一袭华美的袍，上面爬满了虱子。”

生命中有太多遗憾是我们无法绕过，也无法逃避的，人生在世不如意之事十有八九。

既然注定会遇到很多的困难，我们唯一能做的就是想办法突破生活和命运的樊篱。一个女人要懂得在一个变动的时代安身立命。

里希特有一句名言：苦难犹如乌云，远望去但见墨黑一片，然而身临其下时不过是灰色而已。也就是说，苦难也好，逆境也罢，都并非我们想象中那么难以跨越。这就需要我们应以积极的心态去面对人生的逆境。

人生的顺境和逆境都有其独特的魅力和存在的价值，就好像沿途看风景，公园里有繁花似锦的优美，草原上有一望无际的辽阔。用一种积极向上的心态去面对人生，迎接挑战，并努力去除一切烦恼、忧虑的屏障，就获得了成功的一半。

如果把人生比作一次旅程，那么满路荆棘坎坷只是路途的点缀，面向大海春暖花开才是目的地的风景。只要心存美好，坦然面对，总会看到想看的风景。女人有时会特别排斥逆境给自己带来的压力，她们希望自己永远看不到世间的丑陋、永远不去经历人世的磨难。其实，逆境才能让女人成长。

余光中曾说："未经世故的女人习于顺境，易苛以待人；而饱经世故的女人深谙逆境，反而宽以处世。"天真有时未必好，因为不懂世事艰难有时很难相处，而世故也未必不好，走过人世沧桑反而更懂宽容。经历有时才是智慧的来源。

有了乐观的心态去面对逆境，剩下的就是要学会苦中作乐，让难挨的日子快点儿过去。林徽因的方法就可以借鉴。找最好的朋友去吐苦水，抱怨也许不能解决问题，可是有些情绪还是需要发泄。适度的倾诉后，找到一件自己最感兴趣的事去分散精力。像林徽因，听听古典音乐、写几首小诗、去完成曾经自己专业领域的梦想，让精神世界充实丰富，现实世界的痛苦就仿佛减少了很多。

把自己感兴趣的事儿做好，还可能发现转逆为顺的契机。

曾有一位美食达人就是这样从一个平淡的家庭主妇的生活中，找到成功契机的。

在家中，她像每个家庭主妇一样为家人准备美味可口的食物，虽然得到家人的称赞，可是主妇的生活是那么枯燥无聊。于是，她就将自己做的美食发在论坛上，后来就写博客、拍照片、自己上传。

每天都有很多美食爱好者来同她交流，她得到了更多人的认可，后来竟出版了美食畅销书，又做了美食节目主持人。本来无聊的主妇生活却让她实现了自己的社会价值。

发自内心地去做一件事情，真的会给你带来意想不到的收获与惊喜。

坎伯曾经写道："我们无法矫治这个苦难的世界，但我们能选择快乐地活着。"我们对林徽因的迷恋，更多是因为从她那里得到的是朝气和活力，是一种向上的精神状态。她将经年的流韵温进一盏茶香，去慢慢品味；她用诗一样的情怀享受人生，最旷世明媚的风景都能尽收眼底。

把苦难婉约成一抹诗意，去体验生命只有一次的珍贵和美好。

静/思/小/语

没有谁的人生能永远一帆风顺，时间也从不因为谁的痛苦就此停滞，学会在安逸时不受宠若惊、困顿时也不大呼小叫，在尘埃中开出花朵，在苦难中享受人生，去展现女人生命中特有的韧性。

刚柔相济女人香

她来自江南水乡，她生在莲开的六月，她那样温柔娴静、优雅柔媚，她清丽的诗句中也总是有着温婉的气韵。爱她的男人把她捧在手心，柔声地叫她“徽徽”。

她从事科学严谨的建筑，西北的荒野留下过她的足迹和身影，建筑业的后生尊敬地称她作“林徽因先生”。

她闪耀古韵京城，她高谈论阔在自己的客厅。她把刚强和柔和恰到好处地调配，把很多看似对立的特质完美地结合于一处。然后，展现出令人目眩神迷的光彩。

莲开馨香的六月

林徽因生在杭州。诗意江南总能让人联想到杏花烟雨、水雾缭绕，就连青石板都应该是湿湿的。好像这里总是那么惬意，夏有十里荷花可看，秋有三秋桂子可赏。生在这诗意的栖居地，怎能不沾染到风花雪月的柔情？更何况她是真正出自书香门第。

林徽因的启蒙老师是她的姑母林泽民。姑母知书达理、温文尔雅，又通晓琴棋书画、诗词歌赋。

年幼的她跟从姑母学习，想必也是耳濡目染了中国传统女性的古典雅致的情怀，也因此形成了她性格中淡雅娴淑的一面。在月上柳梢的深深庭院，她安静地阅读那些或瑰丽或清淡的文字，在莲花徐徐舒展绽放的时节，少女情怀如诗般美妙。

林徽因的童年经历，也让她的性格有不止温婉这一面。这得从林徽因的母亲说起。林长民的原配早早病逝，并未生养过儿女。何雪媛是作为续弦嫁入林家的。但何雪媛和林长民的婚姻并不幸福，她大字不识，最多算作小家碧玉，自然和学识深厚的林长民无共同语言，偏偏她的脾气也不大好，又不懂得取悦丈夫，最后丈夫又纳妾室，何雪媛算是彻底被打入“冷宫”。

何雪媛对这样的境遇充满怨恨，所以时常对年幼的林徽因发脾气。我们无从知晓当时林徽因的感受，但至少，林徽因是不愿做这样的女人。因为她在给好友费慰梅的信中说："我自己的母亲碰巧是个极其无能又爱管闲事的女人，而且她还是天下最没有耐性的人。刚才这又是为了女用人……我经常和妈妈争吵，但这完全是傻帽儿和自找苦吃。"她爱妈妈却又无法忍受妈妈的暴躁。她一定曾想过母亲不幸福的根源，她也看到了一个不独立、没学识又不温柔的女人，注定不会幸福。

所以，在自己的人生中，在处理婚姻关系的时候，她不再重蹈母亲的覆辙。她温柔、善解人意，注重内在的修养，又懂得独立。

后来，她离开杭州古城，但是江南水乡的灵秀和小巷栀子花清雅的芳香已经深深融入到这个秀美灵慧的女孩儿身上。

□ 3 岁的林徽因。她一人立在院子里，靠着气派的座椅，懵懂的眼光注视着这个世界。

在林徽因 12 岁时，全家迁往京城，林徽因进入著名的北京培华女子中学上学。她江南女子温婉柔媚的气质让诸多校友迷醉。

儿子梁从诫在《回忆我的父亲》中这样描述父亲梁思成第一次见到母亲的情景：

> 在父亲大约十七岁时，有一天，祖父要父亲到他的老朋友林长民家里去见见他的女儿林徽因（当时名林徽音）。父亲明白祖父的用意，虽然他还很年轻，并不急于谈恋爱，但他仍从南长街的梁家来到景山附近的林家。在"林叔"的书房里，父亲暗自猜想，按照当时的时尚，这位林小姐的打扮大概是：绸缎衫裤，梳一条油光光的大辫子。不知怎的，他感到有些不自在。
>
> 门开了，年仅十四岁的林徽因走进房来。父亲看到的是一个亭亭玉立却仍带稚气的小姑娘，梳两条小辫，双眸清亮有神采，五官精致有雕琢之美，左颊有笑靥；浅色半袖短衫罩在长仅及膝下的黑色绸裙上；她翩然转身告辞时，飘逸如一个小仙子，给父亲留下了极深刻的印象。

从这样的描述中，我们仿佛看到那个清新可人如含苞待放白莲般的娉婷女子。她和梁思成之前的预想不同，从给他留下极深的印象也可以看到，她出水芙蓉般的气质深深地吸引了这个俊朗文雅的少年。

当然，被吸引的人不止梁思成一个人。林徽因随同父亲林长民在英国游学期间，遇到了诗人徐志摩。徐志摩同样被她聪颖的才气和清雅柔媚的气质所吸引，在几次的交谈和会面之后，林徽因内在的精神气质更让徐志摩下定决心，进行热烈的追求。

女人的温柔永远是击败男人的最有力武器。男人很容易被女人的美貌吸引，可当男人真正读懂女人这本书的时候，他们就会惊奇地发现其实温柔才是女人的经典之处。男人外表虽然坚强，但他们的内心却往往是很脆弱的。他们需要用女人的温柔去装点他们内心对家庭和爱情的渴望，他们的自尊有时候要靠女人的温顺来做标榜。现实生活中，我们常常可以听到男人这样说：“在外面你一定要给我面子，要事事顺从、温柔贤惠。回到家里我可以什么都听你的。”这就是男人的面子问题，也说明了女人懂得温柔的重要。所以，女人的柔情似水、柔声细语、温雅如兰绝对是男人致命的诱惑。

做“我”自己

她喜欢骑马，好朋友费慰梅引导她了解马术，她很快就掌握了骑马的要领并爱上了这项运动。林徽因很有骑师的天赋，她在马背上神采飞扬、英姿勃发。这样一位巾帼骑师和那时的温婉的江南少女，都叫同一个名字——林徽因。

林徽因倘若只懂温柔、只会撒娇，她早就淹没在了历史的长河中。她虽无张爱玲般凌厉，但是也张扬着自我独特的个性之美。

即使母亲在林家是不被重视的，但是作为林长民的长女，林徽因的出生在当时还是给全家带来了希望和欢喜。林长民思想开明，并无严重的重男轻女倾向，加之林徽因小时就聪慧乖巧，所以，林长民对这个长女的期望很大，他希望女儿是一个有独立的见解和独立的精神的新式女性，而不只是做一个守旧的传统妇女。他对自己的女儿由衷欣赏，不无骄傲地对徐志摩说：“做一个天才女儿的父亲，不是容易享的福，你得放低你天伦的辈分，先求做到友谊的了解。”背负着这样的期望，林徽因真的做到了和同时代众多男士成就相当，甚至有所超越。

林徽因原名本来是林徽音，徽音改为徽因是在20世纪30年代。林老太爷在林徽因出生后，特别精心地为自己的长孙女挑选名字。林老太爷曾是进士，自然学富五车，名字不但要取得悦耳，还得寓意深刻。在耐心地思考挑选后，老太爷决定，就用这个出自《诗经·大雅·思齐》的诗句："思齐大任，文王之母。思媚周姜，京室之妇。大姒嗣徽音，则百斯男。"此句中的徽音，寓意美誉。"林徽音"这个名字伴随她二十几年。

后来，出现了一个写诗的男性作者名林微音，由于名字相仿，报刊杂志经常把他们的名字混淆。于是林徽因给自己改了名字。徽因比徽音在字形上更简略，看起来更利落，也很符合当时逐渐成熟的林徽因，她已经不是那个养在深闺只懂诗词古韵的忧郁女孩儿。别人问她为何更名，她解释道："我倒不怕别人把我的作品当成了他的作品，我只怕别人把他的作品当成了我的。"

她的回答张扬着自我独立的品格，她很自信，想让众人看到自己。当然，她值得别人注目，不光因为她青春美丽的脸庞，还有她的才华和理想。这就是她性格中"刚"的部分。

当她面临专业选择时，她义无反顾地选择建筑专业，这个专业在开放自由的宾夕法尼亚大学都不对女生开放，因为这个专业不适合女性。她虽然最后只能选择美术专业，

□ 林徽因早早就树立了自己学习建筑专业的目标，并用一生的时间坚持了自己的选择。她通过自己的追求，将那些已经消失的中国古建筑在民族意识中重新被认知与认可。

可是她却旁听了所有建筑专业的课程，并完成了这一专业的所有作业。最后，她竟于 1926 年春季开始，成了建筑设计这门课的助教。

她绰约的风姿之下隐藏的是男人般的刚毅。她完美地将温柔、风情和直爽、坚定融合为一体。她的新诗《莲灯》中有这样的诗句：如果我的心是一朵莲花 / 正中擎出一支点亮的蜡 / 荧荧虽则是那一剪光 / 我也要它骄傲地捧出辉煌。漆黑的生命长河中，生命之灯闪耀不息。用来象征生命的过程和生命个体内在的精神力量，她从来没有放弃过追求自我和实现自我。她立志成为建筑学家，这就是她最真实的志向抒发。

用温柔和刚毅骄傲地捧出辉煌

林徽因有着刚毅的一面，但同时带有很浓的女人味儿，她温婉而不给人压力，又懂得实现自我。她在刚柔之间准确拿捏，游刃有余。老子曾说：“上善若水，水善利万物而不争。”也许是生于江南水乡的缘故，总能感觉林徽因就是水样女子，她的智慧就像阳光下的一滴水珠，纯净、朴素，却闪烁着迷人的光芒。

在生命中，最大的特质是柔软。这里所说的柔软其实是生命的一种韧性。是一种可以静若处子、动如脱兔的生命张力。它让生命有一种弹性。女人不能只有一面，想让男人不变，唯一的办法是自己多变。适时温柔，内心又独立。

瑞士著名心理学家荣格曾提出“双性化人格”概念，即“男人自我中的女性化部分”和“女人自我中的男性化部分”。他认为，不管是男人还是女人，只有将这两个方面结合才能接近完美。更简单地说，一个迷人女性，她不单单只有温柔、美丽、贤惠这些女性特征，她还要兼具男人性格中的一些特点，如坚强、主动、豁达、沉稳、有一定的专业研究能力等。这才能成就女性的理想类型。林徽因恰恰具备了这些要素，所以，她有着积极的人格特质，从而也拥有更强烈的个人魅力。

不过还是有很多女人也兼有柔和刚，但却没有准确拿捏。她们只懂把温柔留给自己。内心脆弱渴望保护，不愿独立不够自信，每天夜深人静顾影自怜，可是当第二天的太阳一升起，马上带上坚强的面具，端出一副高高在上的架势。对别人充满防备，每天都是不甘示弱孤军奋战，像个伞一样硬撑着。她们不懂用“百炼钢成绕指柔”的方法去处理问题。最后，自己变成了一个最大的问题——男人都敬而远之。

女人都不缺乏温柔的特质，只是有时我们从小就被教育成为坚强的人，渐渐地就藏起了本能的温柔。温柔既然可以化解男人的冲动和莽撞，女人就要懂得柔情，懂得厚积薄发。“弱者才会残忍，唯有强者懂得温柔”。懂得爱男人也是在保护自己，它可以让男人对她心怀感动，可以让两个人的爱更加坚定。

但是，女人对待自己可别过分温柔。内心过于柔软，就会变得脆弱。女人只有内心刚毅，才能真正懂得，男人可以用来依靠，但是绝对不能依附。不管是在热恋中还是在婚姻中，要看清自己，实现自己的价值。男人可以为你遮风挡雨，可是他不能为你解决所有问题。你的挫折、你的不顺利，还得用智慧、用个性魅力、用积累的人生经验去化解。现在很流行那句“你若不勇敢，没人替你坚强”。他可以照顾你的衣食住行，他可以关注你的每一个心理需要，但是，你用自己的能力获得成功的满足感他给不了。你可以只要他一个人的赞美，可是你又不能保证他会一直持续欣赏。你要知道，有一种东西叫审美疲劳。

所以，别让他成为你生活的全部。要用自己的独立和刚强活出自己的精彩，他才会对你更加珍视。

林徽因的文化沙龙聚集了北京城知识界最优秀的学者、教授，他们被她的魅力、见多识广、见解吸引而来。费正清回忆说：“她是有创造才华的作家、诗人。是一个具有丰富的审美能力和广博的智力活动兴趣的妇女，而且她交际起来又洋溢着迷人的魅力。在这个家，或者她所在的任何场合，所有在场的人总是围绕着她转。她穿一身合体的旗袍，既朴素又高雅，自从结婚以后，她就这样打扮。质量上好、做工精细的旗袍穿在她均匀高挑的身上，别有一番韵味，东方美的娴雅、端庄、轻巧、魔力全在里头了。”

大家公认的、集美貌与才情于一身的女神属于自己，梁思成怎么能不把她当作宝贝捧在手心呢！

静/思/小/语

柔情似水，柔声细语，温雅如兰对男人来说是致命的诱惑，坚强、主动、独立的性格也能让女人闪亮着迷人的光芒。适时温柔，内心学会独立，把刚强和柔和恰到好处地调配，然后，展现出令人目眩神迷的光彩。

淡化别人的评论，活出精彩的自己

你喜欢在每一个风起的日子，淡看花飞花谢，可是世事纷争的喧嚣让你脚步匆匆，遗失掉心灵最初想要找寻的美好；你希望在生命苍凉后有一份厚重的沉淀，可是一份稳定却枯燥的工作，却让你不断怀疑自己存在的意义。你在别人的眼中活得很好，在自己的心里却不曾快乐。生命没有再来一次的机会，心中的理想永远是最有价值的追寻。

不因别人的眼光而改变自己

张爱玲曾说："一个女人在外面交际总有人说闲话，这不妨，说得越多越热闹。"

美国学者费正清回忆林徽因时说："她交际起来洋溢着迷人的魅力。在这个家，或者她所在的任何场合，所有在场的人总是围着她转。"

当我们的太太在自己的客厅用高雅的谈吐、渊博的知识、独到的见地绽放光彩时，当京城众多的文化精英将仰慕的眼神投向风华绝代、才情横溢的林徽因时，善妒者禁不住要指指点点。

1933 年，冰心在《大公报》上的一篇小说《我们太太的客厅》，文笔犀利而不失意蕴，只是字里行间总是在含沙射影地揶揄，甚至，有些刻薄地在讽刺"我们的太太"。小说中这样描述：

我们的太太自己以为，她的客人们也以为她是当时当地的一个"沙龙"的主人。当时当地的艺术家、诗人以及一切人等，

每逢清闲的下午，想喝一杯浓茶或咖啡，想抽几根好烟，想坐坐温软的沙发，想见见朋友，想有一个明眸皓齿能说会道的人儿，陪着他们谈笑，便不需思索地拿起帽子和手杖，走路或坐车，把自己送到我们的太太的客厅里来。在这里，各自都能得到他们所向往的一切。

我们的太太是当时社交界的一朵名花，十六七岁时候尤其嫩艳……我们的先生(的照片)自然不能同太太摆在一起，他在客人的眼中，至少是猥琐，是世俗。谁能看见我们的太太不叹一口惊慕的气，谁又能看见我们的先生，不抽一口厌烦的气？

还有一位“白袷临风，天然瘦削”的诗人。此诗人头发光溜溜地两边平分着，白净的脸，高高的鼻子，薄薄的嘴唇，态度潇洒，顾盼含情，是天生的一个“女人的男子”。但见那诗人：微俯着身，捧着我们太太的指尖，轻轻地亲了一下，说：“太太，无论哪时看见你，都如同一片光明的彩云……”我们的太太微微地一笑，抽出手来，又和后面一位文学教授把握。

这帮上层人士聚集在“我们太太的客厅”指点江山，激扬文字，尽情挥洒各自的情感之后星散而去。太太满身疲惫、神情萎靡并有些窝囊的先生回来了，那位一直等到最后渴望与“我们的太太”携手并肩外出看戏的白脸薄唇高鼻子诗人，只好无趣地告别“客厅”，悄然消失在门外逼人的夜色中。整个太太客厅的故事到此结束。

于是好事者将林徽因、梁思成、徐志摩、金岳霖等一一对号入座。小说中的那位诗人有一句“都如同一片光明的彩云”，稍有一点儿文学基础的人都能联想到“挥一挥衣袖，不带走一片云彩”。

面对这样的揶揄讽刺诋毁，林徽因的反击方式很是特别。

据其好友李健吾回忆，林徽因亲口对他讲起过一件趣事：冰心写了一篇小说《我们太太的客厅》讽刺她，因为每到星期六下午，便有若干朋友以她为中心谈论各种现象和问题。林徽因恰好由山西调查庙宇回到北平，带了一坛又香又陈的山西醋，立即叫人送给冰心吃用。

不管是在北平总布胡同的四合院，还是在流亡昆明期间，林徽因的“太太的客厅”聚会的传统未因战争而终止，自然也不会因为所谓的流言而消失。

只不过，在北平时，大多是关于文学、哲学、政治的丰富谈话，而在昆明，少了很多欢笑和趣味，由于国难当头流离失所，少了很多热烈的谈笑，更多的是在他乡重聚后的相互慰藉。

不管何时，林徽因都始终相信，这样的交流、分享是智慧的碰撞，纵有流言蜚语揶揄讽刺，都不能泯灭她对这样的智慧的追求。

历史证明了她的坚持的正确性，林徽因的文化沙龙形成了20世纪30年代中国文化界的一大人文景观，为中国现代文化界添上了浓重的一笔。

这位热情美丽、典雅脱俗却又健谈直爽的“太太”，她的执着、坚定、智慧、诙谐从未被岁月埋没。

她从未因为别人的眼光而改变自己的挚爱，也没有为活在别人的眼里而失去自己。

别只用赞美来肯定自己

有这样一则故事：有一个叫珍妮的小女孩儿，总认为自己长得不漂亮，总是低着头。有一天，她到饰物店去买了个绿色的蝴蝶结，店主不断赞美她戴上蝴蝶结真漂亮。珍妮虽不信，但是挺高兴，不由得昂起了头，急于让大家看看，出门与人撞了一下都没在意。珍妮走进教室，迎面碰上了她的老师，“珍妮，你昂起头来真美！”老师爱抚地拍拍她的肩说。那一天，她得到了许多人的赞美。她想一定是蝴蝶结的功劳，可往镜前一照，头上根本就没有蝴蝶结，一定是出饰物店时与人碰撞弄丢了。

在我们为这个羞涩的女孩儿因为有了自信而变得美丽欢欣鼓舞的时候，你是否也会有一丝丝的担忧。

这个女孩儿的自信来自哪里？是那个绿色的蝴蝶结和来自别人的赞美。她把自己表现好坏的评价标准放在别人的身上，她并未从内心建立起对自己的肯定。

当有别人的关注、肯定、赞美时她欢喜雀跃，如果没有了这

一切她还是之前的丑小鸭。把生命赖以稳定的基础放在别人身上，实际上是一件非常危险的事。

这就能解释，为何你其实并未多么爱一个男人，可当他去追求另一个女孩儿时，你会感到前所未有的愤怒、不安，甚至恐惧。

你感觉自己好像比想象中还喜欢他。

其实你更看重的是，他的不再关注证明了自己不再有魅力。对自己的信心取决于别人的关注，其实是在对自己个体生命彻头彻尾的否定。

所以有那么多的女人在失爱失婚后歇斯底里，痛不欲生。不再有别人的肯定，又找不到自己，还要顾虑到别人的评价，想要撑出一副镇定的、完美的、若无其事的样子给别人看。

女人，你有多辛苦。如果不挣脱集体的价值观加在我们身上的这层枷锁，很难活得漂亮洒脱。

淡化别人的评价，赞美也好，诋毁也罢。赞美全当是礼貌性的恭维，因为妒忌而来的诋毁不如也回敬她一瓶香醋。林徽因活得是那样洒脱而坚定，她的自信源于内心对自己的肯定。

在我们的内心，也要有一个坚强的力量，不受周围人的影响。我们的人生不是为了要活给别人看的，一个独立自主的人生，才能更好地面对外在的残酷。

让生命之花按照自己的方式开放

聆听最真实的自己，才能得到人生真正的快乐。

不管是毅然决然地选择建筑专业，还是坦然地面对别人的讽刺，林徽因都认真地聆听自己内心的真实意愿，她不虚伪，不为迎合别人而随波逐流，她活出了自我，也活出了快乐。

人的一生其实很短暂，如果总是活在别人的眼光中，那么如何去实现自己的快乐？

有个女人虽然单身，却并不为旁人盲目的热心所影响。她说，不能因为她们的关注我就随便找个人嫁了吧，和一个不喜欢的人别说过一生，就是过一天都觉得太长。虽然她暂时没有结婚，但是她把自己的生活安排得丰富多彩，每一天都过得充实而有意义，这比起那些为了结婚而结婚将就地嫁人的女人要快乐得多。

想要在生活中即使遇到困境都能处之泰然、宠辱不惊，那就得接受最真实的自己。

除了自己，没人可以诋毁、伤害自己。人不自伤，谁人伤之?

接受最真实的自己要懂得自我欣赏。自我欣赏绝不是盲目自恋，它是由理智、客观地对自己的认识引发的自信。

学会了解自己。只有了解自己的优势和不足，才能扬长避短，明确自己的人生目标，才不会整天抱着自己的小毛病郁郁寡欢。如果你发现自己是如此脆弱，那就花些时间让自己更坚强。多读书，多积累。渐渐地，你会发现，只有那些内心坚定的人才能活出精彩。

只有真实地面对自己，以冷静的态度不断地调整自己，才算是真正地善待自己。如果不去关注自己，自然也不会取悦于自己。而女人如果不懂取悦自己，很难绽放独有的魅力。

静/思/小/语

我们每个人都不可能完美，既然有一些无法改变的事实，那就学会去适应它。当你充满自信，又保持幽默感，不矫揉造作，不为别人的眼光左右自己，不要仅仅为一个男人而活，由丰富的生活、坚定的意志支撑自己，那时，你会发现一个更幸福的自己。

伫立在红尘彼岸，回望年轮更迭中的半生痕迹，她曾用心灵的纯美和庄严去寻找生活中恒长的宁静，于生命哲学之光照耀下迸发出智慧的火花，用丰厚的学识与智者并肩，任时光从身边悄无声息地流淌，让那瓣瓣莲花飘散于书香，她守一窗娴静的淡月。

她也曾轻品一杯淡雅的清茶，在午后温暖的客厅，天马行空般的灵感迸发出精彩的评述，让她坚韧的眼神在黑白分明中透露出隐隐的锋芒，在奔流不息的生命长河里保持一如既往的热情。

任岁月的轻霜爬上脸颊，她用浅笑绿了荒野，晴了雨天。

第二章

捧兰心蕙质，驻书香悠长

——女人的修养成就生命的丰盈

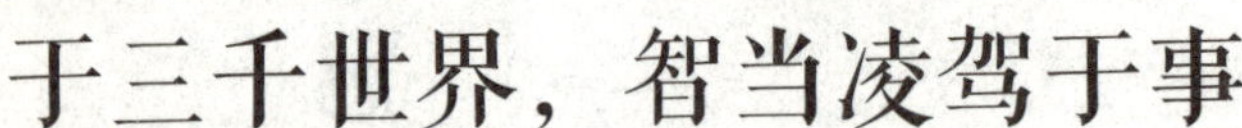

于三千世界，智当凌驾于事

她曾静如白莲，摇曳在波光微粼的六月天；她也曾灿若烟花，绚烂地绽放在最美的年纪。她坐在静谧的光阴里，看世事繁芜，笑望云卷云舒，把岁月过成减法，用智慧延续着美丽。身处浮华婆娑的红尘，却心若莲灯，若非真正懂得智慧，又怎能稳稳抓住幸福？

经历成长风雨，画出智慧彩虹

林徽因天资聪慧，又爱读书，6 岁就能识文断字，开始为祖父代笔给父亲林长民写家书。

林家保存了一批林长民给女儿的回信：

徽儿：

知悉得汝两信，我心甚喜。儿读书进益，又驯良，知道理，我尤爱汝。闻娘娘往嘉兴，现已归否？趾趾闻甚可爱，尚有闹癖（脾）气否？望告我。祖父日来安好否？汝要好好讨老人欢喜。兹奇甜真酥糕一筒赏汝。我本期不及作长书，汝可禀告祖父母，我都安好。

父长民三月廿日。

父亲眼中女儿是“驯良、知道理”的。可见，她儿时不仅仅只懂看书识字，她的童年并不是无忧无虑，只懂肆无忌惮地争抢糖果玩具。她生在这个关系复杂的家庭，母亲不得父亲宠爱，这让她很小就懂得察言观色。大人们之间的纷争她看在眼里，并试着用最完美的方式去处理种种复杂的关系。

她爱父亲，却恨他对自己母亲的无情；她爱母亲，却又恨她不争气；她以长姊真挚的感情，爱着几个同父异母的弟妹，然而，那个半封建的家庭中扭曲了的人际关系却在精神上深深地伤害过她。

这样的伤害对于曾经懵懂的孩子来讲有些残酷。但是，也让小小的林徽因早早知晓了人情世故，最终让她在面对更复杂的感情纠葛时，懂得在道德的禁区内止步。

她承受了母亲太多由于得不到宠爱而歇斯底里的情绪，母亲的不幸福让林徽因知道，不应重蹈她的覆辙。

母亲婚姻不幸福有很多原因。

父亲林长民是一个文人，而母亲何雪媛却目不识丁。父亲的满腹才情和理想抱负自然无法和她倾诉。再加上母亲不懂温柔，夫妻二人本来就无话可说，后来总是争吵。

所以，林徽因之后的种种人生选择，都绕开了母亲的种种不幸。

她选择了与自己志同道合的梁思成作为丈夫，梁思成虽不善于言辞，但也懂得不动声色的幽默，他的笃诚宽厚让林徽因感到有一种安全感。梁思成心甘情愿地接受林徽因的建议，两人双双到美国去学建筑，共同的事业让他们有说不完的话题，他们的结合以坚定的志向为基础，因此他们的婚姻无比牢固。

在丈夫梁思成的眼中，林徽因是如此聪慧，“做她的丈夫很不容易……我不否认和林徽因在一起有时很累，因为她的思想太活跃，和她在一起必须和她同样反应敏捷才行，不然就跟不上她”。

于是，梁思成用一生的脚步去追随。

林徽因的聪明也许是与生俱来，可是，她的智慧经历了多少岁月的凝练。从坎坷到华丽看透，从不谙世事的少女到洞悉世事的智者，她曾经历的每一次痛苦都是智慧的一抹曙光，智慧不是靠聪明能理解，是靠疼痛后的彻悟。

别总是畏惧痛苦，倘若一味地在痛苦中哀痛、呻吟、一蹶不振，痛苦的味道就会越来越浓。要努力在痛苦中解脱，它就变成了对幸福的暗示。生活五彩缤纷，欢乐与痛苦同在，经历了这一次的痛苦，你才不会经历同样的错误。

没有智慧的人生，是对生命的辜负

当她用一坛山西香醋去回应别人出于嫉妒对自己嘲讽的时候，很多人说她是如此聪明，既避免了一次不上台面的口舌之争，又对别人的菲薄以巧妙回击。她的聪明的确无可置疑。倘若只是聪明，还不足以将自己的人生经营得如此旷达丰满。她拥有的是过人的智慧，这智慧常常和理性相伴。她的才华让众人交口称赞，但她却从不迷失在浮华的赞誉里；她的爱情一波三折，但她知道哪一种人生才能通往幸福。

母亲的遭遇让她对爱情、婚姻有很多感悟。至少，她知道一个不懂温柔、没有学识、只把所有期待寄托在男人身上是不会幸福的。

她努力地充实自己、丰富自己，她的智慧让她找到通往幸福的路径。

有人说，她不过是容貌艳丽才使自己的文化沙龙高朋满座。可是，你知道，那些蜂拥而至的都是各个领域的精英，除非用智慧，否则那些文化名流难以取悦。

曾经的沙龙客之一萧乾回忆说：她说起话来，别人几乎插不上嘴。别说沈先生（沈从文）和我，就连梁思成和金岳霖也只是坐在沙发上吧嗒着烟斗，连连点头称是。徽因的健谈绝不是结了婚的妇女那种闲言碎语，而常是有学识，有见地，犀利敏捷的批评。我后来心里常想：倘若这位述而不作的小姐能够像 18 世纪英国的约翰逊博士那样，身边也有一位博斯韦尔，把她那些充满机智、饶有风趣的话一一记载下来，那该是多么精彩的一部书啊！

也有人说，她在建筑领域的贡献不过仰仗她的丈夫，可是，你知道，每一次在穷乡僻壤、荒寺古庙中考察古建筑都有她的身影。梁思成向自己的学生们说，在自己的很多著作中，最精彩的一笔都是林徽因的功劳。

也有人质疑林徽因的文学成就不及张爱玲，可是， 林徽因写诗，从不刻意为之，她追求的是灵感来时真情流露的神来之笔，这并不妨碍诗歌语言的精巧飘逸。张爱玲的才情也许胜过林徽因，可由于这才情才有的犀利通透，和内心的脆弱细腻也让她在感情上吃了很多苦头。而林徽因的智慧就在于，她将家庭和事业做了很好的平衡。她才华横溢，也懂得隐藏锋芒。她的诗歌不多，但首首精致并蕴藏哲理。就是对于死亡，她的智慧也将其看得超然。

人 / 生

——林徽因

人生，
你是一支曲子，
我是歌唱的；

你是河流
我是条船，
一片小白帆
我是个行旅者的时候，
你，田野，山林，峰峦。

无论怎样，
颠倒密切中牵连着
你和我，
我永从你中间经过；

我生存，
你是我生存的河道，
理由同力量。
你的存在
则是我胸前心跳里
五色的绚彩
但我们彼此交错
并未彼此留难。
……
现在我死了，
你——
我把你再交给他人负担！

她从不把写诗作为职业，所以她的诗也从不满足停留在表层的情感抒发。在这首《人生》中，就寄寓了咀嚼人生后的思索。她用智慧的双眼看透了生命的终点是死亡和生命之美的短暂性，是生命哲学之光照耀下迸发出来的智慧的火花。既然每个人都是向死的存在，那就要在短暂的人生中找到存在的意义，这一世的责任就是找寻生命的美好，所以理性地、自尊地面对生活。林徽因的生活从来都不是虚幻的，是真实的存在。她用心灵的纯美和庄严，用最实用的生存智慧，在岁月流走中，找到恒长的宁静。

用智慧找到真爱

作为一个女人，她曾经历徐志摩的冲动而炽烈的追求，拥有梁思成对她的忠厚笃诚的守护，还有金岳霖对她理性无私的柏拉图之爱。倘若没有智慧，这样的爱都将是负担，甚至会成为不幸福的根源。

幸运的是，她很清楚自己要的是什么，感情方面收放自如，拿捏得当。

而在现实中，大多数女性都是感性的，她们并不清楚自己想要的是什么，尤其是在恋爱的时候，都喜欢凭着感觉，这往往就成为了失败爱情或者婚姻的根源。

因为有的时候，感觉是不可靠的。其实，花心的男人通常是浪漫的，如果真的要凭着感觉走，女人很容易被这样的人吸引。

就像诗人徐志摩，将爱情当作一件伟大的事业，在风景如画、高贵宁静的伦敦康桥，也曾吸引过 16 岁的林徽因。

徐志摩写给林徽因的一封封热烈的求爱信，让林徽因感受到了热烈的爱情。如果她只是跟着感觉走，不但会给徐志摩的发妻带来巨大的伤害，自己也不会因为有了这样的爱情而幸福。睿智的林徽因看到了两个人存在的最大问题，她也以此为由回绝了徐志摩。

> 徐兄，我不是您的另一半灵魂。我们是太一致了，就不能相互补充。我们只能平行，不可能相交。我们只能有友谊，不能有爱情。

能给她真正踏实的幸福的只有梁思成。

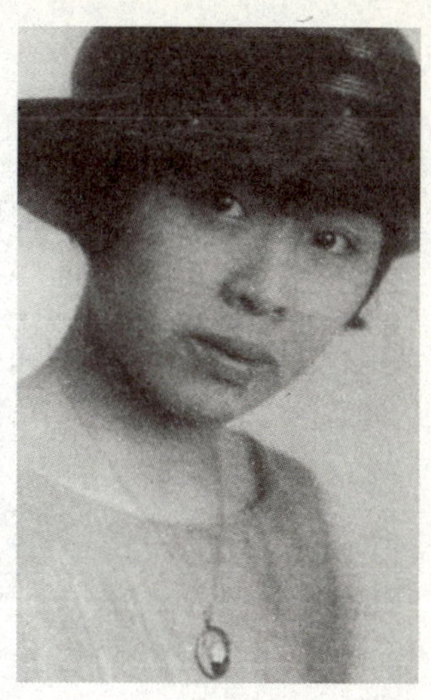

□ 徐志摩（中）热烈地追求林徽因（左），不惜抛弃妻子张幼仪（右），最终坚定地与原配离了婚。但林徽因理智地选择了拒绝，因为那份违背伦理道德的爱，她实在是承受不起。

她很清楚，“徐志摩当时爱的并不是真正的我，而是他用诗人的浪漫情绪想象出来的林徽因，可我其实并不是他心目中所想的那样一个人”。林徽因和梁思成是互补的，有人把他们比作“齿轴和齿帽，经过旋转、磨合，很合适地咬啮在一起，相互成全为更有用的一个整体”。这个比喻是如此恰当。是林徽因智慧的选择，让她拥有这段幸福的婚姻。

在热恋中，一个16岁的少女可以如此清醒，她懂得放手，不为难别人，也成全了自己。放手不代表承认失败，放手只是为自己再找条更美好的路走！

也许，在她拒绝了徐志摩后，内心也曾痛苦，就如同每个失恋的女人一样。可是，她的智慧就在于，她懂得从生活中找到快乐。她的世界还有除了恋爱更美好的事，所以不必为了任何人、任何事折磨自己，明早，太阳会依旧如时升起。凭借智慧与优秀的男人并肩前行，林徽因成就了永恒的传奇。

静/思/小/语

女人应该努力地充实自己、丰富自己，用智慧找到通往幸福的路径。人生的很多时刻，需要自己决定前进的方向，身处浮华婆娑的红尘，应该用心灵的纯美和庄严，用最实用的生存智慧，去稳稳抓住幸福，把岁月过成减法，用智慧延续美丽。不迷失在浮华的赞誉中，不彷徨于痛苦的经历里，女人用智慧找到自己想要的幸福。

最是书香能致远

一杯清茶，长卷在手。

书香萦绕在鼻前，那些智慧与通透，优雅流淌在翻书页的指间。书香已成为她们最高贵的香水，让人生出更多芬芳的想象。茶亦醉人何必酒，书能香我不须花，由内而外自然散发的墨香气质，是浓妆艳抹而来的美丽无法与之抗衡的。

任是光怪陆离不会迷乱双眼，胸存江海容乃大，腹有诗书气自华。

闻书香，识女人

林徽因读书很早，这要感谢姑母林泽民，是她的带动和启蒙，让这个传奇女子拥有古典的浪漫情怀。你能想象，在深深的庭院，暮色氤氲，没有了白日的欢乐和嬉闹，她安静地体会着文字构建出的最旷世明媚的风景。在林徽因的诗歌创作中，她一直在追求意象的选取和意境的构设，或许，这正来源于早年的阅读体验，《诗经》、宋词的瑰丽美好在她的眼中、在她的心里，已经幻化成一个又一个美丽的象征。她灵秀的眉眼间多了几许古韵轻愁。

上了中学后，自然科学和历史地理的学习拓宽了她的知识面，音乐美术课程陶冶了她的艺术涵养。在学校中还有一项重要的英语学习，这让她见识了另外的文化领域。她的阅读伴随了她一生。书让她变得睿智，变得成熟，变得美丽。

明代诗人张潮说："所谓美人者，以花为貌，以鸟为声，以月为神，以柳为态，以玉为骨，以冰雪为肤，以秋水为姿，以诗词为心，吾无间然矣。"

这就是极致的书香女人。每次看到林徽因的照片，不论在哪个时期，她都是那样淡雅地笑，那是书香洗礼后的纯净容颜。

在自己的文化沙龙，她让思想的火花游走在相聚的瞬间，细细将这份温馨回味。她如此迷人，离不开书香沉淀出来的味道。

作家陈衡哲之妹陈衡粹曾在春夏相交的香山同林徽因有过一面之缘，她感叹道："有

一天同一位朋友上山游览，半山上一顶山轿下来，我看见轿子里坐着一位年轻女士。她的容貌之美，是生平没有见过的。想再看一眼，轿子很快下去了。我心中出现‘惊艳’两字。身旁的人告诉我，她是林徽因。用什么现成话赞美她？‘闭月羞花’‘沉鱼落雁’等都套不上，她不但天生丽质，而且从容貌和眼神里透出她内心深处骨头缝里的文采和书香气息。”

这就是林徽因独特的气质，超越了外表的秀丽，散发着书香女人独有的气息。

即使经营着一份平淡的生活，却始终拥有一颗骄傲的心。书香女人，有着比别人更多的大气和洒脱。一如三毛所写：“但觉风过群山，花飞满天，内心安宁明净却又饱满。”

正如于丹所说：“读书，在我们生活安定时锦上添花；在我们遭受挫折时的雪中送炭。”

战乱时她身处局促的空间，却怀抱坦然豁达的胸襟。

林徽因立于百丈石崖之下，出神地凝望着眼前壮美的白练，听着奔腾的仿佛具有生命活力的水声，对站在身边的梁思成说：“思成，我感觉到世界上最强悍的是水，而不是石头，它们在没有路的绝壁上，也会直挺挺地站立起来，从这崖顶义无反顾地纵身跳下去，让石破天惊的瞬间成为永恒，让人能领悟到一种精神的落差。”

这是在逃亡的途中，面对波澜壮阔的美景，她的突如其来的顿悟。在她的阅读经历中，有太多不得志的文人有过如此相似的经历，只是现实的苦难迷茫了她的双眼，经由雄壮瀑布的触动，她的苦闷一下子得到化解。

费慰梅在《回忆林徽因》中曾描述：“昆明遭到敌机轰炸，林徽因一家与中国营造学社人员迁到四川南溪县李庄。此时已是抗战的中后期，物价昂贵，物资匮乏。林徽因肺病复发，不但连药品都买不到，甚至还要靠朋友们的资助才能维持日常的家庭开支。她的健康严重地被损坏了，经常发烧卧床不起，但林徽因并没有怠惰，她躺在病床上通读二十四史，积累了丰富的资料，帮助梁思成写成了《中国建筑史》，这是中国人第一次写成的自己国家的建筑史。”

就是在肺病缠身苦痛难忍时，她依然掬一捧似水柔情，期待那些温暖的阳光。在她生命的最后的那段时光，床头一直放着一本《拜伦诗选》，雪莱和拜伦的诗伴她挨过沉默、孤寂的时光。

“医院的医生和护士常常能听见她低声地诵读着那些诗句。在她没有力气翻动书页的时候，她就把手放在书本上，仿佛要从书本里汲取一些力量。”

我／看／过／你／哭

——拜伦

我看过你哭——
一滴明亮的泪，
涌上你蓝色的眼珠；
那时候，我心想，这岂不就是
一朵紫罗兰上垂着露；
我看过你笑——蓝宝石的火焰
在你之前也不再发闪；
啊，宝石的闪烁怎么比得上
你那灵活一瞥的光线。

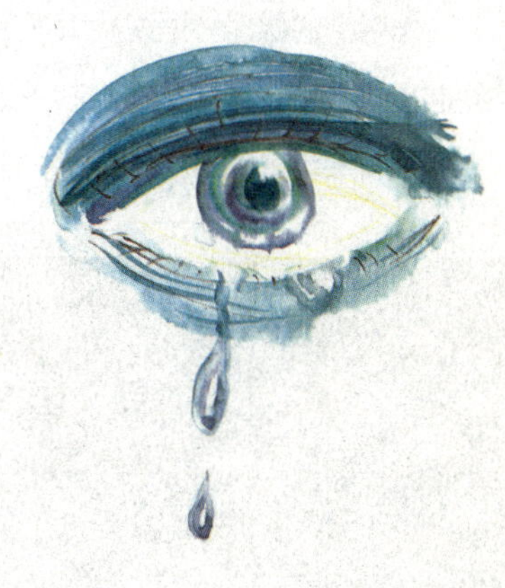

仿佛是乌云从远方的太阳
得到浓厚而柔和的色彩，
就是冉冉的黄昏的暗影
也不能将它从天空逐开；
你那微笑给我阴沉的脑中
也灌注了纯洁的欢乐；
你的容光留下了光明一闪，
恰似太阳在我心里放射。

这样幽思袅袅、脍炙人口的抒情短章成为林徽因最高的拯救和安慰的手段，她那娇弱的身躯、痛苦敏感的神经在这些诗句中焕发了新的生机。

做个书香型的母亲

林徽因的一生以书为伴，她的智慧修养给孩子们良好的熏陶。

女儿梁再冰回忆：“在李庄时林徽因从史语所借过几张劳伦斯·奥列弗的沙剧台词唱片，非常喜欢，常常模仿这位英国名演员的语调，大声地‘耳语’：To be or not to be，that is the question! 于是父亲、弟弟和我就热烈鼓掌。她这位母亲，几乎从未给我们讲过小白兔、大灰狼之类的故事，除了给我们买大量的书要我们自己去读外，就是以她的作品和对文学的理解来代替稚气的童话，像对成人一样来陶冶我们幼小的心灵。”

林徽因为她的孩子们提供了丰富的精神滋养。

每个家庭的父母不仅承担缔造孩子生命的责任，更应该在培养教育孩子方面起到重要的作用。德国学前教育家福禄培尔曾说：“国民的命运与其说操在掌权者的手中，倒不如说握在母亲的手中。”

有很多家长抱怨，孩子不喜欢读书，甚至都不能安静地坐一会儿。其实，只有家长把阅读作为一种习惯，拿书当朋友，孩子才有可能会把阅读看作像吃饭喝水一样平常，才会把书当作亲密的伙伴。据说犹太人都很爱读书，在他们出生后不久，父母就把蜂蜜洒在《圣经》上，让孩子去舔，从小让孩子认为书是甜的，并从此不断地给孩子讲上面的故事。

放下手中的遥控器，与孩子好好地坐下来，享受一本书，一页一页地翻下去，经典

□ 林徽因出身于书香门第，受过良好的教育，她是一个才情横溢的作家、一个入木三分的评论家、一个引人注目的教授，还是一个卓有成就的建筑学家，她的风姿和才情令无数人心存向往。

的书籍默默承担着人类熟悉而不察的美德与善行的传播，这比口头上的说教有效得多，在孩子最纯真的年代，我们给孩子什么，将来就会收获什么。当父母用语言和孩子进行交流或讲故事的时候，孩子的进步是非常惊人的。这不但可以提高孩子的语言能力和想象能力，还能增强孩子的逻辑思维能力，同时还能有效地缓解压力。这对以后的学习、生活、工作都会有长远的意义。

而对于自己而言，在书香的浸染下，也会享受生活的诗意。因为书本能给人休闲思索、体味怀想的空间，这让女人在神韵中就会比别人多一份坦然和自信。

腹有诗书气自华

无知和庸俗是女人的天敌，自知永远也达不到真正大气从容的境界。女人要拒绝庸俗和繁杂、变得聪慧，读书是一个特别重要的途径。只有读书才能赶走一切尘埃，给心灵留一片净土。任索然无味的纷争和鸡毛蒜皮的吵闹如何喧嚣，也不能抵挡书中恬静的美好。

睿智的女人把静心专注地读书当成一种享受。当女人的心灵得到了滋养和成熟，自然也使得身边的爱人多一份恬静和安乐！

不知不觉在书香的浸染下，她的情感更细腻，举止更优雅，气质更深沉。读书让女人拥有善解人意的修养和高尚的生活情趣。所以，即使有一天容颜老去，沉稳优雅的气质仍会让女人绽放属于自己的美好，如空谷幽兰散发着沁人心脾的香气。走进书的世界，就是带着智慧和诗意走进生活。

读书的女人，即使遭遇悲苦，但决不沉沦。有了书香陪伴，她不再空虚无望地孤独惆怅，不再怨天尤人孤芳自赏。宇宙的辽阔她在书中可以领略，所以她知道自己只是沧海一粟。

一个在书海中泛舟的女人可以称得上是世界上最幸福的人。读书，可以让女人拥有

永不过时的美丽。

如果你读过张爱玲，你就懂得原谅生命的不完美，因为这华丽的袍子上，爬满了虱子。那些痛彻心扉的爱情，有时源于自己过于脆弱的神经，在爱情里，不要有太多的追问；读三毛，你看到了她人生的豁达洒脱，在经营自己的生活时也不至于格局太小；你读过席慕蓉那浓郁的诗情句后知晓，任时光老去，也能从容与优雅。

女人有时也要读李白，从他字里行间涤出性灵的自由以及文墨的肆漾。

读书，增长了见识，陶冶了性情，让人拥有淡泊以明志，宁静以致远的恬淡、幽静、沉稳。

清人萧抡谓说，“一日不读书，胸臆无佳想；一月不读书，耳目失清爽”。可见，只有坚持不懈地读书、潜心静气地思考，思想的源泉才能永不断流、始终涌发咀嚼文字，不经意中增加的是一份由内而外的美丽。

读书的女人，乐于思考，勇于决断，充满自信地把握自己的人生。书如明灯，女人心怀理想，纵然孤身漫步，也不会寂寞和孤独。

喜欢书香的女人是落在尘埃里的花朵，在自己心底留一份梦想，斑斓着男人心中的色彩。让瓣瓣莲花飘散在书香中，在生活的磨炼中沉淀智慧的光芒。

静/思/小/语

读书让女人拥有善解人意的修养和高尚的生活情趣。罗曼·罗兰说：“多读一些书，让自己多一点儿自信，加上你因了解人情世故而产生的一种对人对物的爱与宽恕的涵养，那时你自然就会有一种从容不迫、雍容高贵的风度。”所以，即使有一天容颜老去，沉稳的气质仍会让女人绽放属于自己的美好，如空谷幽兰散发着沁人心脾的香气。

学识是滋润女人心田的甘泉

她有充满生命之美似锦的青春年华，她有无与伦比的家族底蕴和流淌在血管里的高贵气质。更重要的是，她对自我生命的价值有着充分的认识，她学识与优雅兼具，让男人由衷地钦佩和赞赏。即使是岁月的轻霜爬上脸颊，她的学识也如同春雨般沁人心田。

与其在别处仰望，不如用学识并肩。

学识沉淀女人香

梁思成曾说过："林徽因是个很特别的人，她的才华是多方面的。不管是文学，艺术，建筑乃至哲学她都有很深的修养。"她具有的传统文化意蕴、学识素养之深厚不言而喻。

这并非是梁思成的"情人眼里出西施"，就连曾任民国时期中央研究院历史语言研究所所长的傅斯年都曾对她做出高度的评价，傅斯年为梁思成致函国民党政府教育部长朱家骅，恳求拨付研究经费，信中提及林徽因，道是"其夫人，今之女学士，才学至少在谢冰心辈之上"。

费慰梅这样回忆她的亲历感受：

> 每个老朋友都记得，徽因是怎样滔滔不绝地垄断了整个谈话。她的健谈是人所共知的，然而使人叹服的是她也同样擅长写作。她的谈话和她的著作一样充满了创造性，话题从诙谐的逸事到敏锐的分析、从明智的忠告到突发的愤怒、从发狂的热情到深刻的蔑视，几乎无所不包。她总是聚会的中心人物，当她侃侃而谈的时候，爱慕者总是为她那天马行空般的灵感中所迸发出的精辟警语而倾倒。

很多女性总是抱怨自己的意见没人倾听，同爱人缺少沟通和交流，每每多说几句，还被人说成唠叨，这大概是因为她们的话是"结了婚的妇人的那种闲言碎语"。

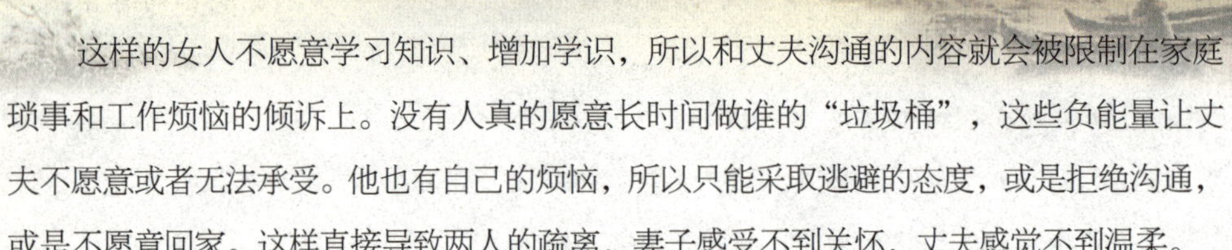

这样的女人不愿意学习知识、增加学识，所以和丈夫沟通的内容就会被限制在家庭琐事和工作烦恼的倾诉上。没有人真的愿意长时间做谁的“垃圾桶”，这些负能量让丈夫不愿意或者无法承受。他也有自己的烦恼，所以只能采取逃避的态度，或是拒绝沟通，或是不愿意回家。这样直接导致两人的疏离，妻子感受不到关怀，丈夫感觉不到温柔。

如果妻子的沟通只是一味地抱怨和唠叨，说的话毫无营养，自然没人愿意倾听。拥有丰厚学识的女人就不同，她们谈吐不凡，字字珠玑，句句精辟，在生活的细微之处、平常之时，显示出其智慧的力量和美丽。她们的话通常更有说服力，如同春风化雨般沁人心田。同这样的女人沟通，才是人生的一大乐事。

也有年轻的女性总是哀怨，自己没有一副好口才，因为胆子小说话总是吞吞吐吐。其实好的口才是建立在丰厚的学识之上的。一个目不识丁的女人很难口吐莲花，想要在众人之中侃侃而谈，那必定要积累学识，才能有话可说，说得漂亮。很多国学大师，他们的语言表达酣畅淋漓、自然大气，这些仰仗的是深厚的文化根基。

用学识来撑起气场，这样不管走到哪里，迎来的都是欣赏的眼光。丰厚的学识让女人在“乱花渐欲迷人眼”中更显得独树一帜。

未若柳絮因风起

人们经常把有才气有学识的女人称为“咏絮之才”，这其中还有典故。

在一个寒冷的雪天，晋朝名将谢安谢太傅把侄儿侄女聚集在一起，跟他们谈诗论文。不一会儿，雪下得很大了，太傅高兴地说：“这纷纷扬扬的大雪像什么呢？”他哥哥的长子胡儿说：“撒盐空中差可拟。”意思是，跟把盐撒在空中差不多。他哥哥的女儿道韫说："未若柳絮因风起。"不如把雪比作柳絮被风吹得满天飞舞。

飞絮是比喻，撒盐也是比喻。以撒盐比拟下雪，就显得笨拙，风吹柳絮的比喻就精妙得多。谢道韫一喻成名，后人夸人有才，尤其是夸女子有才，便以"咏絮之才"赞美。

看似随口一说，却能展现出优雅的情操和艺术修养。在浩瀚的文史典籍中，我们依旧能捕捉到她的风雅神韵。

所以，有学识的女人能够依据自己的知识、独特的看法、独到的见解，在别人绞尽脑汁、不知如何解决问题时，她们会根据自己的经验和积累，来辨明问题、解决问题。

林徽因的学识就在一个关键时刻发挥出了巨大的作用。

1949 年 7 月 10 日，中华人民共和国成立前夕，政治协商会议筹委会在《人民日报》等各大报刊，刊登了公开征求国旗、国徽图案及国歌词谱的启示。

由梁思成和林徽因领导清华大学国徽设计组的工作。当国徽征稿结束时，已收到了全国各地、包括海外侨胞设计的 900 多件图案，但是这些图案设计水平参差不齐，高水准的很少，大多数反而像商标图案。

在和大家讨论国徽和商标的区别时，林徽因说："国徽是一个国家的标志，它体现一个民族的历史、一个国家的意志、一个政党的主张。中国的国徽要有中国的特征、政权的特征，形式也要庄严富丽，应该表现中国人民的自豪感。商标只是商品的标志，它只具有商品注册的意义，这是两个完全不同的概念。我们必须加以区别。"

她还找到比利时、澳大利亚、尼泊尔等许多国家的国徽给大家讲解，希望能有所借鉴，灵感有所激发。

"林徽因始终主张，国徽应该放弃多色彩的图案结构，采用中国人民千百年来传统喜爱的金红两色，这是中国自古以来象征吉庆的颜色，用之于国徽的基本色，不仅富丽堂皇，而且醒目大方，具有鲜明的民族特色。"

经过几个月的努力，图案终于出来了，它最终得到了评审委员们的认可，在周总理的建议下，经过一些小的调整，就成了我们现在的国徽。

国徽凝聚了林徽因的汗水，也是她学识最尊贵的展现。从构图到意象的选择，都要调动她积累多年的美术、建筑、文学、历史知识。"书到用时方恨少"，那是无知者的借口，林徽因用成绩捧出了辉煌。

有学识的女人，就是如此坚定自信，谦虚而好学。这样的女人对男人来讲，如果懂得珍惜拥有，必然是男人不可或缺的财富。

装点生命之美

林清玄在《生命的化妆》中说，女人化妆有三个层次。其中第二层化妆，是改变体质，改变生活方式、保证睡眠充足、注意运动和营养，改善皮肤、精神充足。第三层化妆，是改变气质，多读书、多欣赏艺术、多思考、生活乐观、心地善良。女人的学识和修养才能真正装点出生命的色彩。卓尔不凡的学识会彰显优秀女人的风韵。才华的出众、举止的高雅，之于朋友，是良师益友；之于爱人，是灵魂之伴侣。

有学识的女人往往学业优秀，独特的气质和宽宏的气量更是让人折服。

两次荣获诺贝尔奖的伟大科学家居里夫人，她的学识举世认可。有一天，居里夫人的一位朋友来她家做客，忽然看见她的小女儿正在玩英国皇家学会刚刚颁发给她的金质奖章，于是惊讶地说：“居里夫人，得到一枚英国皇家学会的奖章是极高的荣誉，你怎么能给孩子玩呢？”居里夫人笑了笑说：“我是想让孩子从小就知道，荣誉就像玩具，只能玩玩而已，绝不能看得太重，否则将一事无成。”

学识让女人强大到可以看轻荣誉。宽广的胸怀，是人性中的美丽与高贵。青春将随着岁月而流逝，学识则能使女性骄傲一生。它的最大作用就是让人认识深刻，变得理性，

而绝对的理性，如康德所言，是人类社会最需要之所在。

所以，居里夫人曾感慨：“十七岁时你不漂亮，可以怪罪于母亲没有遗传好的容貌；但是三十岁了依然不漂亮，就只能责怪自己，因为在那么漫长的日子里，你没有往生命里注入新的东西。”

这新的东西说的就是，凭着日积月累而来的学识所得到的智慧，它使女人在岁月的轻霜爬上脸颊后依然风韵犹存，不失典雅的风范。

学识通过读书、经历的积累，已经不仅仅是饱览诗书，通晓古今这样简单，它已内化成一种气质，处世的灵活机巧、思考得面面俱到，成就了她们健康美丽的丰盛人生。

漫步人生路，她内心的坚强，她用过人的洞察力、判断力、思辨力和表现力，让所有审视的眼光充满欣赏与爱慕。她从未得意过青春的娇艳，也不曾感叹岁月的无情，学识给了她灵魂的滋养，让她的人生在逐渐老去的旅途上更精致、更优雅。

静/思/小/语

学识，是一种内在的气质，是一种内涵，是处世的灵活机巧，是丰富经验的积累，是面面俱到的思考。女人，不去得意青春的娇艳，也不整日抱怨岁月的无情，让学识成为滋润心田的甘泉，成为心灵受伤时的抚慰，让学识给灵魂最好的滋养。

面带微笑赶赴生活的行程

微笑能牵动人们内心深处的情愫，凝聚着生命的和谐，清新中不乏缠绵。你的笑，绿了荒野，晴了雨天。

深 / 笑

——林徽因

是谁笑得那样甜，那样深，
那样圆转？一串一串明珠
大小闪着光亮，迸出天真！
清泉底浮动，泛流到水面上，
灿烂，
分散！

是谁笑得好花儿开了一朵？
那样轻盈，不惊起谁。
细香无意中，随着风过，
拂在短墙，丝丝在斜阳前
挂着
留恋。

是谁笑成这百层塔高耸，
让不知名鸟雀来盘旋？
是谁笑成这万千个风铃的转动，
从每一层琉璃的檐边
摇上
云天？

这首《深笑》在自然空灵中洋溢着孩子般天真的笑，林徽因用她的巧思去解读深笑的魅力、纯美的笑，蕴含着生命之美的纯洁与绚烂。

微笑书写人生最美的诗行

在林徽因儿时，她很少大声地笑。她的童年并非单纯愉快，微笑大概是她最得体的表情。她有自己的无奈和挣扎，母亲的不快乐她要用乖顺去安抚，父亲的殷殷厚望更让她不能辜负，她要努力在祖父、祖母、父亲面前当乖巧伶俐的“天才少女”。

这个家庭是复杂的，可谁又能选择自己的父母呢?

其实，人生的很多境遇若能懂得随遇而安，都不会成为太大的困扰。

聪慧的她没有让自己在这矛盾中挣扎太久，她以温柔的方式帮自己将人生路上的种种荆棘扫除。当她带着一抹淡淡的微笑去处理大人们之间的纷争，那个讨人喜欢、明事理的林徽因赢得了全家的尊重。父亲越来越欣喜于她的驯良、聪慧。在她 16 岁时，父亲带她去欧洲远行，他认为，天才的女儿有必要出去增长见识，接受更先进的教育和文化熏陶，还有一个更重要的原因，林徽因在家庭夹缝中的努力其实父亲一直看在眼里，远行可以让女儿远离让人身心俱疲的琐碎家庭纷争。

林徽因用源于她心中的坦然、从容而来的微笑为自己赢得了众人艳羡的游学经历。在那里，有她很重要的人生积累。

当她送给生命一个真诚的微笑，一切来自外界的纷扰和来自内心的羁绊都将变得无足轻重。她从微笑中领悟到了博爱和尊重，也挥别了生活中的烦恼和尴尬。

人生很多事我们无法选择，也不能躲避，甚至无法逃避，但是受约束的是生命，不受约束的是心情，微笑的人并非没有痛苦，只不过她善于把痛苦锤炼成诗行。

坦然面对，会迎来下一个柳暗花明。

也许你正深陷挫折痛苦不堪，整天的愁云惨淡除了能获得怜悯，其实根本于事无补，骄傲的你难道在意的是收获旁人的同情？不如晚上对镜中的“你”笑上几分钟。心理学家告诉我们，外部的体验越深刻，内心的感受越丰富。不如用微笑改造心情，因为越快乐，越幸运。

微笑对于女人是一种淡然，是一种智慧，是一种坚强。

很多人相信宿命中的所谓流年，只因为凡尘俗世总有很多事情是很难由我们自己把握掌控。所以王菲唱道：懂事之前，情动以后，长不过一天，留不住，算不出，流年。

可是，既然流年无可避免，不如就从容面对，即使失婚失爱也不落魄，要淡然微笑依然洒脱。不让爱情的来去打扰自己的生活，因为幸福要掌握在自己手中。

让微笑赋予你生活新的内涵，将怯懦化为勇敢。

用微笑，让世界低头

林徽因一生中最美好的年华是在北总布胡同的那七年。

这个北京典型的四合院很是清幽雅致，里面种着几株开花的树。住房的屋顶都由灰瓦铺成，房屋之间铺砖的走廊也是灰瓦顶子。面向院子的一面都是宽阔的门窗，镶嵌着精心设计的木格子。

林徽因对新居很是满意，这位美丽的主妇不但打理家务，还跟随丈夫一起加入营造学社，并担任了校理的职务。

虽然忙得不可开交，她还是不忘充实自己，她向丈夫提议：“我们也办一个 Salon（沙龙），时间就定在下午，周六或者周日的下午。客人嘛，适之肯定是要请的，志摩、奚若、从文、叔华……他们也可以再请他们的朋友来。大家一起喝喝茶、聊聊天，交流一下自己的新作品。哇，光是想想就觉得不错呢！谈笑有鸿儒，往来无白丁，既不失古意，又很现代，你说是不是？”

由于女主人能够恰到好处地展现自己的才华，能够调动起别人的优点和长处，这个小小的客厅后来成了 20 世纪 30 年代北平最有名的文化沙龙，由于融入了当时以男性为主的京派知识分子群体，作为沙龙的女主人难免要面对许多流言蜚语。

就连平时还算有些交情的朋友都要写文章讽刺她，之后更多的非议如飞蛾扑火般奔向她。面对攻击的言论，她一笑置之。她知道这样的非议不过源于同性的妒忌，这样的妒忌恰恰证明了自己的魅力：一个成功的女人就是，让男人喜欢，让女人妒忌。

林徽因全都具备。她微笑，是因为她将事情的本质早就看得通透，她的不回应让好事者的热脸无处安放。用微笑去回应流言，坐等流言烟消云散，是智慧女人独有的气魄。

这样的女人，有一种超然的心境，微笑是她们自信的流露。她们不因生活中的得失而悲喜不定，她们的豁达和淡定能够为自己的心灵找到生命之初最本质、最原始、最淳朴的宽容。所以，她们值得拥有更宽广的生活，自然也能带给男人更愉快的生活体验。不管潮起潮落，都能坐看云卷云舒，在宁静中享受生活的馈赠。奔行于人生旅途，行程中什么都可以不带，但不能没有微笑。

失意时将笑意写在脸上，你也许比自己想象中的还要坚强。

懂得对爱人微笑

美好的时光总是短暂，随着内战的爆发，林徽因同梁思成开始了颠沛流离的生活。生活最拮据时，梁思成甚至要去典当家里的一些物品。林徽因的身体也每况愈下，她的心里不禁有些酸楚。

再坚强的女人在精神和肉体双重苦痛的折磨下也难免脆弱。

温良敦厚的梁思成对她悉心照料，而且从未在林徽因面前流露出消极的情绪。当把一支陪伴了他 20 多年的金笔和一块儿手表当掉后，却只能到市场上买两条草鱼。但梁思成拎着草鱼回家后，他边哼小曲边做家务，回头微笑着跟妻子说：“把这派克金笔清炖了吧，这块儿金表拿来红烧。”

谁说贫贱夫妻百事哀，他们的物质条件已经不能再差了，可是梁思成这温暖的微笑将爱的彩带丝丝缕缕地缠绕着爱人的心扉，林徽因看着丈夫进进出出的忙碌背影，眼睛慢慢地湿润了。

在相爱的人眼里，爱人的微笑都是最炫目的。

很多年前，梁思成第一次见到林徽因，她莞尔一笑，他一见倾情，愿一生守候，他没辜负自己的决心。微笑让他们在苦难中贴得更紧。他们互相鼓励，重新找到生活的希望。

逆境中，有的夫妻在互相埋怨中渐行渐远，有的真爱经受住了现实的考验。

曾有一位落魄的千万富翁，在事业鼎盛时期，拥有五家娱乐城，旗下有1000多名员工。可是在20世纪90年代后期东南亚金融危机大环境的艰难下，加之自己对企业经营不力，一夜之间企业就倒闭了。那段时间他受到了极大的打击，从高处跌落的感觉让他无法接受，一头黑发竟然在几天之内就变成了白发。

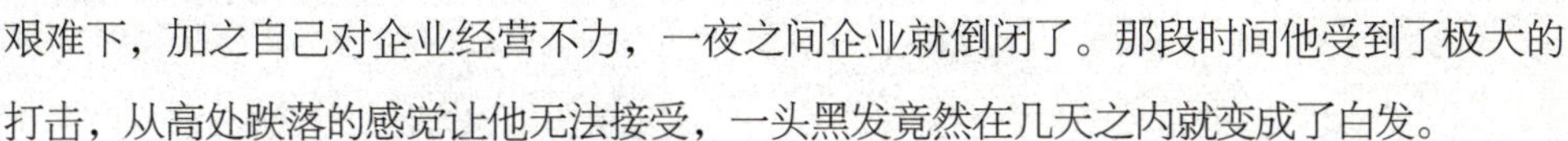

在他人生最低谷、最失意的时候，妻子不离不弃，微笑鼓励，一直相伴在他的身边，与他一起渐渐走出风雨。他说，妻子在他最绝望的时候一直微笑鼓励，他从这乐观中渐渐地找到了生活的希望。

微笑之于亲人，是最贴心的关爱。生命的繁花总在达观的微笑里绽放，而凄凉与痛苦却在悲观的叹息中拉长。

朱自清先生的《女人》中有一句描写女人微笑的句子："微笑是半开的花朵，里面流溢着诗与画与无声的音乐。"

让微笑在你的脸上绽放，心烦意乱时，用微笑让自己走出颓废的低谷；遭遇诽谤诋毁时，微笑之于敌人，又是自信的回击；对爱人，用微笑去唱响深情的恋歌。带着微笑去赶赴生活行程，去唱响生命旅程的赞歌！

静/思/小/语

微笑，一个简单的表情，却是女人最美丽的一种语言——微笑传递的温情，可以融化心灵的坚冰；微笑传递的宽容，可以拉近心与心之间的距离；微笑传递的关爱，可以驱散心灵的孤寂；微笑传递的信任，可以让人感受到你的真诚。微笑是对生活的一种态度，微笑的实质便是爱，懂得爱的人，一定不会是平庸的。

展露万种风情

她素雅温柔时，如江南温软的春雨，滋润一树花开；她清丽率真时，如绿杨芳草、桃柳抽芽般轻灵；她洒脱坚忍时，又如陈年佳酿般浓烈。

如飘逸的行云飞絮，她用万种风情，散发着迷人的气质。

有时候你需要一点儿小放纵

在《林徽因传》中曾有这样一个桥段：诗人徐志摩收到一封来自大洋彼岸的电报，倾诉自己在美国的孤单苦闷，说只有他的来电，才能让自己感到安慰。大诗人欣喜若狂，一颗心猫抓似的。第二天一早，就冲到邮局，要把自己熬夜写下的情意绵绵的文字，发到遥远的美人手中。

经办人看了内容，面露惊愕："今天在你之前，已经有四个人给这位密斯林发去电报了。"诗人抢过名单，全是熟人，遂一一对质，没奈何，人家都收到了同样内容的来信。

在林徽因的世界中，绝对不是只有梁思成这一位男性追随者。最终，梁思成与林徽因结婚时，他们夫妻二人的旅美同学还感叹，"林徽因在美国是如此地受欢迎，仰慕者众多，梁思成真是幸运"。

可是作为林徽因的男朋友，梁思成难免有些介意女朋友的光芒过于耀眼，也正因为这样，他时常有危机感，他知道林徽因的美丽、才华和热情确实无法掩盖，只能让自己更加优秀与之匹配。他不再因为林徽因的长袖善舞而苦恼不堪，他努力学习，拿到两个建筑设计方面的金奖来证明自己的才华。

林徽因对爱慕自己的其他男人尊重但从不越矩，她在把完整的爱给梁思成的同时，也不忘展现自己的万种风情。

张爱玲曾说过：一个女人，太四平八稳了，端正得过分，始终是不可爱的。

女人，需要偶尔的一点儿小放纵，去展现自己的多面风情。如果能学着男人"自私"一点儿，享受主义一点儿，就会有更多的乐趣。

林徽因有天生的媚骨，又有后天的傲骨，她有极为丰富的内在涵养，也有极为精致的外在修饰。这是她展现风情的基础，没有内在的积淀，就不是展露风情，而是卖弄风骚了。

林徽因的眼界、谈吐、学识和修养才是京城才子的迷恋所在。

她有着猫一样的性情。她慵懒、高贵、神秘又魅惑。

其实猫是我们女人迷失的本性。若从小总是被教育得过于强势，长大把自己变成了老虎，急于表达自己的饥饿，反而会把猎物吓跑。

不如做个猫一样的女人。

猫懂得适时地热情缠绵，独处时享受快乐，它总是能够把骄傲和驯服融合得恰到好处。

猫不像狗，被呼来喝去，随叫随到，它想出现就出现，想消失就不见。它擅长用柔弱索要食物，所以总是被主人怜悯。

女人想让男人不变，唯一的办法是自己多变。不要让男人呼来喝去，肆意揉搓于股掌之间，日子久了，他不会珍惜反倒厌倦。

有的女人，好像不懂家务、不会做饭。男人们却还是喜欢和她在一起，因为，她通常擅长桌球、高尔夫，精通英超、意甲，对时事津津乐道，偶尔喝上一杯，醉意微醺更是迷人，男人和她在一起放松又惬意，这样的女人通常都不止一个男性朋友，这令男人们不和她在一起时都心生醋意。

风情的女人不但身材曼妙，还应该懂得生活，做个玩乐达人，多培养一些和男人一样的兴趣，快乐了自己，也吸引了异性。

风情万种是女人的天赋人权

法国女人的优雅和风情万种是世界公认的。

走在巴黎香榭丽舍大街上，最常见的风景是昂首高傲、妆容精致的妙龄女郎带着小狗在散步。在巴黎的冬天，甚至常常可以看到70岁的法国老太太光裸着美丽的小腿，衣装、围巾、丝袜、配饰、精致的妆容一丝不苟。巴黎女性皱眉头的时间很少，因为她们自我感觉非常良好，更能尽情地享受美丽带来的快乐。

别以为法国女人只是靠爱情来延长性感的保鲜期，她们更看重的是保存好自己的万种风情！就算没有男人，她们也坚持自我欣赏的心情。

林徽因的欧洲留学经历，也让她的身上散发着这样的魅力。

1931 年 2 月，林徽因病情加重，她按医生的要求到香山疗养。

当时徐志摩频繁上香山探林，梁思成极尽东道主之谊，徐志摩与林宣入住旅店的住宿费都是他掏的。林徽因爱美，即便山居养病也穿着高跟鞋，下山时常由徐、林二人在两侧扶持，唯恐跌倒。

做一个风情万种的女人不能只有内在的修养，对生活用心，对自己用心，要努力地完美展现自己的外形、体态、举止，想雅首先就得免俗，就要追求精致。

完善自己的外形，既是自我的宠爱，也是对他人的尊重。

法国版 ELLE 曾经做过这样的一项调查，“假如我们对你的恋人或丈夫做一次采访，那你最想从他们的嘴里知道些什么？”

被调查者都不约而同地回答：“他还爱我吗？”

女人是如此重视爱人对自己的感情。同时，她们的回答又是如此小心翼翼、不敢确定。她们不知道爱人是否爱她如初，那是因为，她们从来不曾好好地关爱自己。试想如果作为一个恋人、妻子的你都不爱自己的话，那么你有什么理由期待、希望你的男人还爱着你。

其实，每个女人都有自己的魅力，通常只看到别人好像略施粉黛就已经风情万种，其实所谓的处处显得高贵、迷人而又极富教养，是女人懂得爱自己、善待自己，才容易展现出魅力，永远保持对生活的热情，永远别忘宠爱自己。

打造风情万种的自己

人们常常误将风情与性感等同，其实性感女人多于性与肉感，而风情富于情调与韵致，是那种纵使从头到脚捂得严严实实，也关不住满园春色之美。

风情要有内外兼具之美，外在的精心雕琢，能首先提升整体的素质。所以女人得懂得化妆。英国科学家的研究表明，会化妆的女性平均收入往往高于不化妆的女性，而且显得更聪明！化了妆的女人总是能多几分自信。可是要想拥有万种风情，显然需要不同的妆容。要展现魅惑的风情，自然要化明艳一些的稍浓的妆容；要展现干练的风情，自

然要化简单大方的妆容。总之，女人要根据自己的心情和外界的需要变幻自己千娇百媚的妆颜。一个精致的妆容，美丽了自己，也尊重了别人。

风情的女人还要懂得选择一款适合自己的香水，因为它代表了女性的第二自我。不要选择太过于典雅，也不要过于强烈、性感的香型。应该选择那种诱惑当中散发出浪漫情怀，将使你成为集天使般的顽皮纯真和些许性感野性和自由于一身的完美女人。

想做一个女人味十足的女人，还要拥有适合你自己的绝世好BRA。对于女人来说，文胸是最贴身的“闺蜜”之一了。爱自己就不能放过身体的每个部分，皮肤、发型、服装、配饰固然重要，但女生更不能错过胸部的保养和呵护。胸部历来是女性曲线美的最极致体现，拥有一件绝世好BRA，努力绽放出自己的绵绵情意。

每个女人都该有几双合脚的高跟鞋。高跟鞋除了增加高度，更重要的因素是可以增进诱惑力。

所以，林徽因在香山养病时，客人来了，她还要穿起高跟鞋。高跟鞋使女人步幅减小，因为重心后移，腿部就相应挺直，并造成臀部收缩、胸部前挺，使女人的站姿、走姿都富有风韵，袅娜的韵致应运而生。拥有几双心爱的高跟鞋，将你的美丽从头到脚完美无缺地整合起来。

在衣柜中，无论是文质彬彬的格子裙，还是精明干练的套裙，抑或是多情柔媚的紧身连衣裙，不求性感，但求品位格调，要醉心于女人的韵味。将骨子的各种意趣、风情，展现得淋漓尽致、妖娆万分。

当你把外在修饰得得体精致的时候，也不要忘记培养内在的馥郁气质。如果胸无点墨，任凭用再华丽的衣服装饰，这人也是毫无气质可言的，反而会给别人肤浅的感觉。

很多女明星在青春逝去后却依然可以站在时尚的风口浪尖，美人并未迟暮，时光雕刻了她们的万种风情，迷人的微笑、优雅的举止，无时无刻不透着一种美的魅力。

用气质打败年龄，把阅尽的沧桑都折现成无边的美丽。女人应该是百变的，即使岁月流逝，经历了太多的人生沧桑，风情也不会远离，反而变得醇厚、浓重，充满质感。

静/思/小/语

时光不仅仅只在女人的脸上雕刻出皱纹，如果你能懂得爱自己、善待自己，懂得展现出万种风情的魅力，就可以用智慧去获得爱与尊严。风情万种的女人，浑身散发着迷人的气质。风情万种的女人，女人喜欢与之亲昵，男人喜欢与之倾谈。

在安静中，不慌不忙地坚强

命运不是机遇，费尽心机地争取，岁月也许什么都不会给你。命运不过是一场随遇而安的旅行，常有风寒阴霾的苦砺，可是没有哪一种痛苦是单为谁准备的，人生最大的勇敢之一，就是经历伤痛之后，还能保持自信与能力。

坚强，给予了生命翱翔的力量

总觉得在林徽因生活的那个时代，遭遇的伤痛要比现在多些。那时有不可阻挡的外力在破坏人们平静的生活。

1925 年，林徽因的父亲林长民在反奉战争中惨死。这突如其来的生死离别让林徽因悲痛欲绝，她被这噩耗所击倒。失去亲人的巨大悲伤，要用多少泪水去冲刷？死去的人已经完结了这一世的痛苦，可活着的人仍然要背负伤痛前行。

林长民曾在去世前写信给梁思成，满怀温情和担忧嘱咐梁思成多关心女儿林徽因。

林徽因望着窗外笼罩的阴霾，想起父亲对自己的种种疼爱。虽是女孩儿，父亲却从未疏于对她的培养，正是父亲林长民的教诲，用他放眼世界的言行和思想，将一位自幼聪颖出众、美貌不群的少女，培养成一位优秀的古建筑学家。

只能默默地承受，不被伤痛击垮，才是对逝去亲人的最好告慰。

林徽因准备担起长女的责任，年迈多病的母亲和几个幼小的弟弟都需要照顾，家里的经济状况已经无法维持她在美国的费用，她想回国或休学一年在美国打工……

浪漫天真的女孩儿一夜长大。

□ 人一生中难免会遇到挫折，勇于面对才能不被击垮。林徽因正是用坚强的信念才照亮了自己前进的道路。

幸运的是，她的准公公梁启超对林徽因多了一份舐犊之情，他帮助林徽因照顾在国内的亲人，并帮助她解决在美国的读书费用。

可是，林徽因知道，以后的路，不再有父亲的庇护，只能靠自己坚强地走下去。

失去亲人的苦痛也许自人类拥有意识之后就一直存在，任科学如何发展、技术如何先进都不能丝毫减轻痛苦的程度。失去亲人后，林徽因常常在深夜思念流泪，在这样的安静中，学着独立学着面对。也许，就是从那天开始，她才发现，没有什么痛苦是不能面对的。

所以，林徽因在文章中写道：我们要在安静中，不慌不忙地坚强。安静是一种状态，要的是君子厚积而薄发，要默默地接受蜕变，也许我们高飞的翅膀还稚嫩，那么我们就去收集力量吧。当我们有一天强大的时候，就可以不被痛苦击倒。就像蒙古包蚊帐，看起来虽小，但是，撑起来，却是可以包容无比。

她瘦弱的身躯隐藏着这巨大的能量，她毅然地接受了生的苦难。

在林徽因晚年，她的肺病已到晚期，每天被疾病折磨得痛苦万分的时候，她总是让身边的小护士唱支歌给她听，同仁医院的医生和护士们都知道，这位病人是著名的建筑学家和诗人，她是个很坚强的人，对医生的每一次治疗，无论多痛苦，都配合得很好。

你若不勇敢，谁替你坚强

林徽因从未歇斯底里，并非是因为她的人生都是坦途没有挫折，只不过，睿智的她懂得自己在安静中找回力量。

所以，那一场轰轰烈烈的爱情结束时，她一脸平静。

平静不代表不曾经历痛苦的挣扎。

年轻诗人的浪漫诗情曾叩开过她的心房，她怎能忘记两人一同讨论基兹、雪莱、拜伦和狄更斯时灵魂碰撞的美好瞬间？

诗人为她写道：

——如果有一天我获得了你的爱，那么我飘零的生命就有了归宿，只有爱才可以让我匆匆行进的脚步停下，让我在你的身边停留一小会儿吧，你知道忧伤正像锯子锯着我的灵魂……

如果不曾爱过，就不会有那封写给徐志摩的信，知情人回忆内容大概是这样：“你若真的能够爱我，就不能给我一个尴尬的位置，你必须在我和张幼仪之间做出选择……”

不久，她决定从耀眼而又短暂的梦中醒来。徐志摩已有妻儿，哪怕自己要忍受失爱的痛苦，也不能为了爱情换得一身致命伤。

很少能有女孩儿像她，在一段热烈的感情中，懂得全身而退。

人们从她的脸上好像没有看到太多的哀伤，所以，好事者揣测，也许，她并未投入感情。

其实，这平静来自于内心的坚强，自己已经做出选择，就要勇敢承担，不需要将软弱的一面给别人看。

1931年，徐志摩从南京赶回北京听林徽因的演讲，乘坐飞机不幸遇难。

林徽因将徐志摩遇难飞机的一块儿残骸长久地挂在卧室内。

这是对老朋友的怀念，其实在心底，这更是对曾经美好岁月的祭奠。

女人在爱情的抉择中，有幸福的可能，也有不幸福的风险。在受伤时，你若不勇敢，没人替你坚强。

就像有的女人，爱情的结局虽然让人唏嘘，可你并未看到她崩溃。经历了失败的婚姻，捶胸顿足已无济于事。事已至此，不如坚强面对，寻找下一个幸福。

在爱情的路上要依旧勇往直前，婚姻失败从来不是爱情的失败，在一段感情中如果曾收获快乐，结束就算痛苦，也该安静承受，坚强从容地面对失去，会比歇斯底里更让人尊重。

用坚强完美生命

2013年，一向特立独行的安吉丽娜·朱莉又让世人震惊了——37岁的朱莉在《纽约时报》亲自撰文宣布，由于自己患乳腺癌的概率很高，因此早前她已接受了双侧乳腺切除手术以作预防。她在文中感谢丈夫布拉德·皮特的支持，朱莉这样描述手术之后的心态：“做这个决定，我觉得自己更强大了，也绝对没有丢失半点儿女人味儿。”

她还说：“生活中有许多挑战，但有些可以加以控制，它们吓不倒我们。”

朱莉有这样的选择，细细想来，其实也不足为奇，在单亲环境下成长起来的朱莉，比别人更孤独，也更坚强。她一直就有着独立的个性和清晰的头脑，解决生活中的各种困难。

朱莉和皮特结成伴侣，两人相互扶持，共同孕育了3个孩子，再加上之前收养

的3个孩子，组成了一个大家庭。就是因为有这样一个幸福的家庭，朱莉才最终决定进行切除手术。她不想因为乳腺癌而让孩子们失去母亲。她用她的行动告诉我们，生活面临很多挑战。我们不应该惧怕那些我们可以控制和击败的恐惧。

谁说脆弱的名字叫女人？

越来越多的女人开始顽强地和疾病、癌症抗争，术后积极配合治疗，命运不断地在对她们进行着考验，她们也越来越努力地争取交上一份合格的答卷。强大其实不是战胜了自己，而是接受了自己。

不管何种境遇，都要学着主宰自己的生活，踏踏实实地一步步向前走，那份柳暗花明的喜悦也许就在远方，人性中最坚不可摧的一部分，永远和灵魂的韧性有关。

有这样一则故事：

1965年，在越战中美国一部分海军被俘，在河内希尔顿战俘营里关押着一名海军上将，这是被俘的最高级别将领。

海军上将同其他战俘一样，经历着严刑拷打。非人的待遇让他曾一度绝望，可是对家人的思念和对自由的向往还是让他在监狱中苦熬了8年。8年后，他重返家园，终获自由。

管理学家吉姆听说了上将的事迹后，问："8年时间你有很多同伴不幸遇难，为何你能熬过来？"

上将想了想，说："我一直渴望活着出去见到家人，这个愿望一直支撑着我。"

可是那些死去的人，应该也渴望见到亲人吧？吉姆不解地问："那你同伴儿中最先死去的是哪些人呢？"

上将遗憾地答道："是那些过于乐观的人，他们总盼望圣诞节就可以被特赦，可是节日过后没能如愿，于是又想复活节可以，结果还没被释放……这样失望一次接着一次，不久后便抑郁而终。"

过于乐观的人被一次次的失望折磨得万念俱灰，最终放弃了最初的希望。

吉姆继续追问上将在监狱发生的事，因为他始终感觉，上将的生还绝不是偶然。

于是，上将讲起发生在监狱中的事。

在关押期间，同胞们被关进不同的牢房，因为彼此看不到，他们又希望能够通过交流减轻痛苦，于是他们发明了一种秘密传递信息的方式，约定相互敲墙，以敲击的节奏来代替英文字母。

开始时，大家都用敲墙来鼓励对方，节奏也严格按照约定。可是日复一日的等待，让一些人开始没了耐心，尤其是节日的时候，人们的焦虑便表现在敲打的节奏上，越来越多的人烦躁地敲着，监狱里喧闹不堪，在这之后，死去的人也逐渐增多……

“有节奏地敲墙，其实是大家表达活着出去愿望的方式；敲墙节奏如果杂乱无章，则将适得其反。”最后，上将语重心长地说，“这是非常深刻的教训。一个人不能对未来失去信念，但也不要盲目乐观，现实世界永远要比我们想象得更复杂、更残酷。”

所以，让我们在安静中，不慌不忙地坚强！

静/思/小/语

人生最大的勇敢之一，就是经历伤痛之后，还能保持自信与能力。安静是一种状态，要的是君子厚积而薄发，要默默地接受蜕变，也许我们高飞的翅膀还稚嫩，那么我们就去收集力量。在安静中，学着独立，学着面对。也许，就是从那天开始，才发现，没有痛苦是不能面对的。

悦纳自己的不完美

当生命轮回于四季交错之间，我们前行的脚步逐渐缓慢，偶尔驻足回望，轻叹这岁月埋葬了多少追求。轻叹却并不失落。因为我们发现，在这漫长的人生路中，幸福并非是完美和永恒，而是心灵和生活的一种感应和共鸣。悦纳了自己的不完美，才能找到真正的祥和与安宁。

找一个乐于包容自己的人

林徽因出身高贵，貌美如花，才思敏捷，她有志同道合的朋友、体贴的丈夫、钟爱的事业……她拥有了太多女人梦寐以求的东西，也许在别人眼中她已是完美的女神，她自己却很清楚地知道自己的缺点。

外表优雅温婉的她，脾气却有些急躁。

有人曾分析，这可能来自于她母亲的影响。母亲的生活一直压抑、不快乐，她在林家大宅中一天一天地受煎熬，她不甘心又无能为力，性格渐渐变得暴躁乖张，女儿常常要忍受母亲的抱怨、哭闹。童年时期的阴影给林徽因性格的形成带来很大的影响。林徽因也清楚自己的弱点，什么事情到她这里都会被放大。因为求好心切，争强好胜，烦躁的感觉自然加倍。什么事情都想做好，凑在一起就成了平方，像大雪一样快要把她给淹没了。

她曾试图改掉自己的毛病，可是总是在激动的时候无法控制自己的情绪。

那就接受这样的自己，毕竟，谁都有自己不能克服的缺点。

但是，林徽因的聪明之处在于，她因为深知自己的性格特点，所以她选择梁思成作为自己一生的伴侣。梁思成的好脾气是出了名的，他一生都在包容、爱护着妻子。

的确，有的时候自己的不完美是与生俱来、无法选择的。我们的外貌、性格有一部分是来自于父母，不管外貌美丽与否、内心是否强大，我们都要去改变能改变的、接受不能改变的。

心理学研究表明，人的很多心理问题是由于不接纳自己造成的。

太过于追求完美的女人，在她们的头脑中有一个自我的幻象，这个幻象完美无缺、无所不能，可以掌控一切。头脑中的这个幻象不仅让自己看上去完美，而且还把一切都看得完美。她们挣扎着去不断克服人性的缺点，可是很多东西是倾其一生都无法改变的，所以，她们就陷入烦恼、焦虑、自卑和痛苦之中。

因为完美本来就是虚幻的、不真实的，所以，越是追求完美的人，他们的痛苦就越多越深。

学会悦纳不完美的自己，接受缺点，承认无法掌握的生活中的每一个层面，用心去发现自身的优点和长处，学会以己为荣，找出自身与众不同的地方，为自己所取得的成就而欢欣鼓舞。但对自己的缺点的确无能为力时，不妨效仿一下聪明的林徽因，找一个能够乐于包容自己的另一半来减弱缺点带来的负能量。

幸福源于看到生活的不完美

不知你是否看过这样一则寓言。

一位大师吩咐两位爱徒，外出寻找一片最完美的树叶。

树叶漫天飞舞数不胜数，也许，从中只挑选一片不会太难吧！

一个徒弟寻寻觅觅，精挑细选，可是最后却空手而回。大师问："你的叶子呢？"

徒弟说："按照您的要求，我在无数的树叶中去挑选那片完整的、色泽饱满的、薄厚适当的、形态又优美的叶子，可是，每一片都有一点儿的问题，不是太轻薄就是太肥厚……"他的努力反倒让自己深感苦恼。

"那你呢？有什么收获？"大师问另一个徒弟。这个徒弟神情宁静喜悦。他交给师父的一片树叶，看上去跟所有树叶都差不多，它的色泽、筋脉、品相、重量都不出众，更谈不上完美。

难道这是一片具有法力的树叶，隐藏了完美的形象？两手空空的徒弟在心里念叨："这样的树叶，我能揽一满怀回来，师兄莫不是在敷衍师傅？"只听师兄说道："这片树叶虽然并不完美，但却是我能找到的最完整的叶子。"

世界的每个人都如同这一片片绿叶，用苛刻的态度去挑选一个完美的人是无论如何都找不到的。

即使我们眼中所谓的完美的偶像，在现实中也并非我们的想象。

在美国一个《我想有张明星脸》的电视节目中，有个女孩儿硬是把自己整成偶像凯特·温丝莱特的模样，为了减轻体重，她甚至切除了自己的一部分胃。

凯特·温丝莱特看到后非常痛心，事后她说希望能把那个女孩儿带到家里，然后脱下衣服告诉她："这才是真实的我。我没有那样又翘又圆的臀部，也没有一对丰满高耸的乳房，更没有一个平坦的小腹。相反，我的臀部和大腿上囤积着大团脂肪，这才是真正的我！”

凯特·温丝莱特还公开表示：“我绝对不会向年龄屈服。整容手术违背我的道德原则，也违背生命进程的自然规律，我们要选择让时间给自己留下的最健康的美……正因为我们是演员，所以我们更不愿意只有一张永远不变的、僵硬的脸。”

她接受了最真实的自己，也展现出了最迷人的自己。

在骨瘦如柴的好莱坞女星中间，她用丰腴的体态与精致的五官刷新了好莱坞的审美标准。远比那些靠化妆整容和节食保持腰身的女明星更受男士的青睐。

悦纳自己的外貌，不论自己美丽与否，不能失去对生活的信心，更不要用伤害自己的方法去赢得所谓的赞美，不妨坦然地接受自己，用热情拥抱自己。

人如果放弃对完美的追求，承认了自身的不完美，反倒能回归真实的自我，变得轻松快乐。

其实，追求完美的心理实际上是想去扮演无所不能的上帝。扮演上帝的结果注定会陷入无尽的苦恼，能力有限却梦想无边，注定要烦恼不断，焦虑不安，生活在患得患失的恐惧之中。

宽容别人的不完美

如果在生活中坚持追求完美，不肯接纳不完美的自己，那也很难去包容别人的缺点。这必然会造成人际交往的困境。

经常可以看到城市中的一些大龄女青年因为找不到理想伴侣结束不了单身生活。越到后来，她们越不肯降低标准，能合乎她们心意的男人也就越来越少。

有时，是因为她们把自己想得太美好，在她们心中早已幻想出一个白马王子，于是，当她们看到其貌不扬的相亲对象，总觉得遇到这样的对象，是辜负了自己。即使有了更近一步交往，心中却总有不甘，很难发现对方的优点。

客观地评价自己，不仰望得太高，也不卑微到尘埃，承认不完美，承认人能力的有限，才会理解包容他

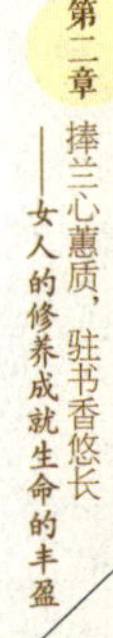

人的不完美，爱才有可能在理解中产生。

苏格拉底关于爱情、婚姻和幸福的故事就深刻地说明了这样的道理。

柏拉图问苏格拉底：什么是爱情？

苏格拉底说：请你穿越这片稻田，去摘一株最金黄的麦穗回来。但是，有个规则，你不能走回头路，而且只能摘一次。

于是，柏拉图走了许久之后，却空着手回来了。

苏格拉底问他：怎么空手回来了？

柏拉图说：当我走在田间时，曾看到过几株特别大特别灿烂的麦穗，可是我总是想着前面也许会有更好更大的，于是就没有摘，我继续走的时候，看到麦穗总是觉得不如先前的好，所以我最后什么都没有摘到。

苏格拉底意味深长地说：这就是爱情。

柏拉图问苏格拉底：什么是婚姻？

苏格拉底说：请你穿越这片树林，去砍一棵最粗最结实的树回来，好放在屋子里做圣诞树。但是，有个规则，你不能走回头路而且只能砍一次。

于是，柏拉图去了许久之后，他带来了一棵并不算高大粗壮的树，也不算赖的树回来了。

苏格拉底问他：怎么就砍了这样一棵树回来？

柏拉图说道：当我穿越树林的时候，看到过几棵非常好的树。这次我吸取了上次摘麦穗的教训，看到这棵树还不错，就选了它，我怕我不选它就又会错过了砍树的机会而空手而归。尽管它并不是我碰见的最棒的一棵。

这时，苏格拉底意味深长地说：这就是婚姻。

柏拉图问苏格拉底：什么是幸福？

苏格拉底说：请你穿越这片田野，去摘一朵最美丽的花儿。但是，有一个规则，你不能走回头路，而且只能摘一次。

于是，柏拉图去了许久之后捧着花儿回来了。

苏格拉底问他：这就是最美丽的花儿？

柏拉图说道：当我穿越田野的时候我看到这朵美丽的花儿我就摘下了它，并认定了它是最美丽的，而且，当我后来又看到很多美丽的花的时候，我依然坚持着我这朵最美丽的信念而不动摇，所以我把最美丽的花儿摘回来了。

这时，苏格拉底意味深长地说：这就是幸福。

当你能够悦纳这个世界的不完美，并坚信自己的选择，才会获得幸福。

因为我们的不完美，所以我们懂得宽容、谦卑。懂得要互相扶持、彼此相爱。我们才会去感恩，感谢你遇到的也肯包容你的那个人。

就像歌中唱的：是否刻骨铭心没那么重要，只想在平淡中体会爱的味道。

学会感恩自己的不完美，因为它们让我们能够脚踏实地地前行。只有真正地读懂了自己，才能用心去对待别人。只要心中拥有爱，就没有不能逾越的过去。

静/思/小/语

生活是一件艺术品，每个人都有自己认为最美的一笔，每个人也都有自己认为不尽如人意的一笔，人生不售返程票，在人生的旅途中，只有宽容、豁达的人才能走出误区与烦恼，走出狭隘与阴霾，拥有幸福的生活。

可以强大，却不能强势

因为内心的强大，她在爱情中没有迷失方向，她敢于在一个只属于男人的领域里描绘自己的雄心壮志。她坚韧的眼神儿在黑白分明中透露出她隐隐的锋芒。在令人瞩目的优秀的光芒中，她作为女人的柔情从未黯淡，她从不强势地咄咄逼人，她是温柔的，却也是韧性的，她淡定、优雅和从容。

不为流言蜚语所困惑

18 岁的她在毅然决然地拒绝了徐志摩的追求后，同父亲回到国内，开始了自己全新的生活。大家以为两个人会从此形同陌路，老死不相往来。如果有一丝接触，恐怕都会被世俗的标准判定为藕断丝连。毕竟，分手后还能做朋友在那个时代还不能被大多数人所接受。

1924 年四五月间，泰戈尔刚获得诺贝尔文学奖不久，北京讲学社有幸请到诗翁来北京讲演。这对于众多文人来说不啻为一场精神的饕餮盛宴。

北京讲学社的主持者是梁启超、林长民等，由于徐志摩的外语和文学素养较高，他担任泰戈尔的翻译。

已在中西方文学中浸染多年的林徽因自然不想错过与诗翁对话的机会。

于是她并未理会可能由此产生的一些流言蜚语。诗翁在日坛草坪讲演，林徽因搀扶其上台，徐志摩担任翻译。文载："林小姐人艳如花，和老诗人挟臂而行，加上长袍白面、郊荒岛瘦的徐志摩，犹如苍松竹梅的一幅三友图。"

1924 年 5 月 8 日诗翁 64 岁寿辰那天，林徽因、徐志摩等在东单三条协和小礼堂演出泰翁诗剧《齐德拉》，林徽因饰公主齐德拉，徐志摩饰爱神玛达那。

众人在赞美林徽因的优秀表演的同时，也暗暗唏嘘她怎么不知避嫌，和徐志摩对演如此暧昧的角色。

接演之前，林徽因或许早就料到会有这样的议论。

而她与众不同之处就在于，她拥有当时大多数女子未有的强大的内心。既然心无芥蒂为何还要躲躲闪闪？演出并不是生活，懂艺术的人自然能够分辨，不懂的人的议论又何须理会！

第二天《晨报》报道演出盛况空前，“林女士态度音吐，并极佳妙”。林徽因在国内上流文化社交圈开始崭露头角。

一个内心强大的人永远懂得自己需要什么、不需要什么，她从不会为了流言蜚语等外界的干扰委屈自己，更不会向命运低头。

面对质疑的从容是她内心强大的表现，也是她之后所取得的成就的心理基础。

这就是内心真正强大独立的女性，她目光始终朝向高远唯美的外在世界，根本不被小女人内心的弯弯绕绕所羁绊，她的追求也远超出那些狭隘心胸庸俗之人的理解范畴。

外界有太多的诱惑、太多的挫折，如果不能心无旁骛，不能固守着内心那份坚定，女人注定要遍体鳞伤。

20 世纪二三十年代的女星阮玲玉在她事业最巅峰时香消玉殒，留下一纸“人言可畏”的遗书。

她爱的两个男人，一个把她当作摇钱树，一个把她当作专属品，而她总是想处处息事宁人却遭遇百般纠缠，想寻求庇护却又遇人不淑将自己推进深渊。

她从未在内心构造起强硬的堡垒和一片不允许别人肆意践踏的领地。否则，她就可以在利益的旋涡中，在各种错综复杂的关系中，权衡利弊，迅速而准确地做出判断，保护好自己。

□ 1924 年，印度大诗人泰戈尔（中）访华，林徽因（左）与徐志摩（右）共同担任他的翻译。林徽因的智慧与美丽让泰戈尔赞不绝口。

守住生命的绿意

林徽因的同乡，也是梁思成第二任妻子的林洙这样回忆：

即使到现在我仍认为，她是我一生中见过的最美、最有风度的女子。她的一举一动、一言一语都充满了美感、充满了生命力、充满了热情。她是语言艺术的大师，我不能想象她那瘦小的身躯怎么能迸发出那么强的光和热；她的眼睛里又怎么能同时蕴藏着智慧、诙谐、调皮、关心。真的，怎能包含那么多内容。当你和她接触时，实体的林徽因便消失了，感受到的是她带给你的美和强大的生命力。她是那么吸引我，我几乎像恋人似的对她着迷。

的确，她有极强的承受力，是一个内心无比强大的女人。

16 岁时，她就敢于选择只属于男人领域的建筑系作为自己终生奋斗的事业；18 岁时，就能够果断地结束了一段刻骨铭心却不被祝福的爱情，并坦然地与其构建友谊；在自己的文化沙龙中，她未必是学识最渊博的，却成为北京当时众多文化名人某种程度上的精神领袖……

她内心的强大让她在生活中处之泰然，宠辱不惊，踏踏实实地实践自己的理想。

流言不曾对她构成阻碍，病痛困顿也没停住她前进的步伐。

在李庄卧病 6 年，她也没有停止工作。在很多建筑著作中，浸满了林徽因的汗水，每天轰炸机在头顶隆隆而过，衣食短缺、整夜咳嗽，忍着丧亲丧友的悲痛，不知天命几何，她还是学着、写着，同孩子一同坚强地生活着。

不管何时，她的心总想去守住春天，守住一片绿意。

直到她生命垂危时，她写信给远在大洋彼岸的朋友费慰梅时，语气还充满对自己的调侃，她说：

> 我还是告诉你们我为什么来住院吧。别紧张。我是来这里做一次大修。只是把各处零件补一补，用我们建筑业的行话来说，就是堵住几处屋漏或者安上几扇纱窗。昨天傍晚，一大队实习医生、年轻的住在院里，过来和我一起检查了我的病历，就像检阅两次大战的历史似的。我们起草了各种计划（就像费正清时常做的那样），并就我的眼睛、牙齿、双肺、双肾、食谱、娱乐或哲学，建立了各种小组。事无巨细，包罗无遗，所以就得出了和所有关于当今世界形势的重大会议一样多的结论。同时，检查哪些部位以及什么部位有问题的大量工作已经开始，一切现代技术手段都要用上。如果结核现在还不合作，它早晚是应该合作的。这就是事物的本来逻辑。

孱弱的身躯面对残酷的疼痛无可奈何，却还可以苦中作乐，这样的强大让人敬佩的同时，也让人心生怜惜。

她的强大从来不会是那种令人望而生畏的回避，在丈夫那里，她常常却能展现温柔，让丈夫心甘情愿地在旁边守候，如星辰般点缀衬托她的光芒。

不做强势的女人

林徽因有颗强大的内心，但是绝不意味着她强势。

一个女人让人感觉强势是因为，她每天都是颐指气使，不顾他人的感受，她有自己的目标，或者叫野心，为了达到自己的目的争分夺秒寸土必争，任何人在她那儿都得从有无用处来衡量。

有人说，强势的女人通常因为没有得到应有的保护与关爱，所以她们不得不同这个世界一战到底。

而林徽因，这个得到充分的爱与安全感的女人，她不需要以备战的姿态，与这个世界对峙。她有太多的守护者，她的安全感来自于强大的内心，她从不对人颐指气使，她的行为都尽力地考虑到别人的感受。

在沈从文经济窘迫时，她的帮助都要顾忌沈从文的面子，偷偷地把钱夹在从他借来的书中，让这个有些内向的年轻人不至于尴尬。

同乡的林洙没有钱筹办婚礼，她把自己的钱说成是营造学社的钱拿出来帮助林洙，事后考虑到林洙的经济情况，怎么都不肯接受其还钱。

她对丈夫也懂得赞美，当她收到梁思成在宾大时给她做的一面仿古铜镜时，林徽因不由得赞叹梁思成的绝妙手艺："这件假古董简直可以乱真啦！"梁思成听到这样的赞美觉得几天的辛苦真是没有白费。他们新婚的蜜月之行遍布欧洲的很多城市，留下很多欢声笑语。

林徽因做到了内心强大，又不令人感到强势，是因为她时刻把别人放在心上。她才会变得感性而柔软。

应该向林徽因一样，做一个强大却不强势的女人。

不强大往往要任命运的摆布不能做自己生活的主人，自然很难获得幸福。太强势的人往往让人敬而远之，暂时得

□ 林徽因说："生命早描摹了它的式样，是我们的想象太美。在表面的幸福下，这其中有多少割舍不下的缠绵和心痛。"做个内心强大的人，才能无所畏惧。也只有内心的强大，我们在生活中才会处之泰然、宠辱不惊。

到眼前的一切，却丢失生命的最好时光。

当一个女人太强势，处处在家里颐指气使的时候，她的另一半不管是俯首称臣还是揭竿而起，都预示着这一段婚姻岌岌可危。

即使天性柔弱的男人在面对强势的女人时会选择妥协，但男人毕竟也有自己的脾气，只不过反抗的方式不同而已，你越管他他越不服，你越让他听话他越想叛逆，你越限制他他越想逃离。

所以，在工作中做得来“铁娘子”，回家也要做得来“小娘子”。

做内心强大却不强势的自己，努力地充盈自己的才华，相信自己可以从容、漂亮地走完自己的人生。别具魅力的优雅和令人叹服的气质，是时间的沉淀历久弥香，也是自己内心的修养。不要咄咄逼人争抢着去充当万众瞩目的太阳，其实，月亮的光芒一样照彻大地。

静/思/小/语

女人要活得幸福，坚强而不强势是第一要素。不管你的外表多么柔顺、多么小鸟依人，有一颗坚强的心，女人才会活得精彩。做内心强大却不强势的女人，努力地充盈自己的才华，这样才可以从容、漂亮地走完自己的人生。

谈吐，舌绽春蕾

女人的气质，常常在开口说话的瞬间便展露无遗，常常在书香中浸润的女人谈吐自如、娓娓道来，就像美妙的音乐一样，飘进耳朵，感动心灵，令人心驰神往。

林徽因的谈吐自然还有更高的境界，舌战群儒的场景常常在她的客厅出现，才子们被她的言辞，其实更准确地说是被她的智慧所征服，成就了她美与智慧的绝响。

笑对群儒的智慧

在林徽因十几岁时，她的谈吐和悟性已经超越了她的年龄，不止父亲要在她的美貌和聪慧面前被迫放低“辈分”，连父亲的好友徐志摩也被她过人的谈吐和聪慧吸引。

曾经的沙龙客之一萧乾回忆，林徽因很健谈，有学识，有见地，语言犀利敏捷，就连梁思成和金岳霖也只是坐在沙发上吧嗒着烟斗，连连点头称是。倘若把她那些充满机智、饶有风趣的话一一记载下来，那该是多么精彩的一部书啊！

在一次的沙龙聚会上，梁宗岱朗诵了由他翻译的瓦雷里的《水仙辞》，林徽因听后评价不高，梁宗岱据理力争，两人争论得非常激烈。

林徽因毫不让步：“恰恰是你错了。我们所争论的不是后期象征主义的艺术特点，而是这一首诗，一千个读者，可以有一千个哈姆雷特。我觉得，道义的一些格言、真理的一些教训，都不可被介绍到诗里，因为它们可以用不同的方法，服务于作品的一般目的。但是，真正的诗人，要经常设法冲淡它们，使它们服从于诗的气氛和诗的真正要素——美。”

林徽因用她对诗歌意境及表达形式的独特见解去阐述观点。

在争论的最后，林徽因重新坐回沙发上，平静地结案陈词：“每个诗人都可以从日出日落受到启发，那是心灵的一种颤动。梁诗人说过，‘诗人要到自然中去，到爱人的怀抱里去，到你自己的灵魂里去，如果你觉得有三头六臂，就一起去’。只是别去钻‘象征’的牛角尖儿。”

梁宗岱心服口服地笑起来。气氛一改之前的剑拔弩张，朋友们也不得不敬佩这个见解一流、谈吐一流、俏皮幽默的漂亮太太。所以，一个优雅的女人要像林徽因一样，不但才思敏捷、口齿伶俐，还要善于反驳，有理有节，懂得辩论，适当的时候，再来一点儿小小的幽默。

爱迪生曾说过："如果你想征服这个世界，就必须学会幽默，使这个世界更有趣！"她的幽默随机应变地化解了争论后的尴尬。幽默其实是智慧的表现，它是建立在丰富知识的基础上的。林徽因的才思敏捷就源于她丰厚的知识，儿时有着中国古典文学的底蕴，在国外游学期间，她对西方文学也有所涉猎，再加上她乐于思考，自然有如此独到、深刻的见解。在这样的讨论中，她感受到了思维的乐趣。另外，要想妙言成趣，还得有审时度势的能力、广博的知识，才能做到谈资丰富。

英国前首相撒切尔夫人尽管有"铁娘子"之称，可是她的幽默感更有名。她曾经幽默地讽刺道："做大人物就像做淑女一样。如果你告诉人们你是，就说明你不是。"幽默有时能够让人感觉到说话人的一种温厚和善意，也可以让自己的观点更容易被人接受。

当女人学会了幽默，才更容易受到大家的欢迎。

其实，在社交中很多机智幽默的谈吐都来自于平日学识的积累，那些平时不去读书、不去看报、不去充实自己的人，谈吐的内容自然乏善可陈。

言谈显出女人的纤纤神韵

林徽因很喜欢和人交流，不单单是和那些文人学者们谈论文学时事，她也很喜欢和朋友分享自己的心得体会，当时同乡林洙从福建到清华，她不太了解北京，林徽因便耐心地给她讲解北京的历史，"北京城几乎完全是根据《周礼·考工记》中'匠人营国，方九里，旁三门，国中九经九纬，经涂九轨，左祖右社，面朝后市'的规划思想建设起来的"。

林徽因还耐心地解释"左祖右社""经涂九轨"的具体含义。当林洙谈到听说颐和园的长椅特别有趣时，林徽因摆手说："颐

□ 林徽因不但谈吐优雅，而且总能把丰富而广博的知识与她风趣的个性完美地融合到一起，为众人关注，成为"太太的客厅"里的中心人物。

和园前山太俗气了，颐和园的精华在后山。”

她的谈吐释放了她高雅脱俗的内在精神气质和修养，使她的魅力得以完全散发。

女性文雅的谈吐是学问、修养、聪明、才智的流露，是气质的来源之一。

一个女人如果只知道化妆打扮修饰外在，即使是明眸洁齿、花容月貌，但是一张嘴却是语言贫乏、枯燥无味、粗俗浅薄，就难免让人感觉俗不可耐。因此，应该懂得让自己的言谈举止得体优雅，这样的女性往往具有一种从心灵深处源源不断溢出的摄人心魄的魅力。

因此，要成为一个谈吐优雅的女人就不能满足于“一心只知穿着打扮，两耳不闻窗外之事”。要不断给自己充电，勤于阅读书籍报刊，关注经济、政治、时事，不断丰富自己的生活、知识和阅历。只有这样，才能够在社交场合应对自如、妙语连珠。

优雅的言谈浇灌心灵之土

有位名叫亚诺·本奈的小说家曾说：“日常生活中大部分的摩擦冲突都起因于恼人的声音、语调以及不良的谈吐习惯。”因此，优雅恰当的言谈举止可以彰显出一个人在处理人际关系的水平。话虽然大家天天都说，说的水平却有高低之分。有的人滔滔不绝，却没人理会；有的人说话不多，却能一语中的，深得人心。其实，言谈也是一种感情上的沟通，总是自以为是、唯利是图的人即使说得天花乱坠也终究不得人心。而懂得言谈的人常常却能够将不可调和的矛盾轻松化解。

美国前国务卿希拉里·克林顿就因为卓越的口才在美国政坛获得了一席之地。

她 13 岁的时候，曾聆听马丁·路德·金的一场演讲。马丁·路德·金激情澎湃的演讲让希拉里认识到演讲的巨大魅力。从此，她就下定决心要做一名口才卓著的政治家。

其实她之前在口才上并未有太大的天赋，但是她知道口才是可以锻炼出来的，于是她抓住机会勤加练习，在老师安排的课堂讨论上，她积极思考，善于提出一些有争议性和启发性的问题，让同学们乐于和她争辩、讨论。此外，她还专门邀请一些兴趣相投的同学，组建了一个讨论小组，从国家大事到日常生活，从科学技术到音乐艺术，都是他们讨论的话题，这样，在言语的交锋中，她的口才有了很大的提高。希拉里还不惧怕和比自己水平高的人辩论。她知道这样的锻炼会使自己的水平有较大幅度的提高。于是她乐此不疲地和老师一起讨论，老师不断向她介绍一些有用的书籍，引导她接触到很多新的思想观念。

希拉里用她后天的努力，练就卓越的口才，她不仅成功当选国会参议员，协助自己的丈夫克林顿连任两届总统，自己后来还担任了国务卿。

谈吐当然不仅指言谈的内容，还包括言谈的方式、姿态、表情、速度、声调等。

人都是有感情的，所以言谈中的冷漠是无法让交流持续有效进行的，一个冷漠、虚伪的人注定和优雅无缘。所以在交流中一定要有诚恳的态度和亲切的表达方式。

尤其是在与人初次见面谈话的时候更要注意自己的态度和举止。即使你们因为彼此不了解导致没有话题可聊，也不要东张西望左顾右盼眼神游离不定，这会给人心不在焉的感觉，更严重地说，这其实是不尊重人的表现，你可以因为某些原因不喜欢某个人，但是尊重别人是有修养的体现。对于女性来说，在初次见面时直视对方会有些尴尬和胆怯，但是，在对方说话时，还是应该直视对方的眼睛，这是意在告诉对方："我在听你说话。"在直视对方时，眼神儿应该是自然坦诚的。

除了眼神儿外，说话的声音也很重要。冷冰冰的语气不好，太过于嗲声嗲气也不好。一个优雅女性谈吐中的最大魅力就是多一些自然真诚的流露，少一些装腔作势。

言语得体还要注意说话的语调、语速和内容都要注意所处的场合，避免在公众场合高谈阔论，话过多又不能达意抒情，则可能让别人认为你缺乏自制力。

另外，言谈之中也可以适当地使用一些身体语言，但切忌过多。多余的动作会适得其反，显得矫揉造作。优雅的女人不但言谈举止落落大方，还善于倾听。她们不会随意打断别人的谈话，也不会夸张，而是谦虚礼让。

静 / 思 / 小 / 语

优雅的女人，淡定从容，谈笑风生。优雅的女人，懂生活，懂情趣。要做一个优雅的女人，就必须不断增长自己的知识，将优雅之树的根扎在文化的沃土中，这样才能使它枝繁叶茂。

浩如烟海的光阴里，那些走过的风景，路过的记忆，经历的成长，轻随过往远去。你曾倚着岁月的门扉莞尔浅笑，温婉多情描绘出素年锦时的美好，也曾想要冲破层层羁绊将灵魂的寂寞搁浅。微醺的晚风浮动暮霭中的淡淡哀愁，那一夜的月色旖旎，你决定悄然离去。

也许每一段悲伤都是幸福的预演，告别一次不被祝福的爱情，好过无辜人痛苦的成全。于是，那一季花开得灿烂，仓皇美好不过一瞬间。就把那些遗憾留在昨天，把一切的执念都交付给时间。

爱过，就是成长。

第三章 人生乐在相知，有情不必终老

——有你是最好的时光

你在最美的时光中遇见了谁

踏着凝露的月色回首，那些或深或浅的记忆、初见时的美丽、再见时的悸动，随风飘扬着，然后慢慢地沉淀，那里面曾经包含一段段耐人寻味的往事，都已成为生命空白里的留笔。

每个女人的心中都曾泛起过层层涟漪，女人在恋爱中不仅要收获风花雪月、甜蜜浪漫，更重要的是，知道怎样才能获得真正的幸福。

寻梦，康桥

再 / 别 / 康 / 桥

——徐志摩

轻轻的我走了，
正如我轻轻的来；
我轻轻的招手，
作别西天的云彩。
那河畔的金柳，
是夕阳中的新娘；
波光里的艳影，
在我的心头荡漾。

软泥上的青荇，
油油的在水底招摇；
在康河的柔波里，
我甘心做一条水草！

那榆荫下的一潭，
不是清泉，
是天上虹；
揉碎在浮藻间，
沉淀着彩虹似的梦。

寻梦？撑一支长篙，
向青草更青处漫溯；
满载一船星辉，
在星辉斑斓里放歌。

但我不能放歌，
悄悄是别离的笙箫；
夏虫也为我沉默，
沉默是今晚的康桥！

悄悄的我走了，
正如我悄悄的来；
我挥一挥衣袖，
不带走一片云彩。

1928 年 7 月底的一天，他步履轻轻，熟悉的康桥在默默等待他，他掬起一捧清水，看见的是自己坚定而明亮的双眼，正是康河的水，开启了他的心灵，唤醒了久蛰在他心中的诗人的天命，康桥，曾给了他一段美丽的相逢。一幕幕过去的生活图景，又重新在他的眼前展现。

他记得那次是在拜访老朋友时，叩开房门看见的竟是一张精致清素的少女的脸庞，朋友不在，开门的是他的女儿。彼此眼眸的交换，她的典雅纯美从此便挥之不去。

也许是这阴霾的雨雾之都太过清冷，也许是他乡遇故知难得的亲切，他竟一瞬间心生温暖。

他开始频繁地拜访这位老朋友，下午茶时间，他常常不请自到。他当然是醉翁之意不在酒，他想见一见那个能在异乡让他感觉温暖的女孩儿。经过一次次的交谈，他们渐渐变得熟络，她不再拘谨，她的聪慧和优雅，比初识时美丽的容颜更让他惊艳，他渐渐地在这爱中开始沦陷。那一个个因思慕而失眠的夜晚，他在康桥旁徘徊又徘徊，康桥是让人窒息的沉默，他不知道这爱能否得到回应，他差一点儿跌进夜色的柔波。

他是诗人徐志摩。

徐志摩出生于浙江海宁的一个富裕家庭，是富商徐申如唯一的儿子，但他并非是一个花天酒地、游手好闲的公子哥。他的聪明在他的中学同窗、素来狂傲自负的郁达夫那里得到印证：“尤其使我惊异的，是那个头大尾巴小、戴着金边金丝眼镜的顽皮小孩儿，平时那样的不用功，那样的爱看小说——他平时拿在手里的总是一卷有光纸上印着石印细字的小本子——而考起来或作起文来却总是分数得的最多的一个。”

他在求学之路上也不曾懈怠。他曾到天津的北洋大学（即天津大学）的预科攻读法科。第二年，北洋大学法科并入北京大学，徐志摩也随着转入北大就读。在北方上大学的两年里，他的生活增添了新的内容，他的思想注入了新的因素。在这高等学府里，他不仅钻研法学，而且攻读日文、法文及政治学，并涉猎中外文学。

后来他到美国麻省的克拉克大学读历史，在哥伦比亚大学读经济。为了追随偶像罗素，远渡重洋来到伦敦，不想罗素已经离开。

虽然他在国内已有妻儿，可是却未经历过真正的恋爱，他的婚姻属旧式包办，结婚前，甚至和妻子素未谋面，更不用说有何感情基础。妻子张幼仪虽端庄贤惠，但他们之间没有爱情。徐志摩对她甚至有些冷漠。他诗人般的浪漫和激情一直无法找到释放的对象。

直到他遇见林徽因。

你我相逢在黑夜的海上

徐志摩俊逸潇洒，蔡元培曾这样评价他：“谈诗是诗，举动是诗，毕生行经都是诗，诗的意境渗透了，随遇自有乐土。”

他有火一样的热情和激情，如他自己说的：“我是个好动的人，每回我身体行动的时候，我的思想也仿佛就跟着跳荡。”

当他于茫茫人海中找到他的灵魂伴侣，他开始热烈地追求。

这诗意的康桥，笼罩的细雨若有若无地飘散，让一颗少女悸动的心开始变得清澈而柔软。

于康桥的柳荫下，他打开她的眼界，并唤起她对美和理想的向往。漫步于康桥河畔，让那诗意浸染清晨露珠。在康桥涟起的柔波里，撑起一竿竹篙，于漫天星辉中共寻方向，尽情地抒写着生命的诗意与春天。诗人飘零的生命就有了归宿。

而花季少女的心中自然泛起点点爱的微光。

在康桥，诗人深深感到“大自然的优美、宁静、调谐在这星光与波光的默契中不期然的淹入了你的性灵”。

他眼中的大自然是纯洁的、美好的，只有接近自然，才能恢复人类童真的天性，社会的病象就有缓和的希望。

诗人澎湃的激情和对人类童真天性的追求，让她感到灵魂从未如此丰盈，对生命意义的追求让她远离故乡的淡淡哀愁和此前难以排遣的孤单和寂寞渐渐消散。

少女情怀总是诗。诗人的每次灵感乍现，都让他的生命亦呈现出最柔曼的质感。于是这儒雅多情的男子满足了她对诗意生活的幻想，在阴冷潮湿的雨雾迷城中，刚刚接触世界的林徽因迷失了。

她经历着从未有过的情感体验——喜悦和羞涩，不安和慌乱。

也许从那天起在她的心灵深处花开满地，缕缕幽香，弥漫心间。

于是，林徽因这朵清丽出水的莲花，在浓烈的爱的春风吹拂之下，微微绽放。

在最美的年华，她有幸遇到一个浪漫的人，虽不能携手共赴红尘，她却在爱的滋养下华美绽放。在潮湿阴郁的异乡，少女的寂寞无处排遣，她渴望被注视、被聆听，她希望有一个人“同我同坐在楼上炉边给我讲故事，最要紧的还是有个人要来爱我”。

徐志摩恰好出现了。

少女如诗的情怀终究没有无声无息地泯灭。那一段时光，他们互为彼此的梦，亦互为彼此的诗。从此成为林徽因一生之中最为美好的记忆和诗篇。

林徽因的莫逆之交费慰梅在《梁思成与林徽因》中写道：

在多年以后听她（按，指林徽因）谈到徐志摩，我注意到她的记忆总是和文学大师们联系在一起——雪莱、基兹、拜伦、凯塞琳·曼斯菲尔德、弗吉尼亚·伍尔芙以及其他人。在我看来，在他的挚爱中他可能承担了教师和指导者的角色，把她导入英国的诗歌和戏剧的世界，以及那些把他自己也同

□ 林徽因和徐志摩相处的那段日子是惬意的，他们在康河的柔波里谈诗歌；他们在剑桥浪漫和古典的怀抱里谈艺术；他们恣意畅游在文学和音乐的海洋里，海阔天空地谈人生、谈理想。

时迷住的新的美、新的理想、新的感受。就这样他可能为她对于他所热爱的书籍和喜欢的梦想的灵敏的反应而高兴。他可能编织出一些幻想来。

徐志摩其实带给林徽因更多的是，灵魂的丰盈和成长。

爱，让女人在最美的年纪绽放

一生至少该有一次，为了某个人而忘了自己，不求有结果，不求同行，不求曾经拥有，甚至不求你爱我，只求在我最美的年华里，遇见你。

女人如花，青春应该是最短命的红颜。

从花季雨季到而立之年，不过是几年芳华，所以要努力绽放，优雅凋零。

少女的情怀中有太多关于美好爱情的浪漫想象，她渴望在红尘的陌上等一份未知的邂逅，也曾祈求美好圆满，成就一份旷世绝恋。但，不是所有的相遇，都能求有所得。在最美的年华里，曾经爱过、恨过、痴过、傻过，纵使曾年少轻狂，却也无悔青春一场梦一场。

舒婷说："与其在悬崖上展览千年，不如在爱人的肩头痛哭一晚。"

连那个决绝孤傲的才女，都恐怕韶光辜负了岁月，在最美的时光里，甘愿为了爱情，如飞蛾般去扑向那未知的灯火。

也许那个人在世人的眼中有些许不堪，但是他是如此懂得自己，懂得自己虽出身贵族却没有童年的快乐，懂得自己怨怼这个世界的根源，懂得她掩盖在委屈压抑之下脆弱的灵魂。

胡兰成曾对张爱玲性格中的倔强做了透彻的分析，她的高傲和谦逊其实都化作了文字里人物的坚韧和令人宽容，也只有他能望见张爱玲文字中的人物在委屈泪水之中开出的柔和之花。

胡兰成曾说："张爱玲先生的散文与小说，如果拿颜色来比方，则其明亮的一面是银紫色的，其阴暗的一面是月下的青灰色。"他精练地说出了张爱玲文字的雅致高贵和对命运不可知的彷徨。于是，这个孤傲的女子终于肯不顾一切地卸除了锐气，绽放出温柔，不在意他已有妻室，不在意他为人不齿的叛国行径。

和胡兰成在一起的那段日子，想必是张爱玲最幸福的时光。

她轻轻慨叹："于千万人之中，遇见你所要遇见的人，于千万年之中，时间的无涯荒野里。没有早一步，没有晚一步，刚巧赶上了，唯有轻轻问一声：哦，原来你也在这里吗？"

在如此繁华的喧闹中，有一个人终于能够听到自己心底最真实的呐喊，这样的感动和温暖让她不想走出来。

她的生命之美因此大张其翼。即使最后摔得惨烈，她应该不曾后悔那段相爱的日子吧。如果没有遇见对方，自己只能独自在黑暗中摸索前行。

那些真爱过的情，拥抱过的人，迷恋过的歌，都只是幸福的一个站点。

当那一处风景成为过去、成为记忆，你忘或不忘，念或不念，它都成就着现在的自己。记忆里的美好随之流逝，回首，也能淡淡一笑，都只是曾经。毕竟曾紧握你的手，走过那段最美的时光。

深/夜/里/听/到/乐/声

——林徽因

这一定又是你的手指，
轻弹着，
在这深夜，稠密的悲思。

我不禁颊边泛上了红，
静听着，
这深夜里弦子的生动。

一声听从我心底穿过，
忒凄凉
我懂得，但我怎能应和？

生命早描定她的式样，
太薄弱
是人们的美丽的想象。
除非在梦里有这么一天，
你和我
同来攀动那根希望的弦。

多年以后，林徽因写下如此唯美的诗篇。这乐声是一种感召，也是一种意念，有一种难以言状的爱的记忆。即使情深缘浅，只能是无奈地擦肩而过，但幻化于梦中的美丽，终将成就一个最美好的秘密。

有人在岁月的渡口看一场花事盛衰，才懂得爱情的真谛。

爱情其实就是一种美丽的期待，期待有个人可以牵着你的手一起走过未来；爱情也是一种充实的心情，它能让你感到生活的意义。

生命有时是无奈的，生活有时又是残酷的。当你觉得生命像一潭死水，寂静得没有一圈涟漪泛起时，你会心慌；当你觉得生活如一棵枯树，风干得寻不到一点儿生命的迹

象时，你会心悸，你怕被生命遗忘，你怕被生活吞噬，但是，因为有了他的存在，你的生命多了条雨后的彩虹，你的生活有了满目的苍翠。

握了对方的手，相伴走了那么一段，虽然又各奔前程，未能修得白首同心，但曾因为一个人，让你所有的欢喜和落寞都源于他的一个眼神儿，即便挽不住年华，也留下一季的温暖。

在最美的年纪遇见你，才算不辜负自己。

静/思/小/语

女人如花，芬芳不过几季，不如尽情绽放，优雅凋谢。在最美的年纪经历一段最美的爱情，即便最终不能共赴此生，也好过兜兜转转孤身一人在繁华中浮沉。你要相信，那些真爱过的情、拥抱过的人、迷恋过的歌，都只是幸福的一个站点。心存善念，你会等到你要的幸福。

宁愿此爱，淡如绿茶

夜，细雨微蒙，剑桥仿佛少女湿漉漉的眼睛，温柔多情，教堂里飘出悠远而苍凉晚祷的钟声，她手捧阵阵飘香的清茗，手心的温暖让她感觉夜不再冰冷。清脆的叶子在水中翻腾、沉底，淡淡绿茶的清香扑鼻而来。就是在这爱做梦的年纪，冷静下来的她，感觉到这份浓烈的爱已经成为了负担。能够在这最美的年纪遇见过这样美好的爱情，已经足够。

太过浓烈痴缠的爱，大多不可终老。所以，她宁愿此爱，淡如绿茶。

甜蜜的负担

徐志摩对林徽因的狂热追求已经众人皆知，在初见林徽因后，徐志摩不但频繁地拜访林徽因的父亲林长民，更是写下一封又一封热烈的情书。

徐志摩对恋爱的态度是："须知真爱不是罪（就怕爱而不真，做到真的绝对义才做到爱字），在必要时我们得以身殉，与烈士们爱国，宗教家殉道，同是一个意思。"

他曾在一封追求信中写道："如果有一天我获得了你的爱，那么我飘零的生命就有了归宿，只有爱才可以让我匆匆行进的脚步停下，让我在你的身边停留一小会儿吧，你知道忧伤正像锯子锯着我的灵魂……"

越来越浓烈的热情让这个十六七岁的少女不堪重负。

她知道，这样下去，自己会成为引爆徐志摩离婚的导火索，她也会被这爱灼伤。于是，她求助父亲来守住这条情感防线。所以就有了林长民给徐志摩的这一封信：

志摩足下：长函敬悉，足下用情之烈，令人感悚，徽亦惶恐不知何以为答，并无丝豪（毫）mockery（嘲笑），想足下悮（误）解耳。星期日（十二月三日）午饭，盼君来谈，并约博生夫妇。友谊长葆，此意幸亮察。敬颂文安。

弟长民顿首，十二月一日。徽音附候。

信中指出，徐志摩用情太浓烈，甚至于让林徽因感到害怕，自然希望他有所收敛，以友情的名义拒绝了他的追求。

徐志摩读后，自然是有些失落。但碍于林长民的情面，表面上，确实有所收敛。

可是澎湃在心中的热情却从未退去。

他甚至为了得到真正的爱情，甘愿冒天下之大不韪，决然要与有孕在身的张幼仪离婚。

他原本就对媒妁之言这种旧式包办婚姻有着不屑一顾的轻视，现在有了追寻真爱的可能，他急于摆脱这无爱婚姻的枷锁。

就算是他亲生的骨肉在他的内心也没有泛起一丝怜悯，他很冷漠地要求张幼仪打掉胎儿，张幼仪说："我听说有人因为打胎死掉的。"徐志摩冷冰冰地说："还有人因为坐火车死掉的呢，难道你看到人家不坐火车了吗？"

永远不缺乏激情的徐志摩，却在自己的浪漫情怀之外冷淡如冰。孩子虽然没有打掉，但婴儿刚一出生，他即逼迫妻子签署了离婚协议。徐志摩毫无怜惜地抽身离去。

这时的林徽因已不告而别，跟随父亲回国。从此，开始背他而行。

一年后徐志摩也回到北京，他的追求还未停止，哪怕林徽因已经与梁思成公开了恋爱关系。

虽然梁思成没有徐志摩那么浪漫和温柔，但是他却能给林徽因更为踏实的感觉。由于年纪相仿，他们的相处颇为轻松，他们时常去松坡图书馆读书，林徽因渐渐没有了那种混合着负罪感和忧愁的沉重。

她更加坚定了自己的选择。

能陪她走完一生的人，是这个踏实稳重又风度翩翩的青年。

不要被太浓烈的爱灼伤

徐志摩其实不懂林徽因。他企图以自己的全部热情去融化她不再靠拢的心，可是，林徽因并非一般平凡女子那般容易在热情中沉沦，反而，会躲得更远。

一年后的北京，林徽因已经找到自己的真命天子，徐志摩还是苦苦追求，他常去林徽因和梁思成出入的图书馆，梁思成不得不贴一张字条在门上：情人不愿受干扰。

后来，泰戈尔来到中国讲学，徐志摩终于找到和林徽因能够频繁接触的机会，他满心欢喜地认为曙光再次出现，泰戈尔的到来最终也没能促成这段爱情。他特意为两人赋诗："天空的蔚蓝，爱上了大地的碧绿，他们之间的微风叹了声'哎'！"

徐志摩感伤地写道：我真不知道我要说的是什么话，我已经好几次提起笔来想写，但是每次总是写不成篇。这两日我的头脑只是昏沉沉的，开着眼闭着眼都只见大前晚模糊的凄清的月色，照着我们不愿意的车辆，迟迟地向荒野里退缩。离别！怎么的能叫人相信？我想着了就要发疯，这么多的丝，谁能割得断？我的眼前又黑了！

林徽因不再回应这浓烈的爱，她还是那样平静地过着自己的生活。

很多年后，傅雷写给傅聪的信中说：太阳太炙烈，会把五谷晒焦；河水太猛烈，会淹死庄稼。爱得太炙烈，定会伤了彼此吧。

这也是当时林徽因心中所想。她没敢只身尝试。但是这样的真理，在世纪的轮回中不断被证实。

爱得太浓烈，那炙热的温度正如曼陀罗，这种花开之时亦是凄美之始。

平淡的爱才隽永

每个人都希望此生能够轰轰烈烈地爱一回，的确，这好过兜兜转转孤身一人在繁华中浮沉。可是，一生很长，太过于浓烈的爱太难终老，你不想只依靠爱的余味走完一生，就要懂得在爱中转身。不要被爱的热度灼伤，你已经尝到了爱情的甜蜜，就踏踏实实地找个爱你的人走完一生。于是有首歌唱道：相爱没有那么容易，每个人有他的脾气，过了爱做梦的年纪，轰轰烈烈不如平静。

虽然这爱可能稍显平淡，可是它会给你喘息的空间，让你领略生命除了爱情之外的美好。

不是每个人都能经历过婚姻的失败、梦想的破灭后，能够成功地慢慢转向自省，找到自己内在的创造力，活出她自己的价值。所以，还是在选择前多一点点的冷静。

李敖曾感慨要“只爱一点点”，于是他写下一首打油诗。

只 / 爱 / 一 / 点 / 点

不爱那么多，
只爱一点点；
别人的爱情像海深，
我的爱情浅。

不爱那么多，
只爱一点点；
别人的爱情像天长，
我的爱情短。

不爱那么多，
只爱一点点；
别人眉来又眼去，
我只偷看你一眼。

在经历过轰轰烈烈的爱情后，恐怕“只爱一点点”这五个字才是幸福的真谛。

莫不如做一个像林徽因一样的女人，能够享受到爱情的美好，却也能在爱过分炙热时懂得转身离去。

正像法国剧作家尚福尔说的那样：“爱情似乎并不追求真正的完美，甚至还害怕完美。它只因自己所想象的完美而欣喜，正像那些只能在自己的善行中发现伟大之处的国王一样。”

能爱得过于浓烈的人大多都是追求完美的人，可是没有人能够在日复一日的生活中不露破绽、毫无瑕疵。

狂热的追求者大都把所爱之人认作精神最高的追求，近似于偶像般仰慕，而偶像是只适合远观的，一旦生活在同一个屋檐下，所有琐碎的真相都会曝光。因此，在同居者的眼中既没有伟人，也没有美人。

所以那熊熊的爱火、烈烈的焰，让人神往却又让人害怕。

林徽因宁愿做诗人心中最纯美最神往的白莲。

徐志摩同陆小曼在一起后，他还对新恋人倾诉：我倒想起去年五月间那晚我离京向西时的情景：那时更凄怆些，简直的悲，我站在车尾巴上，大半个黄澄澄的月亮……但我那时虽则不曾失声，眼泪可是有的。怪不得我，你知道我那时怎样的心理，仿佛一个在俄国吃了大败仗往后退的拿破仑，天茫茫，地茫茫，叫我不掉眼泪怎么着？

痛苦是徐志摩一个人的。林徽因已经挥去了少女的悸动，她正享受着平静的生活中的很多乐趣。在梁思成踏踏实实的爱中，优雅地前行。

静/思/小/语

你懂得轰轰烈烈的爱珍贵，也要懂得细水长流的美好。时光，浓淡相宜；人心，远近相安。绚烂之后总要归于平淡，柔情蜜意之后总要归于嘘寒问暖。不要再用倾其所有的爱去融化一颗不再靠拢的心，太炙热的爱只会让人想逃避。不如，让你的爱，淡如绿茶，清香隽永，幸福才永恒。

借一双慧眼去看清所爱

时间在一直向前，因此我们无法回头。你没有悔棋的权利，你唯一能做的就是努力睁亮双眼尽量少犯错误，直到走到生命的最后一秒。不必去一直追逐那些永远也跟不上的身影，在适当的时候，选择放手，才能找到下一个幸福的可能。

要真正了解所爱

梁实秋对徐志摩有一段形象生动的描绘：我曾和他下过围棋，落子飞快，但是隐隐然，颇有章法。下了三五十着，我感觉到他力，他立即推枰而起，拱手一笑，略不计较胜负。他就是这样的一个潇洒的人。他饮酒，酒量不洪，适可而止。他豁拳，出手敏捷，而不咄咄逼人。他偶尔也打麻将，出牌不假思索，挥洒自如，谈笑自若。他喜欢戏谑，从不出口伤人。他饮宴应酬，从不冷落任谁一个。他也偶涉花丛，但是心中无妓。他也进过轮盘赌局，但是从不长久坐定下注。

在梁实秋的描述中，我们可以看到一个随意洒脱的青年。他很聪明，懂得生活，却又不会沉溺于那些会消磨生命意义的无聊游戏。但这只是他性格的一面。

他的诗句和行为可以佐证，他还是一个深信人生必须有爱、自由和美的理想主义者。这就意味着他注定是一个充满悲剧色彩的失败英雄。

他敢于冒绝大的危险，费无数的麻烦，牺牲了一切平凡的安逸，去追求去试验一个梦想中有爱的境界，对于世界，就多了一个创作的天才。

林徽因后来在徐志摩去世后也提到了他这样的特点：“现在这事实一天比一天更结实、更固定，更不容否认。志摩是死了！……关于他的事，动听的，使青年人知道这里有个不可多得的个性存在，实在是太多——谁也得承认像他这样的一个人世间便不轻易有几个的，无论在中国或是外国。”

“我认得他，今年整十年……志摩认真的诗情，绝不含有丝毫矫伪，他那种痴，那种孩子似的天真实能令人惊讶。”

“我们生在这没有宗教的时代”，徐志摩“比我们近情，近理，比我们热诚，比我们天真，比我们对万事万物都更有信仰，对神，对人，对灵，对自然，对艺术”！

林徽因对徐志摩的了解是如此透彻，所以她自然知道，这样的人自己是否能掌控。

也只有这样，才能正确地做出选择，是一起走下去，还是尽早放手。

早一点儿看清，早一点儿放弃

林徽因的放弃，是因为她对所爱之人早已有着深刻的了解，不管自己能否掌控，她都不愿意牺牲自己的一生去实践这未知的爱情。所以，她提早远离了这爱情的旋涡，不曾深陷，也不曾太过痛苦。当她放弃后，她找了自己的Mr.Right。

可是，还有一种放弃，是不得已的成全。

徐志摩的多情，其实伤害了很多人。他的爱情总是需要很多人去牺牲、去成全。

最早是张幼仪的委屈，后来又有王庚的痛苦。

王庚是陆小曼的前夫，他是中国陆军中将，清华留美学堂毕业后公派赴美留学，就读于普林斯顿大学，20岁从普林斯顿历史和政治系毕业后在美国西点军校接受美国陆军高等教育。

王赓的家世背景虽不及陆家，陆小曼的父母却很看好王赓的未来，觉得他会给陆小曼一个幸福的婚姻。而王庚看到貌美如花的陆小曼自然喜欢，他其实并不了解真正的陆小曼，他认为的幸福就是能够给陆小曼提供丰厚的物质生活。

这场包办的、建立于双方并不了解的婚姻注定危机四伏。

结婚第三年，王赓就被任命为哈尔滨警察局局长，收入颇丰。自然纵容陆小曼的大手大脚。王庚是一个工作十分认真的人，而且自身又不爱交际，他和 太太性格南辕北辙。陆小曼整天出入舞场，他整天忙着工作。陆小曼觉得这样的婚姻生活越来越无趣。

这样一个如花女子，就在婚姻的折磨里，一点点暗淡下来，灰了心。而在这时，她遇见了同样在爱情里不如意、灰心暗淡的徐志摩。

徐志摩和王庚是交情还可以的朋友，毫无戒心的王庚正在批改公文或手不释卷或公务缠身，他会头也不抬地对志摩说："志摩，我忙，我不去，叫小曼陪你去玩儿吧！"若陆小曼想出去玩，而徐志摩又恰巧在跟前，王庚又会对陆小曼说："我没空，让志摩陪你去玩儿吧！"王庚信任自己娇美的妻子和徐志摩这个磊落的朋友。

可是，这样的相处却让两个同样失落的人碰出火花。他们兴趣相投。他陪她跳舞，陪她唱戏，给她介绍名画，写浪漫的诗。这些王赓从未给过她。

在发现苗头之后，王庚曾以快刀斩乱麻的方式，写了一封快信给陆小曼，声言："如念夫妻之情，立刻南下团聚，倘若另有所属，决不加以拦阻。"

王庚不愿意离婚，他想做最后的挽留。徐志摩和陆小曼却也以决意共赴此生，拜托好友刘海粟摆酒劝说王庚，刘海粟在祝酒时以反封建为话题，谈到夫妻之情应该建立在相互之间感情融洽的基础上。王庚也是极聪明的人，觉察到刘海粟的用意，他举杯向刘海粟、徐志摩，也向陆小曼，说："愿我们都为自己创造幸福，并且也为别人幸福干杯！"

两个月后，他和陆小曼办完离婚手续。并当面送给了徐志摩一句让人心颤的话，他说："我们大家是知识分子，我纵和小曼离了婚，内心并没有什么成见；可是你此后对她务必始终如一，如果你三心两意，给我知道，我定会以激烈手段相对的。"

王庚落寞地转身，放弃了这段他很看重的婚姻。只是如果早一点儿认清陆小曼的性格，是不是就不必白白蹉跎这几年的光阴？那一段原本打算走完一生的婚姻，他倾注了太多的感情。

陆小曼离开了王赓，尽管那时已怀有他的骨肉。她没有告诉他，悄悄去做了手术，这场失败的手术让小曼以后再无可能怀孕。

而徐志摩从此就开始为了陆小曼高昂的生活开销终日奔波。

这场感情游戏，没有人是赢家。

每个人都不曾用心地去看清所爱之人，只是凭借爱的冲动，盲目地去冲破道德的枷锁，在混乱的人生中摸爬滚打，然后遍体鳞伤。

王庚如果早一点儿去看清陆小曼的性格就不该开始这一段婚姻，遇到一个类似于张幼仪那样贤惠的女人，他的不解风情反倒是一个传统女人最实在的安稳；陆小曼如果也能早一点儿了解王庚，她大可拒绝这一段并不和谐的婚姻，之后也不必要担负道德的指责和身体不能再孕育的痛苦；徐志摩更是凭借爱的热烈有恃无恐地在现实中冲撞，得到爱情可是婚后生活却是从未有过的困顿和苦闷，还有为生计四处奔波讲课，为陆小曼荒诞的人生买单。

只有林徽因看得清，她理智地放弃掉不适合自己的爱情，最终找到了自己想要的幸福。

在热恋中也要看清方向

也许你会说，王庚和陆小曼是因为特殊的时代所以没能过多了解，现在的婚姻已经大多是建立在彼此了解的基础上，可是，为什么还有那么多失败的婚姻？

这是因为很多女人在热恋中特别容易迷失自己，她们盲目地认为伟大的爱情可以包容一切的不完美，事实上，是生活的琐碎磨灭了所有的激情，最后剩下两个棱角分明的灵魂去碰撞。

如果你能够在热恋中看到，他的哪些缺点是你可以包容的、他的哪些缺点是你坚决无法忍受的，但这恰巧却是他无法改变的，大概你就已经做出正确的选择了。

不要等到分开要付出很大的代价时才看清自己的需要。

没有勇气的人，只能隐忍不甘暗自委屈，勇敢的人冲破了枷锁却要承担错爱的代价。

婚如果不是闪电地结，也就不会闪电地离。

婚姻是美好的，它象征着人生另一个阶段的开始。婚姻，应该是经过慎重考虑后做出的决定和选择，随着社会的日益开放和人们意识形态的转变，现在很多人开始不再拿婚姻当回事了，闪婚闪离似乎成为一种新的潮流，彼此双方一旦激发出爱的火花，就会立刻步入婚姻的殿堂，而婚后的现实生活往往和理想中的有很大差别，一旦发现婚后的生活不是自己想要的，那么双方就会选择分手。

可是，对于女人来讲，今天你挥霍的是爱情，明天，爱会把你抛弃。

为什么之前不慢一点儿、稳一点儿，再多了解一点儿？

尤其是面对婚姻，更不能草率。

一场失败的婚姻会带给女人很多痛苦，如果能在婚前做出理性的了解和分析，女人或许就会避免很多伤害。

静 / 思 / 小 / 语

一个能把爱情经营得很好的人，常常是随时可以回答“我是谁”这个问题的人。清楚自己在生命中的位置，能看清楚自己所爱之人的本来面目，知道自己要的是什么，也知道自己能够付出多少，这样才能在恋爱中、在婚姻中不盲目，也不麻木。

告别过去，踏着今天赶赴明天

这世上很多东西不是任凭我们努力就能把握的。比如匆匆流逝的时间、过于炙热的爱情，抑或是一颗已经不再为你悸动的心。就像手中的流沙，越是紧握，越是流走。

爱情也许慢慢地抽离了你的生活，你眼睁睁地看着它逐渐模糊，却无能为力。

不如，扬去这握不住的沙，告别过去，踏着今天赶赴明天。

一个转身的潇洒

1921年10月14日，结束了一年多的欧洲游学，林徽因和父亲乘坐“波罗加号”邮轮从伦敦转道法国，踏上归国的旅程。既然已经选择了以这样的方式躲避追求，林长民父女并未向徐志摩道别。徐志摩写下了这样的一首诗：

云／游

那天你翩翩的在空际云游，
自在，轻盈，你本不想停留
在天的那方或地的那角，
你的愉快是无拦阻的逍遥。
你更不经意在卑微的地面
有一流涧水，虽则你的明艳
在过路时点染了他的空灵，
使他惊醒，将你的倩影抱紧。

他抱紧的只是绵密的忧愁，
因为美不能在风光中静止；
他要，你已飞渡万重的山头，
去更阔大的湖海投射影子！
他在为你消瘦，那一流涧水
在无能的盼望，盼望你飞回！

林徽因正如诗中所说，已经飞渡万重的山头，回到了大洋彼岸。

而她的心，也决意去“更阔大的湖海投射影子”。

回国后，父亲林长民留在上海，林徽因则回到北京的教会女中继续上学。父亲的老朋友梁启超派人来接她，所以她又一次见到了梁启超的儿子梁思成。

3年前两人曾有过一面之缘，当时的她还未脱稚气，经过一年多的异国生活，她的眼界得到了开阔，再加上和徐志摩的这一段感情纠葛，让她在脱俗的气质中多了一些大气，优雅的谈吐、敏捷的思维已经让她在众人中脱颖而出。

20岁的梁思成虽然没有徐志摩那样突出的才华，可是他是那种胸中真正有一个大海的男人。曾有一个形容他们二人性格很贴切的比喻：“如果用梁思成和林徽因终生痴迷的古建筑来比喻他俩的组合，那么，梁思成就是坚实的基础和梁柱，是宏大的结构和支撑；而林徽因则是那灵动的飞檐、精致的雕刻、镂空的门窗和美丽的阑额。他们是一个厚重坚实，一个轻盈灵动。他们的组合无可替代。”

林徽因又一次用慧眼发现了梁思成是个可以依靠的人。

梁思成已经被林徽因深深地吸引，就连未来的事业都受了林徽因的影响。当时梁思成在清华校园里又吹小号又吹笛，对未来还没有什么具体的规划，只是觉得应该像自己的父亲一样去学习西方政治。通过和林徽因的交往，他逐渐对建筑有了一些兴趣和了解，后来同林徽因一同选择了建筑业。

梁启超对林徽因也很是满意，对儿子说：“徽因这孩子不错，爸爸早就支持你们交往，其他的，就要随缘分了。”

有了共同的奋斗方向，又能得到父母的支持，林徽因心中暗暗决定，也许应该投入到一段新的感情中，这样既能从上一段纠结的爱情阴影中走出，又能同一个优秀的男青年一同追求自己所热爱的事业。

于是，林徽因不再是那个在爱中痛苦挣扎的少女，她的一个潇洒转身，找到了生命

更为广阔的空间。

女人其实是很容易成为习惯的奴隶，所谓的分不开并不是有多爱，有时只是因为习惯了。于是她们苦苦地在旧爱中挣扎，痛苦着已经经历过的千万遍的痛苦，流下已经流过千百次的眼泪。

不如像林徽因一样，一个潇洒漂亮的转身，为自己赢得了一个更幸福的机会。

时间是世上最好的良药

在一年多的相处中，梁思成悉心照顾着林徽因，他们一同去公园游玩、去图书馆读书、参加一些学校的活动，梁思成的单纯和活力也带给她很多快乐，渐渐地把她从一个曾经充满挣扎和苦闷的女孩儿变成一个乐观开朗的新女性。

同徐志摩的一段剪不断理还乱的爱情纠葛中，她要背负太多本不应该在那个年纪的女孩儿背负的东西，于是越是善良才越会痛苦。

可是，当一切重新开始时，曾经的痛苦越来越模糊，时间是世上最好的良药。

曾经的年少轻狂，爱得火烫，会心甘情愿地等待，也会和情敌决一高下。可是有时爱像流沙，不论你摊开还是紧握，终究还是会从指缝中一粒一粒流干净。你终于肯放弃那令人心疼的执着，让时间和命运去改写性情，于是你走得越来越从容和智慧，变得坚韧不拔。

曾有一个被刻骨疼痛的爱情辜负过，花了很长时间才懂得破茧重生的朋友。

她那个心爱的男人已有家室，可她依然高调地去爱，义无反顾地付出，最后男方把全部责任推卸给她，转身奔回娇妻的巢中，留她一人面对舆论的指责。刻骨的疼痛，让她狼狈不堪。

她本是个笑容温婉的女人，从此之后，她变成了一个风范凌厉的角色。

在很长的一段时间里，这样刻骨疼痛的爱情辜负让她不再相信爱情，曾经的落荒而逃让她无法释怀。没有孤注一掷的信任，就不会对背叛如此地愤怒。

当时的她总是说无法离开这个深爱的男人，可是慢慢地，她发现，离开那个曾深爱的男人，她还是可以活得很好。

只是，这伤痛花去了她很多时间才磨平。如果，她肯早一点儿放手，她不会浪费这么多的时间去伤心，或许早已找到下一个快乐。

其实，人做任何事都是有成本的，你选择了这个，就要放弃其他。所以做人不要太过于执着，一件事物的重要性是时间赋予的，而它本身并没有什么。

一些伤痛让时间来冲淡，一些回忆让时间去磨平。

挥别过去，为了更好的未来

命运就如一叶颠簸于海上的舟，时刻会遭受波涛无情的袭击。就像歌中所唱："我爱上让我奋不顾身的一个人 / 我以为这就是我所追求的世界 / 然而横冲直撞被误解被骗 / 是否成人的世界背后 / 总有残缺。"

好像女人，都是带着对爱情的美好期许，然后在成长里伤痕累累。

"万事如意"只不过是一句美好的祝福，人生不如意事常十之八九才是现实的写照。如果总是对那伤心的昨天念念不忘，对过去的不如意耿耿于怀，让忧伤占据，会在浑然不觉中与今天失之交臂。

告别过去，有时候是我们必须学会的自我保护和继续前行的能力。生活应该向前看，只有把自己从过去中解放出来，你前面的脚下才有路。放下，是为了更好地前行。

好与不好都走了，幸与不幸都过了。因为生命是如此短暂，一不留神，我们便辜负

了光阴。因此，我们应学会忘记。不要总把命运加给我们的一点儿痛苦，在有限的生命里拿来反复咀嚼回味，那样将得不偿失。一味地缅怀和沉醉其中，使得宝贵的今天充满痛苦，只能使我们意志薄弱、一事无成。

本该结束，而你总是将结局一拖再拖，你不懂，在正确的时机谢幕，才是一切精彩演出的高潮。

林徽因把自己初恋的懵懂留给阴霾的伦敦，回到北京寻找自己下一个花开的春天。

将曾经的美好留于心底，将曾经的悲伤置于脑后，掩藏在最深的角落，让岁月的青苔覆盖，不见阳光、不经雨露，也许有一天伤口会随着时光淡去。别总抱怨忘记一个人好难，别总执着于你曾经为爱所放弃那么多，你越觉得自己手中的这张牌重要，也就越放不下它。

当我们渐渐忘记昨天给我们带来的阴影，坦然地面对今天的太阳，才能微笑着迎接明天的生活。

试着做一个勇敢的女人，把昨天的惨败变作明日的凯旋。

不管曾经的经历多么不堪，也不要让它成为未来的阻碍，你要眼光坚定，微笑着和过去说再见，忘掉所有种种的不快乐的回忆，成就一个笑起来云淡风轻的自己。

静 / 思 / 小 / 语

不管曾经经历过多少伤痛，时间都会为你抹平伤口，忘记昨天生活给我们带来的阴影，坦然地面对今天的太阳，才能微笑着迎接明天的生活。让昨天的惨败变作明日的凯旋。经历了凤凰涅槃，才能浴火重生。

做知己，不做红颜

红颜，这个浪漫幽婉的称谓总是让人觉出几分暧昧。做男人的红颜，女人要交付余生的相思，却永不能分享完整的爱，慰藉男人寂寞的灵魂，为挽回一个男人的灵魂而感到自豪，到最后却换来自己深陷。在这样的感情游戏中，女人容易受伤。

知己和红颜相比就多了几分坦荡，它也不拘泥于性别，可是作为知己的女人从不和他有感情的纠葛，也不会想掌控他的心理，它只是比朋友多了一些了解。

所以，“红颜”二字，若非达到一种超然忘我境界的女人，是万万不能胜任的。女人，可以做男人的知己，切莫做别人的红颜。

作为知己存在

徐志摩在林徽因远离伦敦时还未放弃追求，在林徽因回国的第二年，徐志摩也辗转返回北京，离开伦敦时，他写下《康桥再见吧》：设如我星明有福，素愿竟酬，则来春花香时节，当复西航，重来此地，再捡起诗针诗线，绣我理想生命的鲜花，实现年来梦境缠绕的销魂踪迹，散香柔韵节，增媚河上风流。

虽然他踌躇满志，最后还是素愿未酬，因为林徽因在那时已经把他当作知己对待了。

从某种程度上来说，徐志摩算作林徽因的启蒙老师。西方文学的浪漫主义和丰富的内涵打开了林徽因的心灵空间，徐志摩滔滔不绝地讲到他读雪莱、基兹、拜伦的感受，也让林徽因在倾听中精神不断升华。这也使她的思想逐渐空灵深邃、见解逐渐独到高深。

在交流中，林徽因也越来越了解这个年长她八岁的兄长，其实是像个天真的孩子，“志摩认真的诗情，绝不含有丝毫矫伪，他那种痴、那种孩子似的天真实能令人惊讶”。

在以后的岁月里，林徽因始终与徐志摩保持着朋友间真诚而纯洁的情谊，她将徐志摩视为知己，却从不给他感情上一丝希望，所以她拥有徐志摩的敬重和挚爱。

□ 在林徽因看来，徐志摩疯狂追求和爱上的只是文学世界中的自己，而非现实中的自己。人是需要感情，但终究是要生活的，一直轰轰烈烈的绝对不是生活，所以林徽因选择了做徐志摩的知己。

徐志摩的死，对林徽因也是一次打击，她给胡适的信中说：我永是“我”，被诗人恭维了也不会增美增能，有过一段不幸的曲折的旧历史也没有什么可羞惭……我觉得这桩事人事方面看来真不幸，从精神方面看来这桩事或为造成志摩成为诗人的原因，而也给我不少人格上知识上磨炼修养的帮助……”

徐志摩给了她人格上、知识上磨炼修养的帮助，她永远地失去了一个高山流水的知音。她没有像伯牙那样摔琴，但从此却很少写诗了。

她写下《悼志摩》，来肯定徐志摩的文学贡献和他“可爱的人格”：

我们新诗的历史才是这样的短，恐怕他的判断人尚在我们儿孙辈的中间。我要谈的是诗人之外的志摩。……志摩是个很古怪的人，浪漫固然，但他人格里最精华的却是他对人的同情、和蔼和优容；没有一个人他对他不和蔼，没有一种人，他不能优容，没有一种的情感，他绝对地不能表同情。我不说了解，因为不是许多人爱说志摩最不解人情么？我说他的特点也就在这上头。

志摩的最动人的特点，是他那不可信的纯净的天真，对他的理想的愚诚，对艺术欣赏的认真，体会情感的切实，全是难能可贵到极点。他站在雨中等虹，他甘冒社会的大不韪争他的恋爱自由；他坐曲折的火车到乡间去拜哈岱，他抛弃博士一类的引诱卷了书包到英国，只为要拜罗素做老师，他为了一种特异的境遇，一时特异的感动，从此在生命途中冒险，从此抛弃所有的旧业，……他愉快起来他的快乐的翅膀可以碰得到天，他忧伤起来，他的悲戚是深得没有底。寻常评价的衡量在他手里失了效用，利害轻重他自有他的看法，纯是艺术的情感的脱离寻常的原则……

她甘愿做知己，没有感情的牵绊，却有灵魂的相知。在他去世后，让世人知晓他最为真诚的人格，不让流言去诋毁自己最敬重的朋友。

拒绝危险的感情游戏

不能否认，林徽因的拒绝曾让徐志摩备感伤感，那时林徽因用冷漠划开了红颜和知己的界限。红颜太过于暧昧，虽然都始于相知，却因为有了感情的牵绊使友情不再纯粹。彼此的依赖和爱，红颜也会逐步沦为情人，这相当于一场危险的感情游戏，于人于己都会带来伤害。

就像陆小曼与徐志摩的相知相爱。本来陆小曼不过是徐志摩的红颜知己。也许他们开始交往之时，只是彼此吸引，陆小曼有着艺术家特有的天赋与学问才情，拜倒在她的美名之下的名人逸士数不胜数，于是徐志摩与陆小曼这两颗孤独而寂寞的灵魂在一个时空隧道中相碰了。

如果两个人第一次见面就已一见钟情，就不会有之后许多次王庚的信任。他们的爱情是一个逐渐升温、由量变到质变的过程。这一份比爱情浅比友情深，彼此之间既有心灵感应的感情，终于在时间的累积下变质，因为爱永远是自私与渴望占有的代名词。

所以，女人不要轻易做男人的红颜，当无法胜任这一种称谓时，你想要的更多时，所有的伤害才刚刚开始。

陆小曼总是不会拿捏红颜和知己的界限，她的纯真和对于朋友过分的依赖，是她一生情路坎坷的根源。

即使同徐志摩冲破重重爱情的枷锁终于可以修成正果，可是，她的“蓝颜”翁瑞午再一次毁掉了她的生活。

翁瑞午的家境颇为殷实，可以靠吃祖上产业过有品味又自由自在的生活。他的祖父是清代光绪皇帝的老师翁同龢。翁瑞午喜欢戏曲、唱戏、跳舞、绘画，还有许多娱乐爱好，经常出入赌场、戏院、酒店、夜总会。他是上海十里洋场的花花公子，风流倜傥、蕴藉潇洒。

对陆小曼，翁瑞午是情真意切，颇为看重，并引为知己。两人一起出演昆曲，开过画展，徐志摩对此事还是比较豁达的。他认为，夫妇之间是爱，朋友之间是情，男女的情爱既有如此分别，丈夫就不应该禁止妻子结交男朋友。

可是，两人的交往却渐渐超越了知己的界限。陆小曼有多种疾病，一天有小半天不舒服，甚至有时会晕厥过去，但是只要翁瑞午一按摩，就手到病除，从此依赖上翁瑞午。徐志摩在1925年农历八月二十七日的日记中曾告诫和劝陆小曼，受朋友怜惜与照顾也得有个限度，否则就有界限不分明的危险。

翁瑞午抽鸦片，陆小曼常年身体不舒服，他就劝她抽几口，以减轻病痛。陆小曼一试果然见效，于是一发不可收拾，依赖上鸦片。从此陆小曼沉醉在鸦片烟中虚度终日，放弃自我也没有了事业心。她也不愿离开上海，徐志摩只好奔波于京沪两地。他多处兼课、去当地产掮客，去供养挥金如土又要花费巨款吸食鸦片的陆小曼。结婚五年，徐志摩的再婚并未让他感受到幸福。1931年11月17日，他与南京的朋友倾诉了与陆小曼纠葛矛盾的婚姻生活，准备搭乘19日上午的邮政班机回北京，去听林徽因的一场演讲。19日，飞机失事，诗人的忧伤与烦恼从此深藏在了岁月深处。

在徐志摩的丧礼上，陆小曼被徐家人拒之门外。徐家人始终觉得是陆小曼害了徐志摩。她放荡奢侈的生活让徐志摩承受巨大的生存压力，还要为她和翁瑞午不清不楚的暧昧关系而蒙羞耻辱。如果陆小曼肯和他移居北京，也许诗人就不用终日奔波两地。

这就是一场危险的感情游戏的最终结局。

女人，应该守住自己的底线，不要做“红颜”，也不要谁做你的“蓝颜”。

不做世俗的情人

红颜总是认为自己曾见证他的脆弱，分享他的悲喜，自己曾挽回一个男人的灵魂，她为这个男人付出得越来越多，她想要得到的也越来越多。

她想走进他的生活，却变不成他的妻子，最后清绝的红颜堕落为世俗的情人。也就是从这一刻开始，女人在等待中花容开始凋零。

等待他工作之余、安顿好妻儿之后，难得有空来约你，等待他找到合适的时机可以摆脱家庭的束缚来娶你，等得花容憔悴、青丝渐白，当终于明白所谓诺言不过是几句空话，自己却早已在这等待中彻底沦陷。不知从何时起，竟渐渐地习惯不能在明媚的阳光下牵手散步，习惯了在节假日时的孤独和寂寞，习惯了在生病时自己照顾自己，甚至习惯了

他的妻子打上门来让自己颜面扫地……

披着爱情的外衣，女人就这样蹉跎着自己的青春，爱情本需要相知相守，既然连最平凡的生活都不能拥有，要这样的男人何用?

他总是用自己的委屈和对妻子的抱怨获得你的同情，让你在他寂寞时与其相守。其实他是如此自私，用这样最安全也最不必负责任的一种情感占有方式，纠葛你有限的青春。

既然给不起一份踏实现世的姻缘，你就不该做他爱情的后备。你不必对他的承诺有过多的奢望和遐想。他和妻子的感情并非像他所说的那样不堪，两个人也曾是跋涉了千山万水才靠近彼此的心，现如今不过是守着庸常琐碎的日子久了有些厌倦。他没办法离婚就是最好的证明。

所以，你要走出他的影子重新去寻找一份完整美好的感情。稳定幸福的家庭，才会让女人感觉到最踏实的温暖!

静/思/小/语

女人，应该守住自己的底线，不要做“红颜”，也不要谁做你的“蓝颜”。远离危险的感情游戏，不要分不清“红颜”和“知己”的界限。聪明的女人，会让自己成为爱人唯一的拥有。

爱的境界是从容，而非拼命

人生之情事，缘来缘去，有所乐必有所怨。太执着于恩恩怨怨就错过了人生其他的美好，学会苦乐随缘，用从容的心去感悟流年，不让沧桑蒙蔽清澈的眼眸，望向窗外，阳光明媚依旧。

爱得执着，却把真情变作绝情

徐志摩在给恩师梁启超的书信中说："我将在茫茫人海中寻访我唯一之灵魂伴侣。得之；我幸。不得；我命。"一向执着的徐志摩在看到林徽因的心已经百牛莫挽，完完全全归属于梁思成时，不得不写下这样的感叹。

爱情，没有一定的标准；你的蜜糖，可能是她的毒药。

偶 / 然

——徐志摩

我是天空里的一片云，
偶尔投影在你的波心——
你不必讶异，
更无须欢喜——
在转瞬间消灭了踪影。
你我相逢在黑夜的海上，
你有你的，我有我的，方向；
你记得也好，
最好你忘掉，
在这交会时互放的光亮！

徐志摩好像懂了，自己在一个错误的时间，用错误的方式去爱那个对的人。

如果继续执着，连友情都不能赢得。于是，他努力让自己变得从容。

人生聚散无常，人和人走着走着就成了隔岸。隔岸相望也没什么不好，对岸的你反倒成就彼岸的他远观最美的风景。

爱得从容，即使没有爱情，还有真情。

徐志摩乘坐的飞机失事后，梁思成是亲赴现场参与善后事宜的少数几位朋友之一。他带回一块飞机残骸上烧焦的木片，林徽因将它和另一块为纪念抗日战争时期林徽因的胞弟林桓在四川对日空战中阵亡捡到的木块，悬挂在卧室正中央。这两块木块其实是生命的象征，这里有林徽因难以割舍的深情，她将它们整整悬挂了 24 年，直到她告别苍凉的人世。

不管林徽因对徐志摩的感情是友情还是爱情，至少，这是一份到死值得纪念的真情。

爱得执着，却把真情变作绝情。

芭蕾舞剧《简·爱》重新改编了原著，用无言的舞剧来表现人物内心的跌宕，又创造出了一个始终在阴暗中的角色：贝莎夫人，罗切斯特先生的原配妻子。在小说中，她是一个有家族疯癫史的可怜女人，远渡重洋被丈夫挪移到英伦豪宅，却只能被禁锢在顶楼，永不见天日。她放火烧掉丈夫的房间、简·爱的婚纱，却只留下火影。在芭蕾舞剧中，若隐若现的贝莎夫人站到了观众面前，和罗彻斯特、简·爱共同谱写出一曲极富戏剧张力的爱恨悲歌。

贝莎夫人深爱着罗彻斯特，她的疯狂是无奈而暴烈的宣泄，全身心付出了爱情，却惨遭噩运，燃尽其生命最终却被深深伤害。她因为纯粹的爱而致疯狂，两度纵火，既促成了简·爱和罗切斯特坠入爱河，也导致了简·爱的出走和罗切斯特的失明。

还有古希腊神话里的美狄亚。

她是科奇斯岛会施法术的公主，也是太阳神阿波罗的后裔。她与来到岛上寻找金羊毛的伊阿宋王子一见钟情。

为了帮助伊阿宋取得金羊毛，让伊阿宋和她结婚，美狄亚用自己的法术帮助伊阿宋完成了自己父亲定下的不可能完成的任务。取得金羊毛后，美狄亚和伊阿宋一起踏上返

回希腊的旅程。美狄亚的父亲听到她逃走的消息，派她的弟弟前往追回她。美狄亚杀死了自己的弟弟，并将弟弟的尸体切开抛在路口，让父亲忙于收尸，以此拖延时间和伊阿宋一行人离开。伊阿宋回国后，美狄亚又用计杀死了篡夺王位的伊阿宋的叔叔，但因为已有法定的继承人，伊阿宋还是没能夺回自己的王位。

本以为这样就可以天长地久了，可她错了，在美狄亚为伊阿宋生下一双可爱的儿女后，伊阿宋却爱上了国王的女儿，他们就要结婚了。像晴天霹雳，击碎了美狄亚的爱，也击起了她的恨。她让孩子给新娘送去她特制的"美丽嫁衣"，新娘一穿上就着火烧死了，国王为救女儿也烧死了。剩下负心的伊阿宋回到自己的家时，正看见美狄亚亲手杀掉自己的一双可爱的儿女，绝望中，他伤心含泪乘车飞走。孩子是爱情的结晶，既然爱已不在了，也不能留孩子在世上受苦，这就是美狄亚的作风。留下负心的人，让他在世上独自悔恨吧，与其杀了他让自己痛快了，还不如让他受良心的折磨，这也是美狄亚的作风。

古希腊神话用惨烈的故事结局告诉那些为爱执着而奋不顾身的女性，爱情之火燃烧得越猛烈，最后连自己也会葬身于这熊熊火海之中。

没有束缚，才能爱得从容

在一段不被祝福的爱情里，很难能爱得从容。

林徽因不能忽视张幼仪的存在。

梁思成就曾说："不管徐志摩向林徽因求婚这段插曲造成过什么其他的困扰，但这些年徽因和她伤心透顶的母亲住在一起，使她想起离婚就恼火。在这起离婚事件中，一个失去爱情的妻子被抛弃，而她自己却要去代替她的位置。"

林徽因知道，即使冲破这样的束缚，她心里却无法跨越这个障碍。而且当时父亲对他们的感情也并不看好，她不是没有冲破这些障碍的勇气，只是这一路的跌跌撞撞也并不能换来一世的安稳。爱得越艰难，往往就把爱想得越神圣，就越想从爱中索取更多，就越没有办法爱得从容。

就像陆小曼和徐志摩。他们的婚姻有悖伦理道德，不被自己的亲人接受，不被世人所接受，他们被盲目热烈的爱冲昏头脑，听不进别人的劝告。他的老师梁启超多次劝他婚事要慎重，在婚礼上，梁启超对自己的学生说："徐志摩，你这个人性情浮躁，所以在学问方面没有成就。你这个人用情不专，以致离婚再娶……你们两人都是过来人，离过婚又重新结婚，都是用情不专。以后痛自悔悟，重新做人！愿你们这次是最后一次结婚！"

梁启超第二天给儿子梁思成和媳妇林徽因的信中写道："徐志摩这个人其实很聪明，我爱他，不过这次看着他陷于灭顶，还想救他出来，我也有一番苦心，老朋友们对于他这番举动无不深恶痛绝，我想他若从此见摈于社会，固然自作自受，无可怨恨，但觉得这个人太可惜了，或者竟弄到自杀，我又看着他找得这样一个人做伴侣，怕他将来痛苦更无限，所以对于那个人当头一棍，盼望他能有觉悟（但恐很难），免得将来把徐志摩弄死，但恐不过是我极痴的婆心便了。"

梁启超用旁观者的冷静已经看出陆小曼其实和徐志摩并不适合，也苦口相劝，可是在爱中已经迷茫的徐志摩并未采纳他的意见。后来，他们的婚姻一步步地陷入危机却正如智者所料。

他们费尽千辛万苦地终于在一起，以为爱情就是婚姻的全部，之前的婚姻在他们眼中就是地狱，现在的婚姻应该就像天堂般美好。可是，希望越大失望就越大，曾经爱得越浓烈最后痛苦更无限。

而另一旁的林徽因，却始终从容地在爱中行走，她和梁思成的婚姻接受着所有人的祝福，加上以坚定的志向和共同的事业为基础，他们一边做学问，一边度过了独特的爱情生活。

只有被祝福的婚姻才可以卸下生命的重担，轻松前行。

而不被家人祝福、背负太多负罪感的婚姻会慢慢地将爱情蚕食殆尽。这就是为什么电影《廊桥遗梦》中的男女主角最终选择放弃对方。

女主角弗朗西斯卡，一个内心深处有着浪漫气息的女人，从一个意大利小城跟着退伍的丈夫移民到美国，在一个很美但保守的小镇过着平静但乏味的生活。一天，丈夫带孩子去参加评选地区最棒的牛的比赛，她独自留在家中四天。这时候，迷路的摄影家罗伯特在那个炎热的下午走进了弗朗西斯卡的生活，她主动领他去罗斯曼特桥。一天的"向导"做完之后，弗朗西斯卡的心中泛起了一种特别的滋味，她驱车前往罗斯曼特桥，将一张纸条订在了桥头。罗伯特发现了纸条并接受了弗朗西斯卡的邀请，两人不可避免地陷入了一场来之迅猛的爱恋。四天的相亲相爱，使他们融入了彼此的生命。但最终为了不伤害弗朗西斯卡的家庭，在爱情与责任的两难中，两人痛苦别离，从此再也没有见过面，但是他们两个又都无时不在思念着对方。可以给人些许安慰的是，最后两人的骨灰都洒在了罗斯曼桥——他们爱情的见证地。

爱情可以不被世俗理解，但是婚姻必须要考虑双方要承担的责任。爱得从容，才能看透爱情的本质，才能避免不幸福的人生。

你开始从容，他才开始深陷

波伏娃说："男人要求女人奉献一切。当女人照此贡献一切并一生时，男人又会为不堪重荷而痛苦。"

男人在爱情中不要束缚、不要缠绕、不要占有、不要渴望从对方身上挖掘到意义，那是注定要落空的东西。他只是希望两个人并排站在一起，看看这个落寞的人间。

所以，女人要试着让自己爱得从容、爱得优雅。

佐野洋子有一篇《活了一百万次的猫》，对女人该如何去爱很有启发。

有一只活了一百万次的猫，它死过一百万次，也活过一百万次。它是一只有老虎斑纹、很气派的猫。有一百万个人疼爱过这只猫，也有一百万个人在这只猫死的时候，为它哭泣，但是，这只猫却从未掉过一滴眼泪。

它遇到过国王、水手、魔术师、小偷、婆婆、小女孩儿，他们对这只猫都视如至宝，在它死去的时候都是那么伤心。可是，猫对死一点儿也不在乎，它不喜欢这些人，这只猫丝毫不难过。

只有一只美丽的白猫，看都不看这只猫一眼，猫走到白猫身边，说："我可是死过一百万次的喔！"白猫只是"是吗"的应了一声，猫有点儿生气，因为它是那么地喜欢自己，第二天、第三天，猫都走到白猫那儿说："你连一次

□ 梁思成林徽因一家合影。对于自己的感情，林徽因做了理性的判断，选择了适合自己的梁思成，最终成就了感情生活与事业的平衡。

都还没活完，对不对？”白猫也还是“是吗”地应了一声。

这只猫所有的骄傲在白猫这儿都没有了，它最后用类似于乞求的语气得到白猫的首肯，它可以留在这里了。

后来，白猫生下了许多可爱的小猫，猫对它们已经胜过喜欢自己了。终于，小猫们长大了，一只只地离开了它们，白猫越来越像老太婆了，而猫也变得更加温柔了。有一天，白猫躺在猫的身边，安安静静地，一动不动了，猫第一次哭了，从早上哭到晚上，又从晚上哭到早上，整整哭了一百万次，一天又一天过去了。有一天中午，猫停止哭泣了，它躺在白猫的身边，安安静静地，一动不动了。猫再也没有活过来。

女人就应该像故事中的白猫，优雅从容地去爱，爱得撕心裂肺、痛不欲生就交给男人去做。有时男人会像故事中的那只死了一百万次的猫一样，别人怎样去爱他，他反而不为所动，自己却在付出中体会到了爱的伟大。

陷入爱河中的女人常常会失去自我，没有了往日的豁达大度，变得小肚鸡肠起来。她会为他的一个举动、一句话语，哪怕一个眼神而伤心不已。像《红楼梦》中的林妹妹一样，会经常黯然神伤。对方一句不经意的话，她都会揣度，是否他不爱自己了，是否他爱得不够真诚。于是，她便伤心了、痛苦了，灰暗的心情侵袭全身，陷入自己编织的苦痛中流泪悲伤。然后和他吵架，和他冷战，令身心疲惫不堪。

爱得太紧张、爱得太霸道都会让人窒息，只有从容地爱，才能细水长流。

静/思/小/语

爱情可以不被世俗理解，但是婚姻必须要考虑双方要承担的责任。爱得太紧张、爱得太霸道都会让人窒息，爱情之火燃烧得越猛烈，最后连自己也会葬身于这熊熊火海之中。只有爱得从容、爱得优雅，才能细水长流。

优雅地爱，优雅地被爱

没有张爱玲痛彻心扉的凄厉，也没有陆小曼义无反顾的激情，林徽因始终从容坚定。在爱情的路上她从不缺乏热烈的追求者，虽摆脱不尽万丈红尘中的三千痴缠，可是她却懂得把这炽热的情和爱轻轻散落于风中，自己于世间，优雅地爱，优雅地被爱。

岁月彼岸的守候

曾有一个人，一辈子默默地站在离林徽因不远的地方，她的喜怒哀愁、她的尘世沧桑，他都紧紧相随于她的生命悲喜。

他终身未娶，并以最高的理智驾驭自己的感情，静静地守护着他爱的女子，这真情，天长地久，静水流深。

他是金岳霖，著名的哲学家、逻辑学家。

1931年，金岳霖结识了在北平因病休养的林徽因。当时梁思成还在东北大学执教，徐志摩经常去探望林徽因，为了避嫌，就叫上国外留学时的好友金岳霖等人。

金岳霖开始被这个谈吐优雅、聪慧睿智的女子深深吸引。后来林徽因活跃在“太太的客厅”中，那里聚集着当时很多文化名人，真是谈笑多鸿儒，金岳霖也是一个。

在越来越频繁的接触之下，单身汉金岳霖索性搬到梁思成家的附近住下了，与他们住前后院，平时也就走动得很勤快。

金岳霖曾考入清华学堂，后又在美国哥伦比亚大学学习政治学，仅仅两年，他就获得了博士学位。后来这位政治学博士感兴趣于逻辑学，而且以此成就了毕生的事业。他是逻辑学奇才，不但学识渊博见解独特，而且还幽默风趣。

有一段时间，梁思成经常外出考察，林徽因正怀着身孕，情绪时常焦虑，金岳霖就耐心地劝解，他的幽默曾带给林徽因很多快乐。

当林徽因感觉出这份感情似乎超越了朋友间的界限时，她坦率地向丈夫倾诉，梁思成听到后自然痛苦至极，苦思一夜，告诉妻子，她是自由的，如果她选择金岳霖，祝他们永远幸福。林徽因又原原本本地把一切告诉了金岳霖。金岳霖的回答更是率直坦诚得令人惊异："看来思成是真正爱你的。我不能去伤害一个真正爱你的人。我应该退出。"

这场爱情的角逐，金岳霖选择退出。他们三个人冷静过后，又重新整理好了情绪。林徽因知道，自己既然没有放弃婚姻，就该始终如一地爱着自己的丈夫。她经历了一次感情的小小风波，反而更加坚定对家庭的守护。

金岳霖也知道，自己的守护从此只能是默默的，才不会让林徽因感觉到压力、让梁思成感到反感和厌恶。而梁思成也给予了他们最大的信任。

他们在人生的选择中把仁爱和真诚放在了首位。

从此，金岳霖和梁家成了莫逆之交。

林徽因和梁思成有时候拌嘴吵架，闻声而来的金岳霖用自己的幽默总能轻松化解，他从不问青红皂白，而是大讲特讲其生活与哲学的关系，却总能迅速让两口子"熄火"。

梁家困顿李庄时，金岳霖从昆明赶了过去，他早就听说林徽因的病很严重，可是当第一眼看到她时，金岳霖心酸得几乎要哽咽。林徽因瘦得已经没了精神，面色苍白毫无血色，之前那个神采奕奕的女主人几乎看不到踪影。

金岳霖心里知道，这是因为缺少营养，所以他想办法去解决最实际的生存问题。自己动手才能丰衣足食，第二天他跑到集市上买了十几只刚孵出的小鸡回来，他耐心地饲养着，等着它们下蛋。据梁从诫说，在李庄的时候，“金爸在的时候老是坐在屋里写呀写的。不写的时候就在院子里用玉米喂他的一大群鸡。有一次说是鸡闹病了，他就把大蒜整瓣地塞进鸡口里，它们吞的时候总是伸长脖子，眼睛瞪得老大，我觉得很可怜”。

一边饲养着他的十几只鸡，一边写作他的《知识论》。金岳霖和他的这一群鸡，还留下了一张合影：斑驳的日光从院子里的矮树的枝叶缝隙中洒下来，白色的竹篱笆围着已经长到半大的鸡。黑的白的都有，金岳霖拿着玉米粒之类的食物喂它们，一只黑鸡大胆地从这个消瘦的、头发已经斑白的哲学家手中啄食。旁边站着梁思成、宝宝和小弟，一个邻居家的孩子也在那里，他们饶有兴趣地看着哲学家喂鸡。

在通货膨胀的那段时期，他对梁思成和林徽因说：“在这艰难的岁月里，最重要的是，要想一想自己拥有的东西，它们是多么有价值，有时你就会觉得自己很富有。同时，人最好尽可能不要去想那些非买不可的东西。”金岳霖的“金口玉言”使处在艰难困苦中的朋友们得到了精神上的宽慰。

后来，林徽因在病魔的蹂躏下，经常不得不卧病在床，已经不复是当年那个风华绝代的女子。金岳霖依然每天下午三点半，雷打不动，出现在林徽因的病榻前，或者端上一杯热茶，或者送去一块蛋糕，或者念上一段文字，然后带两个孩子去玩耍。

如果还有人纠结于他们之间是友情还是爱情时，我们都更愿意相信，这家人般的亲情也许来得更为贴切。

汪曾祺有一篇散文，记述了金岳霖的一些往事。

金先生朋友很多，除了哲学家的教授外，时常来往的，据我所知，有梁思成、林徽因夫妇，沈从文，张奚若……君子之交淡如水，坐定之后，清茶一杯，闲话片刻而已。金先生对林徽因的谈吐才华，十分欣赏。现在的年轻人多不知道林徽因。她是学建筑的，但是对文学的趣味极高，精于鉴赏，所写的诗和小说如《窗子以外》《九十九度中》风格清新，一时无二。林徽因死后，有一年，金先生在北京饭店请了一次客，老朋友收到通知，都纳闷：老金为什么请客？到了之后，金先生才宣布："今天是徽因的生日。"

举座感叹唏嘘，岁月渐远，逝者渐渐被遗忘在时光一隅，曾经的光辉仿佛随时间远去不再耀眼。可是，总有一个人，他愿付出这一生去守望，无论流年怎样变迁，即便他爱的人已不在世间，他还始终保持着一颗为她而跳动的心，让爱静静地流淌，如潺潺流水，终年不枯。时间是检验真情最好的利刃，金岳霖的深情经过了时间的检验，而且穿越了生死，化为永恒！他从不说什么守护一生之类的誓言，只是倾其人生所有旖旎岁月去仰望，得不到回应的爱注定要孤独，他不怕孤独。

婚姻上退出了和梁思成的角逐，但他的爱情从来没有退缩过，他的心灵始终相随相伴，直到自己生命的终点。

让人缄默的艺术

金岳霖同梁思成一家相处融洽，临死前，他还和梁思成的儿子梁从诫生活在一起，他们称他"金爸"，对他行尊父之礼。而他去世后，也和林徽因葬在同一处公墓，像生前一样做近邻。

林徽因去世多年后，有人央求金岳霖给林徽因的诗集再版写一些话。他想了很久，面容上掠过很多神色，仿佛一时间想起许多事情。但是最终，他仍然摇摇头，一字一顿地说：我所有的话，都应该同她自己说，我不能说。他停顿一下，又继续说：我没有机会同她自己说的话，我不愿意说，也不愿意有这种话。他说完，闭上眼睛，垂下了头，沉默了。

生前不说是因为他知道说了就是林徽因的烦恼，他愿她一生无困扰，这时更不必说，他最想倾诉的人已经不能听到。

爱一个人有很多种方式，金岳霖选择用沉默的方式爱了林徽因一生。

这沉默中是尊重和珍爱，同时，这也说明，林徽因拥有着特别的魅力可以让一个男人在一段微妙的关系中保持沉默。

这魅力不是她曾经出众的外貌，她生病时其实相貌已经憔悴。她学识丰富确实令人钦佩，可是仰慕也并不一定就是爱情，也许，金岳霖想呵护的是那份用所有学识和智慧武装下的脆弱。从开始同林徽因敞开心扉地交谈他就已发现，这个聪慧的女人就是用再犀利的词语也掩盖不住那颗柔软的内心。他们曾经聊起过徐志摩，也许，他从她的眼神中读出了一个少女的情怀，当她庄重的理智抑制住澎湃的感情，他心疼于她背负的沉重。于是，金岳霖愿意用这样的方式去爱他所爱之人。

其实，男人最难抗拒的就是看似强大的女人背后的那份脆弱。她们的努力让人尊重，她们的脆弱又会让男人想要守护。

所以女人要用努力去获得尊重，用柔弱得到守护。就像有的女人，她们在自己的事业上很成功，总是给人留下自信、独立、干练、睿智的“大女人”印象，让人觉得她无比刚强。可是在家中却一改工作中的泼辣，经常依偎在丈夫的怀里撒娇，把自己的很多脆弱向丈夫倾诉，做丈夫眼中温柔的妻子，作为女人，确实要懂得做一个不折不扣、懂爱、恋家并需要呵护的小女人。

坚强的女人会打一把钥匙解开心锁，借一方晴空，拥抱阳光。她还会爱过、痛过、哭过、笑过，然后继续坚强。

做让人疼惜的女人

几乎所有男人都有与生俱来的保护欲望，在遇见女生展现柔弱那一面的时候，这种保护欲便会激增，甚至演变为想要呵护一生一世的责任感。

现代的女性越来越独立，她们能够肩负的重任一点儿都不逊色于男人，所以，她们越来越不愿意承认自己需要男人的保护。

的确，我们不再像在以前的时代，需要男人的保护与供养。不再因为生存或安全的理由需要男人，可是，女人不是因为物质的不匮乏感到幸福，女人更需要的是男人给予情感上的慰藉与滋润。

女人，可以用自己的强大来赢得尊重，也要用自己的柔弱来获得男人的关怀与爱护。

这就是为什么一个女人事业很成功，如果家庭婚姻不美满往往得不到太多人的羡慕。因为一个情感上得不到滋润的女人感觉到更多的是孤独。

那些可笑的强势将人拒之于千里之外，最后只能用骄傲掩盖孤独。

一个女人具有人和女人的双重社会属性，也就是说女人不仅仅要事业上有所成就，能获得幸福的家庭才能充分彰显她的成功。获得家庭的幸福最重要的是处理好两性的关系，而柔弱往往是女人有效调节两性关系的重要手段。

柔弱不是软弱，它是一种力量，是生活的智慧。有很多人通常对柔弱有种误解，认为这是无能的表现，其实恰恰相反，这是最女人最有力的武器。就连有“铁娘子”之称的撒切尔夫人，在家庭也表现得相当女性化，她是慈祥的母亲和温柔的妻子，即使在与选民沟通时，她也会讨论一些化妆、保养等女性话题。

柔弱其实是女性独有的优势，因为很多女性往往都是以柔弱克制男人的坚毅的。

所以女人一定要学会放下所谓的“刚强”“强势”，你原本可以活得不必这样辛苦。在软弱时，不要什么都自己扛着，把温柔、柔弱当作是力量转而去化解生活中各种各样的问题，才是一个智慧的女人。

学做一个女人味儿十足的女人，需要关心的时候就大声地说出来，想哭的时候就趴在男人的肩膀上哭，在自己找到依靠和安全感的同时，对方也会因为感觉到被依赖而充满成就感，这样就会放大双方的幸福感觉，婚姻生活也因此更加美满。

做一个让人怜惜的女人，把婚姻用心地经营，让对方时时可以感受到温暖、信赖和关怀，从而让生活更加和谐完美。

静 / 思 / 小 / 语

强大不是倔强更不是强悍，它让受伤的女人把目光投向远方，给自己一个信步生活的理由，她还会找一个肩膀让泪水尽情流淌，这样的女人才最让人疼惜，才有人愿意用一生去守护她的善良和美好，让她能够优雅地爱、优雅地被爱。

诗意并理性地生活

林徽因是智慧与美的化身，她兰心蕙质，有着诗人的浪漫和想象力，她冷静自制，有着异于常人的理性，所以她在建筑和文学这样理性和感性两个不同的领域登峰造极。在理性和感性之间的徘徊成就了她传奇的一生。

诗意地行走世间

仍 / 然

——林徽因

你舒伸得象一湖水向着晴空里
白云，又象是一流冷涧，澄清
许我循着林岸穷究你的泉源：
我却仍然怀抱着百般的疑心
对你的每一个映影！

你展开象个千瓣的花朵！
鲜妍是你的每一瓣，更有芳沁，
那温存袭人的花气，伴着晚凉：
我说花儿，这正是春的捉弄人，
来偷取人们的痴情！

你又学叶叶的书篇随风吹展，
揭示你的每一个深思；每一角心境，
你的眼睛望着我，不断的在说话：

我却仍然没有回答，一片的沉静
永远守住我的魂灵。

也许是因为出生于西子湖畔杭州，林徽因身上总有一种与生俱来的诗情画意。她的求学经历让她有了空灵的艺术感觉和脱俗的谈吐，她从诗人徐志摩身上曾深刻地领悟到文学的魅力，在香山养病的日子里，她开始写诗、写小说。

她的诗情感真切细腻且精妙，意象清莹婉丽，结构玲珑剔透。她的文字是感性的，字字句句，皆从内心深处流出，天真烂漫，充满浪漫的情思和优雅的情趣。她的人生，

一直有诗意充盈，她总是将目光越过琐屑、庸常的生活，投向远方。

林徽因常常将浪漫蕴含于平凡的日常生活中，她和丈夫一生致力于对中国古代建筑艺术美的追求，为此她花费了大量的时间与丈夫梁思成在河北、山西等地的偏远地区考察古建筑，尽管旅途艰辛，可是在她眼中的却是诗情画意："天是透明的蓝，白云更流动得使人可以忘记很多的事，更不用说到山山水水、小堡垒、村落，反映着夕阳的一角庙、一座塔！景物是美得使人心慌心痛的。"

哪怕物质生活穷困潦倒，身体状况每况愈下，她病得只能倚在床上，靠着被子半躺半坐，她还坚持读了大量的汉代历史，想给梁思成研究汉阙、岩墓以帮助，她偶尔还坚持写诗，在她的诗句里，仍然流露出她对艺术的不懈追求，对美的孜孜不倦，对诗意的纯真向往，对心灵自由的真切渴望。她去世后，金岳霖和邓以蛰两位教授题写的一副挽联格外引人注目：一身诗意千寻瀑，万古人间四月天。

这样一种诗意的生活方式其实是一种认真的生活态度。一个人的诗意不在于他的浪漫遐想，重要的是要在内心为诗意保留一个角落。心有诗意，则生活诗意。这诗意是一种把现实生活中琐碎的情感升华为美好情感的过程。

其实，我们也有必要为自己的心灵觅一块洁净的土地，去追寻生命最初的诗意生活！现代人的生活充斥着为了生计和未来的奔波，充斥着嘈杂的汽笛声与喧闹声，充斥着人与人之间的冷漠与戒备。

不妨抽点儿时间，找一个天朗气清、阳光和煦的日子，在小鸟啁啾中找回生活的诗意，去静心欣赏那一流清澈的河水拍打在石头上激起的美丽涟漪。

再读一读书，给灵魂也注入诗意。你能从梭罗的《瓦尔登湖》拾获人生的宁静，你能从史铁生的《我与地坛》中体会生命的厚重，于是，你的思维便开始给心灵插上翅膀，让心灵翱翔于诗意的天空。

理性可以带来一份生活的圆满

林徽因的诗意让她优雅地行走于世间，可是这位聪慧的女性，没有被浪漫虚荣桎梏一生，她总是能在恰当的时候，做出理性正确的选择，使得她诗意人生的起点坚实而充沛。

当她与徐志摩相逢，诗人的追求再热烈、情感再炽热，她却很清楚，“徐志摩当时爱的并不是真正的我，而是他用诗人的浪漫情绪想象出来的林徽因，可我其实并不是他心目中所想的那样一个人”。

她的理性使她能够游刃有余地把握距离的分寸，让自己永远理想地存活在诗人的梦里。其实她更懂得，他们并未在正确的时间相逢，他再为爱执着，在身份上也终究是别人的丈夫与父亲。所以，她坚定地在一见倾心后又理智地各走各的路。

她更是清醒地认识到，事业才是她生命的源泉，再丰富的感情生活，也不该成为人生的主调。若一个人拘囿于情感的小圈子，只会越活越狭隘，最后窒息于自己画就的牢中。所以，她接受了父亲为她挑选的最理想的结婚对象。

梁思成同她到美国去学建筑，回国后即在东北大学创办了建筑系，培养建筑学人才，后来又到朱启钤主办的营造学社从事研究工作。他们的一生都在为建筑事业而奋斗，并在这理想中收获着生命独有的意义。林徽因的选择是正确的，梁思成帮助她实现了太多关于建筑的梦想，他们以坚定的志向和共同的事业为基础，一边做学问，一边度过了独特的爱情生活。

同张幼仪和陆小曼相比，她的生活是完整的，她与梁思成的生活与事业都是一段佳话。

正因为林徽因兼顾了事业与家庭，才使得她生活得从容、大气。

如果说她幸福的婚姻生活也曾遭遇危机，她也是用理性去化解。对于金岳霖的好感，她没有肆意将浪漫泛滥成为一场无法收拾的残局，也没有演绎一场琼瑶式狂风暴雨般的情爱悲喜剧。她理性地将心事说给自己的丈夫，她同时得到两个男人的理解，冷静过后，她重新回归到自己的婚姻。有人说，她之所以没有成为陆小曼，就是因为她的理性才让她获得稳稳的幸福。

理性共感性一生

太过于感性的女人，通常有一份女人的天真和妩媚，她们多愁善感，却也温柔多情，她们总是在美梦的氛围里只看到生活的表面色彩，为了感情看淡一切，付出所有，更容易让自己受到伤害。

太过理性的女人，似乎有些冷漠，缺乏女人味儿，不但给人以一种望而生畏的感觉，更会让男人在她面前无地自容，其实她们自己也通常活得很压抑。

而林徽因，正是因为合理地调配了自己感性与理性的一面，才使她旷世的美丽和才华得到最大空间的释放。如果她更感性一些，也许她就成了陆小曼；如果她更理性一些，就没有她那些至情至性的诗，就没有她的沙龙，也就没有她的爱情故事。

所以，要像林徽因一样，在枯燥的生活中要学会诗意地生活，在虚幻的爱情中、缥缈的美梦中懂得冷静自制，不失去理智，不丢掉自我。

一个出色的女人懂得恰到好处地表现理性和感性，懂得对何人理性对何人感性。

聪明的女人懂得拿捏理性与感性相融，理性时来点儿感性让人惊喜，感性时来点儿理性让人尊重。

其实对于大多数女人来说，仿佛感性多一些，理性相对有些遥远。过于感性则容易矫情，容易脆弱，容易令人生赋。女人可以浪漫，但是也必须学会用现实的理性来选择自己的方向，用事业、爱情的成功来抚慰时常患得患失的内心。

我们也不能把生活过于理想化，乌托邦的生活是脱离理性现实的，是浮于水面的浮萍，是没有根基可言的，也显然是不长久的。一个过于感性的女子，感情路上可能要独享孤独。很多人总是把爱情想象得过于美好，她们始终坚信总会有一个百分之百完美的恋人，手拿红玫瑰，站在命运的转折处等待着。可是最后，平凡的你我，要么只能去面对白发苍苍时一室的冷清，要么面对完美爱情在时间的磨砺下破灭后的失望。没有完美爱情的婚姻也可以很幸福，你想要的诗意生活完全取决于自己对生活方式的选择。时光是美好的，闲时于窗棂处啜一口茶，读两三页书，何等惬意。就是在世界上最大的沙漠撒哈拉，也能成就三毛的一次浪漫之旅。三毛自编自演了一段段令人耳目一新又忍俊不禁的故事，读着这些故事，仿佛见到沙漠中的绿洲、春天里的和风，沁人心脾，不能自抑。

所以我们应该保持自己内心的诗意，但不能忘了理性，只有诗意与理性结合，我们的人生才能焕发出更灿烂的光芒。

静/思/小/语

女人要懂得用充满浪漫的情思和优雅的情趣去超越琐屑、庸常的生活，但也要知道缺乏理性的感性是低层次的。因为理性的注入，才能将女人高贵气质里折射出一浪浪极具穿透力的大雅之美、理性的光辉和浪漫的风采，共同成就女人一生的魅力。

一定是三生石畔曾默然颔首，这一世，才能执子之手。婚姻，也许注定要有柴米油盐的平淡，相伴一生，道路不可能永远是坦途，曾冷战、争吵，曾失望、徘徊，然后却更坚定地握紧彼此的手。不要让爱因岁月的冲刷而斑驳失色，为我们曾经风花雪月的浪漫，曾经为爱不顾一切的勇敢，曾经说好的一生，相依相伴。依旧静好，你优雅如初。

第四章

相伴不忘初心，守望婚姻麦田

——相濡以沫的爱是婚姻的保护伞

相知相守，不忘初心

走进婚姻，爱就要渗透在平凡的日子里，浸润在平仄流年里，你要找到那个人，不论贫穷、富贵、健康、疾病都会紧握你的手，心甘情愿和你风雨同舟。最长久的情，是平淡中的不离不弃；最贴心的暖，是风雨中的相依相伴。

生命中最长久的相伴

致/橡/树

——舒婷

我如果爱你——
绝不像攀援的凌霄花，
借你的高枝炫耀自己；
我如果爱你——
绝不学痴情的鸟儿，
为绿荫重复单调的歌曲；
也不止像泉源，

常年送来清凉的慰藉；
也不止像险峰，
增加你的高度，衬托你的威仪。
甚至日光，
甚至春雨。
不，这些都还不够！
我必须是你近旁的一株木棉，
作为树的形象和你站在一起。
根，紧握在地下；
叶，相触在云里。
每一阵风过，
我们都互相致意，
但没有人，
听懂我们的言语。
你有你的铜枝铁干，
像刀，像剑，
也像戟；
我有我红硕的花朵，
像沉重的叹息，
又像英勇的火炬。
我们分担寒潮、风雷、霹雳；
我们共享雾霭、流岚、虹霓。
仿佛永远分离，
却又终身相依。
这才是伟大的爱情，
坚贞就在这里：
爱——
不仅爱你伟岸的身躯，
也爱你坚持的位置，
足下的土地。

在舒婷的笔下，真正的夫妻应该是橡树和木棉，它们相互依偎又各自独立。他们各自的个性都得到了最充分的舒展，同时他们又是互补的，他们把对方的事业追求、理想信念也纳入自己爱的怀抱，从精神上完全相融和相互占有，不仅在形体上，而且在思想感情上达到完美的结合，站在同一个阵地，拥有相同的生活信念，追求同一种目标。

林徽因和梁思成就像橡树和木棉，他们以坚定的志向和共同的事业为基础，将毕生的心力投入建筑事业，他们热爱着艺术，追寻着艺术，他们曾颠沛流离，经历了为五斗米折腰的辛酸生活，但是他们始终相互扶持，不放弃对生活的热忱，对祖国的热爱，以及对事业的执着。

林徽因的一生有些短暂，她去世的时候只有五十出头。然而就像烟花的绽放，虽短暂却无比绚烂，她成就斐然，建筑学家、文学家、诗人……对美和艺术，她确实有着过人的天赋和敏锐的感知，然而，若没有他，她无法有此成就。

他并不是她唯一的爱情，却是最长久的相伴。相比嫁给徐志摩的陆小曼，她获得了最安稳的幸福。

他丝毫不愿掩饰幸福，曾骄傲地说：“文章是老婆的好，老婆是自己的好。”

他宠她，“一起工作的时候，林徽因啊，从来只肯画出草图就要撂挑子，后面，自有梁思成来细细将草图变成完美作品。而这时，她便会以顽皮小女人的姿态出现，用各种吃食来讨好思成”。就连她有些苦恼地倾诉自己爱上别人了，他听了尽管痛苦万分，却仍和她说：徽因，我成全你，只要你幸福。

由于童年成长的阴影，她的个性有些敏感，尤其是在处理与母亲的关系的时候，这样的性格更加突出。

“何雪媛年轻时就不懂治家，年纪大了更学不会。帮不上忙就算了，有时候还会添乱。……这种鸡毛蒜皮的争执，一次两次都无伤大雅，林徽因撒撒娇，叫几声‘娘’就过去了。但次数一多，何雪媛就有怨气了，说林徽因心气儿高，嫌弃自己。林徽因纵是觉得委屈，但只要梁思成稍微流露出一点儿对何雪媛的不满，她立刻就会勃然大怒。后来丈夫也学乖了，凡是丈母娘做得不好的，千万别跟林徽因提；凡是丈母娘做对一件事，就要在林徽因面前使劲儿夸奖。”

梁思成就是这样默默地包容着她、迎合着她，在她抱怨的时候安慰她，在她沮丧的时候鼓励她，让她尽量不被家庭的琐事烦恼，让她有更多的精力去做自己喜欢做的事儿。

在战乱逃亡时，他们生活困窘，连最基本的食物都经常短缺。他学着照顾她，为了给她增加一点儿营养，他把派克钢笔、手表都当了，换了钱用，还学会了腌咸菜和用橘子皮做果酱。但梁思成从未在林徽因面前流露出抱怨和消极的情绪。他试着用幽默的态度让妻子的心情好一些，他还一手承担了所有的家务，煮饭、做菜、蒸馒头……

在林徽因病重的时候，梁思成认真地充当起护士的角色。他遵医嘱每天给林徽因搭配营养餐，为她肌肉注射和静脉注射，为了让她的生活不再枯燥，他给她读英文报刊，每次去学校上班前，他总是在林徽因身边和背后放上大大小小各种靠垫，让她在床上躺得舒服一点儿……

他用自己恒长隽永的深情去填补她的生命的残缺，让我们看到更多的花好月圆。

有太多人在她青春美貌的时候曾为她付出炽热激情，有一天，她青春不再，疾病交加，她的丈夫一直紧紧地握着她的双手，让她始终温暖如初。

找到对的那个人，才能幸福

梁思成比林徽因大三岁，第一次见面时，梁思成约十七岁，林徽因年仅十四岁。梁思成对林徽因的印象不错，林徽因当时的反应并无特别之处。

“门开了，年仅十四岁的林徽因走进房来。父亲看到的是一个亭亭玉立却仍带稚气的小姑娘，梳两条小辫，双眸清亮有神采，五官精致有雕琢之美，左颊有笑靥；浅色半袖短衫罩在长仅及膝下的黑色绸裙上；她翩然转身告辞时，飘逸如一个小仙子，给父亲留下了极深刻的印象。”

女孩儿一直要比男孩儿成熟得早，再加上林徽因早期较好的教育经历，让她在十四岁时花季少女的特有的天真和烂漫就已经悄然绽放。

而当时的梁思成个子瘦小，虽白净秀气但踏实沉稳的魅力也还未形成，恐怕在一个妙龄少女的心中还产生不了太大的吸引力。

短短的一次见面其实也是两边家长有意为之，却并未激起太多波澜。

后来，林徽因就随父亲出国游学。

在英国，她遇到了浪漫的诗人，诗人的温文儒雅和广博的见识虽然也曾让她目眩神迷，可是终究因为不能承受的负担让她早早结束了这场还未真正开始的感情。

当她同父亲从英国返回到北平，梁思成认认真真地第一次去拜访了林徽因。这时的梁思成在清华就读，音乐、美术、政治、体育，样样骄人，处事为人又成熟内敛。

如果说，3 年前的相见让梁思成惊艳于林徽因脱俗的气质，那么这一次的相见，让他更加为她的智慧折服。

“当我第一次去拜访林徽因时，她刚从英国回来，在交谈中，她谈到以后要学建筑。我当时连建筑是什么还不知道，徽因告诉我，那是包括艺术和工程技术为一体的一门学科。因为我喜爱绘画，所以我也选择了建筑这个专业。”

从此以后，他们就有了共同的事业追求。

1924 年的夏天，志同道合的他们一起去了美国，就读于宾夕法尼亚大学。

林徽因的外甥女曾回忆了舅妈和舅舅两个人在大学时不同的状态。

“徽因舅妈非常美丽、聪明、活泼，善于和周围人搞好关系，但又常常锋芒毕露表现为以自我为中心。她放得开，使许多男孩子陶醉。思成舅舅相对起来比较刻板稳重，严肃而用功，但也有幽默感。”

同在美国留学的顾毓琇回忆：“思成能赢得她的芳心，连我们这些同学都为之自豪，要知道她的慕求者之多有如过江之鲫，竞争可谓激烈异常。”

在整个青年时期，林徽因的光芒比梁思成要更加耀眼一些。在当时很多人的眼里，其实林徽因和梁思成并不般配。

可是林徽因在众多的选择面前没有丝毫旁骛之心，她知道只有这个人可以真正地包容自己。在每一次图纸设计中，她总是满脑子都是创意，常常先画出一张草图或建筑图样，然后一边做，一边修正或改进，而一旦有了更好的点子，前面的便一股脑儿丢开，这样虽然更容易破旧创新，可是却常常无法按时交图。于是，每一次梁思成都静静地将乱七八糟的草图变成一张整洁、漂亮、能够交卷的作品。

在大学时，父亲的离世让她每天以泪洗面痛苦不堪，梁思成用无微不至的照顾去化解她心里的孤单和悲痛，才让她渡过难关。

是梁思成的踏实沉稳让她飞扬灵动的生命有了厚重的根基。

她坚定地认为，梁思成才是自己可以一生相伴的亲密爱人。

而梁思成也确实用一辈子的耐心、痴心、爱心陪她走过了人生的风风雨雨。

爱如饮水，冷暖自知

1928年3月，梁思成和林徽因成婚。离开了爱情的臂弯走向婚姻，对林徽因来说，婚姻并未成为围困她的城堡。她从未失去自由，梁思成不但给了她恋爱的浪漫唯美，还努力地不让婚姻的琐碎淌平妻子与生俱来的优雅和自由开阔的理想。

林徽因才貌出众、气质非凡，拥有无数的仰慕者，而当时的梁思成没有英俊挺拔的身姿，也还没有举世瞩目的才华，外人所谓的般配其实大多指的是两人家世对等。林徽因从不会被所谓的王子公主的童话迷惑，婚姻要渗透在平凡的日子里，浸润在平仄的流年里，也许只有梁思成宽厚温暖的胸怀才是自己一生的依靠。

生活得好不好、快不快乐，只有自己才能感觉得到，而周围的人，只是看到片面的某些段落。普通人的生活常常要活在别人的议论之下，而一些意志不坚定的人总是会被旁观者的议论所影响，通常旁观者都是通过外在的物质

□ 面对爱情，林徽因是理智的。她选择了能给她简单平淡幸福的梁思成，即使有再大的情感诱惑，她都坚守着自己对爱的忠诚。她的追求、她的坚持，最终让她获得了自己想要的生活。

条件来评判你幸福不幸福，如果自己轻易地受这样的议论影响，就犯了最愚蠢的错误。幸福不幸福是一种主观的感受，怎么能用物质评判？即便选择了一个没什么物质基础的人，但是他能给你带来快乐，又何必理会别人异样的眼光？

无论在别人眼中你们两个是如何般配，可是他如果懦弱和犹豫让自己的心里从未有过安全感，这就不是自己想要的幸福。

就像戴安娜王妃，嫁入王室的她，曾得到多少女性的羡慕。她有6个月之久的世纪婚礼，她有珍贵的钻石皇冠和长达8米的洁白婚纱。她的生活应该像书中的童话。可是，王子和公主的生活只有短暂的幸福，戴安娜王妃发现了自己的丈夫查尔斯王子与情人卡米拉的私情。

爱情的背叛成为了她最深的伤痛，倔强的她不想虚幻地活在别人的羡慕中，戴安娜甚至在公众场合不让查尔斯亲吻她。他们于1992年12月正式分居，戴安娜从这名存实亡的婚姻中丝毫感觉不到幸福，因此，勇敢的她决定去找寻下一段爱情。

爱如饮水，冷暖自知。是笑着含泪继续表面的风光，还是哭过就笑着迎接未来，聪明的人自然知道如何选择。

婚姻确实就像钱锺书说的，类似穿在脚上的鞋子，舒不舒服只有脚知道。漂亮耀眼的鞋子不一定穿着舒服，而外形普通的那双却可能最适合你的脚。就像很多看上去很般配的夫妻，他们的婚姻生活远没有人前的那般和谐幸福；而那些看上去不那么般配的夫妻，他们的婚姻生活却快乐而甜蜜。恋爱也许要的是两人之间的那种刻骨铭心的感觉，短暂的激情也许能克服彼此性格的缺陷，可是如果一直盲目，婚姻带来的痛苦和伤害就像新鞋子硌脚那样让人痛苦，这不是一时半会儿忍一忍就能挺过去的。到头来，还是不得不放弃那双看似华丽却不舒适的鞋子。

婚姻因为有着太多的琐碎需要两人的互相包容和恒久的耐心，和华而不实的一些外在条件相比，一个宽厚踏实的怀抱，才是一个女人最好的归宿。

静/思/小/语

恋爱是走在婚姻的路上，婚姻是恋爱的最好归宿。好的婚姻不是围困你的围城，而是保护你的城堡。所以，找一个最适合自己的人共度一生，也许他没有外人交口称赞的外在，但是，他应该是最懂你、最包容你，不管是疾病痛苦，都紧紧握住你双手的那个人。

在未知中相爱，在懂得后相守

每一段爱情开始时都是美丽的，可是走进婚姻，却并不是都能有一个完美的结局。

时间悄悄经过，带走的不仅仅是年轻的肌肤、如花的容颜，每个人都在经历着或多或少的改变，爱情也一样，没有永远炽热的感情，没有永远激情澎湃的爱人。

可是却有美满和谐的婚姻。信任、理解、宽容是婚姻的基础，更是维系婚姻的精神纽带和链条。

长相守才能长相知

梁启超其实早已有了与林长民家联姻的想法，林长民也乐意有此通家之好。不过，梁启超仅仅止于想法，却并不剥夺他们选择配偶的自由，他对儿女婚姻的态度相当民主。两家老人给了他们相处的机会，从 1922 年梁思成正式去拜访从英国回来的林徽因到 1928 年两人结婚，他们经过了 6 年的相识相知，彼此建立了深厚的了解，这也是成就他们美满婚姻的重要基础。

也许林徽因有让人一见钟情的资质，梁思成的好却需要时间去挖掘。

林徽因曾很有兴致地对当时还只是个学生的林洙谈起他们的美好往事。“那时我才十七八岁，第一次和思成出去玩，我摆出一副少女的矜持。想不到刚进太庙一会儿，他就不见了。忽然听到有人叫我，抬头一看原来他爬到树上去了，把我一个人丢在下面，真把我气坏了。”

他们常常在环境优美的北

海公园约会，林徽因常常跟随梁思成去清华学堂，看他参加的音乐演出，自此以后，林徽因与梁思成时常往来，关系日益亲密。自在而又真诚地谈论各种话题，异地见闻、兴趣爱好、未来志向等，也就在那时，林徽因把她对建筑学的了解和喜欢都潜移默化给了梁思成，梁思成本来便对绘画感兴趣，也就渐渐地迷上了建筑学。

连对未来事业的选择都甘愿受林徽因的影响，那时的梁思成早就迷恋上了林徽因。而对于林徽因来讲，梁思成也带给她前所未有的轻松，有之前较为沉重的恋爱经历，林徽因对这样的感觉格外珍视。

也许是因为两个人都还年轻，也许是两个人的性格原因，他们的恋爱缓缓进行，总仿佛缺少一点儿热度。

后来，一场意外的车祸加速了恋爱的进程。

1923年5月7日，梁思成在北京学生举行的“五四国耻日”游行中严重受伤，右腿断了，脊椎受伤，也是从那时起，梁思成的右腿比左腿短了一截，一辈子都要跛着走路。

林徽因被这突如其来的意外慌了神，她还从未经历过身边的人受这么严重的伤，她看到平时如此健壮的朋友只能一动不动地躺在病床上，林徽因只能用自己的悉心照料来帮助这个受伤的朋友。

平时都是梁思成对她呵护有加，现在换来林徽因的无微不至。

当时恰值初夏时节，梁思成汗水淋淋，她顾不得避讳，揩面擦身，林徽因竟在这日复一日的照料下对梁思成完全坚定了相爱的决心。

爱情竟如此奇妙，之前的林徽因一直在爱情中处于被动的状态，不管是在英国徐志摩的热烈追求还是这之前梁思成的默默追随，她都不能完全沉浸其中，反倒在自己的全心付出中激发出爱的热情。

这很像《巴黎，我爱你》电影中的一个片断。

一位中年男人有了新欢，于是打算在一家餐厅向妻子坦白，他已经不爱她了。然而在他开口之前妻子把医院的诊断书给他看了，她得了白血病，生命已经进入倒计时。

丈夫突然决定担起责任，陪伴她度过最后的时光。他和新欢断绝了关系，他买她喜欢吃的食物喂她，带她去看电影，当她哼着歌做饺子时从身后深情款款地抱住她，给她读村上村树的小说，满足她的每一个要求。在最后的一段时光，重温了他们以前的美好。

男人再次爱上了妻子。当死神带走了妻子，他的灵魂仿佛空了。他第一次遇见妻子的时候她穿着一件红色风衣，多年以后，他只要看到穿红色风衣的女人心中仍然会隐隐作痛……

所以，爱情通常是在付出中成就，付出越多的那个人爱得才越浓烈，而被爱的人因为付出得较少才可以做到冷眼旁观、冷静抉择。

人是奇怪的动物，对别人的热情可以冷静自制，却往往被自己的热情无可救药地感动。

长相知才能不相疑

梁思成在同林徽因的整个婚姻中给予了她最大的信任。尽管他知道徐志摩一直不曾放弃对林徽因的追求，他仍放任他出入林徽因的文化沙龙；尽管他知道金岳霖钟情于林徽因到不肯结婚，也任由他“逐林而居”。

这信任来源于他们长久的相处，并由这相处中对彼此有着深厚的了解。

除了对于彼此兴趣爱好的了解外，他们更多的是对彼此个性的了解。梁思成自然知道林徽因当时从英国回到中国有个很重要的原因是为躲避徐志摩的热烈追求，他欣赏她能冷静地对待这份炙热的感情。在林徽因回国的一年后，徐志摩竟回国继续追求，并常出现在梁思成和林徽因经常约会的图书馆，而林徽因在这样的追求下并没有丝毫动摇。

梁思成知道，也许林徽因在徐志摩的追求下或许会感觉一些困扰，但是却绝对不会接受。林徽因的母亲使她十分痛恨婚姻对女性的伤害，她自己并不想牵涉其中。另外，他也对林徽因对感情尺度的把握十分有信心。

后来两人比翼双飞，漂洋过海，一起入读美国的宾夕法尼亚大学。

林徽因的飞扬灵动自然让很多中国留学生心生爱慕，其实追求林徽因的，也大都是门第不凡、本人优秀的俊彦，可是林徽因并没有移情别恋、丝毫动摇，她对待感情始终如一。

在美国留学期间，两个人的家里分别出现了一些变故，梁思成的母亲和林徽因的父亲相继离世，两个人互相安慰、互相勉励，相扶走出丧亲之痛，感情自然又到了另一个境界。

婚后的他们因为从事的行业相同，自然不缺乏夫妻间的沟通。

长久的相处，让他们彼此间更加信任。

在徐志摩去世后，梁思成为妻子带回飞机残骸的碎片，林徽因将其悬挂于室内。梁思成绅士式的坦荡让人叹服，他知道这是对逝者情感之深的怀念方式，并非如外人传闻般是林徽因“恋徐”的证明，如果对妻子有一丝质疑，他也不会将碎片带回。

之后，林徽因也在一封书信中表明，她爱她现在的家在一切之上，也许对知音的离世有悲伤，但这来自于无限痛惜。

而由林徽因“太太的客厅”引来的争议，梁思成只是微微一笑并不放在心上，他知道妻子要的并非是别人的追捧，她追逐的是群英思想碰撞出的智慧。

也许，林徽因最最看重的，就是梁思成的这份理解和大度。所以，她才能在感情有了困惑的时候毫无保留地向丈夫吐露心声。

被人信任是一种难得可贵的荣誉，对人信任是一种良好的美德和心理品质。长相守才能长相知，长相知才能不相疑。

有了信任，一段感情才能长久

因为有了信任，所以梁思成从不被流言蜚语左右，他始终握紧妻子的双手，作为她最坚实的后盾。

因为没有信任，陆小曼因徐志摩婚后出入林徽因的文化沙龙而痛苦，最后竟酿成婚姻的悲剧。

有了信任，一段感情才能穿越人生的风风雨雨。

每个拥有婚姻的人都知道信任的重要性，可却总是管不住自己多疑的心。

这不是你天性多疑，而是信任这东西是需要建立在对彼此的深刻了解之上的，否则就成了空中楼阁，毫无根基。

很多人在还没有对彼此有太多了解的基础上就选择步入婚姻的殿堂，由于对彼此缺乏了解自然很难建立信任，往往男人在感情方面一有风吹草动，女人马上就草木皆兵。翻手机、看记录，每天想办法查找对方出轨的蛛丝马迹，把自己弄得神经兮兮。也许男人在感情上真的曾有一点儿动摇，本来这并不足以撼动他们的感情，可是，当女孩儿越来越多疑，两个人也就开始了漫无休止的争吵，最后两个人疲惫不堪，只好一拍两散。

很多年轻人从对婚姻怀揣憧憬到情感破裂不过一年的光景，因为互相不信任而遭遇"纸婚"危机，婚姻犹如纸张一样薄得一触即破。纸婚到金婚的路还很长很长，没有一起共同奋斗的经历，没有一起努力的梦想，就没有信任一点一滴的逐渐累积。

一段婚姻结束的前奏通常是这样的：

"我感觉非常受伤，心理极度不平衡。两个月前，我发现老公出轨的证据了。准确地说，是有出轨倾向。因为，他始终坚持说，他们没实质性的接触，不过是比较谈得来。"

"我发现的那些证据就是他手机的通讯记录。从今年春节后开始，他和那个女人联系频繁，有时很晚还在互发短信。……我给那个女人打电话，说我要捍卫我的婚姻。她很坦然地说，你的婚姻有没有问题，是你跟你老公的事，与我无关，别找我……"

同为女人，真为这样的女人心疼，她一心守护的家庭决不允许别人来破坏，所以，她放弃尊严，找证据，去理论……解决掉这个隐患，从此以后就被猜疑、愤怒、失望整日折磨，也把自己的老公越推越远。

躲闪的眼神、静音的手机、暧昧的短信……有太多让信任受损的原因。

我们都不是圣人，或许是不经意，思想就开了一个小差。你是选择将错就错，还是和爱人倾诉化解？

其实，这还涉及到一个责任的问题。身为人夫或人妻，当时的一句"我愿意"并非

□ 林徽因说："如同两个人透彻的了解：一句话打到你的心里，使你的理智和感情全觉得一万万分满足；如同相爱，在一个时候里，你同你自身以外另一个人互相以彼此存在为极端的幸福；如同恋爱，在那时那刻眼所见、耳所听、心所触，无所不是美丽，情感如诗歌自然的流动，如花香那样不知其所以。"只有彼此信任，一段婚姻才能长久。

一句空洞的应付，它意味着要对对方承担起一世的责任，不管年轻、衰老，贫穷、富贵。

既然想走完一生，就不要让背叛毁掉信任。

夫妻间的信任与忠诚是成正比的。一次的背叛，会让好不容易建立起来的信任逐渐瓦解。

而没有了信任，就算维持婚姻不破裂，两个人在其中也很难重建幸福。

遇到问题，试着向对方坦白，一味地隐瞒只会让对方更加猜疑，猜疑担忧非但解决不了问题，还会使夫妻情感出现裂痕，夫妻间应适时地与对方分享自己的困惑，去获得对方的理解，以更好地维持彼此的信任。就像林徽因，她向丈夫坦率地承认自己好像爱上了另一个人，梁思成虽然痛苦地表示成全，可是林徽因最后还是留在了他的身边。林徽因的做法，让梁思成从此对她更加信任，至少他知道，林徽因是个坦荡的人，绝不会暗地背叛。

其实，如果夫妻中一方不愿相信另一方，痛苦的不仅仅是质疑的那个人，被质疑的那个人同样痛苦，爱人宁愿相信别人的闲言碎语，却不愿相信你的千百遍的解释和表白。

信任是维系夫妻间感情的纽带，只有彼此尊重对方，相信对方的人格，包容对方的缺点，把对方的命运真正与你的命运相结合，才能获得完全的信任。这也是信任的最高等级，即使在无任何证明的前提下，仍然对对方坚信不疑，如同幼童坚信自己的父母。从最初的依赖到最后的坚信，这是夫妻双方共同努力的成果。只有这样家庭才能稳定，幸福才会随之而来。

静/思/小/语

长相守才能长相知，长相知才能不相疑，相互的了解是建立信任的基础，不要让猜疑使感情逐渐消失和淡化，用沟通和信任去走过婚姻的一个个十字路口，虽然也许风雨兼程，但一定会到达幸福的彼岸。

爱是天时地利的迷信

攘攘红尘中曾有多少次回眸，茫茫人海中的又有多少次擦肩，不是每段感情都能修成正果。在对的时间对的地点遇到了对的人，于是，一段飘浮在空中的爱情才能得以尘埃落定。

也许没有之前的徐志摩，林徽因还不知道自己需要的是梁思成那一份稳重和踏实；也许没有两家的推波助澜，他们就少了很多相处的机会，也就无法建立彼此理解信任的基础；也许没有那次意外的车祸，林徽因还无法下定爱的决心……

有时不得不承认，一段能抵达婚姻的爱情，确实有着天时地利的迷信。

每一次恋爱，都是一次成长

林徽因前后两次恋爱对象的选择充分地体现出了女人的聪慧——绝不在同一个地方摔倒两次。其实，同徐志摩那一段懵懂的感情虽然也有浪漫也有甜蜜，但更多的是来自现实的、道德的压力，这些让她差一点儿窒息，甚至要求助于父亲写信给徐志摩婉言相拒。可是竟换来诗人更加热烈的追求，林徽因并非是欲拒还迎，她只能随父亲离开英国回避。

一个不到 20 岁的少女如果遭遇过这样的境遇，恐怕会或多或少地对感情热烈的人从此有些抗拒吧。

还有每一次想象张幼仪或许哀怨的眼神，总是让她想起自己的母亲，因为得不到父亲的宠爱愁苦了一生，自己虽无心伤害谁，却还是要造成一段婚姻的破裂，这让她从此对如此复杂的情况很是抵触。

于是，当她看到那个阳光、单纯又有些腼腆的梁思成，不但没有嫌弃他不够成熟，反而在相处中觉得正是这样的简单让她感觉到了前所未有的轻松。

林徽因在理智地告别一段感情后，终于知道自己喜欢什么、抗拒什么，又极其聪明地排除掉自己不喜欢的特质，从而选出那个更加适合自己的人。而她所看重的才华，却始终是她择偶的重要标准。

其实每次失恋的痛苦都应该成为你学习的重要一课，每个给你带来烦恼的恋人都是命运给你的赏赐。因为很少有人懂得在幸福中反省自我，反而更容易在痛苦中顿悟，人的天性中就有“趋利避害”的倾向，为避免下一次的痛苦，你会去体悟、去深思。你会发现，不是谁的缺点大于天，只是他的缺点恰恰是你所不能容忍，他会找到那个对此缺点不以为然的人，你也会找到那个你眼中的完美情人。就算一段恋情的挫折会破灭掉我们对于美好爱情的幻想，也不要一味地怨恨责备对方的种种缺点，这并不能让痛苦有多少程度的减轻，也不能就此获得下一段更好的恋情。

有时去让痛苦唤醒我们的心灵并非坏事，因为它能让受伤的人获得更多的“爱情智慧”。

所以，不要在失恋痛苦时觉得自己不会再有幸福，也不要在再次拥有幸福时觉得上一段恋情有多可笑，每一个昨天不快乐的你，才成就了今天可以顺利躲开痛苦的自己。每一次爱情，都是一次成长。

没有坏的恋爱，只有不肯成长的女人

莫里哀曾说过：“爱情是一位伟大的导师，她教我们重新做人。”

可是，在生活中，经常会有这样不肯在一段感情中成长的女人：

同丈夫离婚后，她憎恨男人的第二任妻子，她是他们婚姻的第三者。她把所有的心血都花在如何破坏前夫和第二任妻子的婚姻上。她花了5年时间终于达到了目的，当她回过头看着镜子中的自己，她被镜子中一张狰狞的脸吓到了，她的青春没有了，她浪费了那么多的时间在一段早已不值得她再投入任何精力的感情上。她本可以告别错误的过去，重新开始自己的生活。

爱错了不可怕，可怕的是女人不肯成长。

其实，我们要做的是花时间来学习，如何谈一个好的恋爱、如何经营好一段感情。

认真地反思自己在上段感情中出现的问题，为什么当时义无反顾地付出却得不到爱的回应，这爱是否因为太浓烈而让对方压力重重?

如果反思后发现问题并不在自己，就更应该庆幸自己的离开。呼天抢地只能换来最后的相顾无言。

爱情是两个人的事情，而不是你一个人的事情，若有一方决意背叛，再多的付出也是徒劳，不如下一次，找个有责任感的男人保护自己。

达科·哈姆谢尔德说过："若能听懂内心世界的声响，外部的声音也会更加清晰。"

恋爱的经历恰恰就是了解自己的过程，成熟的爱情发生在两个成熟的个体之间，你想要一段长久温暖的爱情，就要做一个自知、自制的成熟女人，知道自己需要一段什么样的感情，更要知道爱情中两个人要如何相处。

爱情是让自己发现自己的过程，而不是失去自己的过程。

其实，爱情和音乐一样，激昂过后的最高境界是余音袅袅。在这余音中回味曾经的美好和不美好，并在回味中慢慢地学会牢牢地抓住转瞬即逝的幸福。

爱情是两个人的，婚姻是两家人的

成就林徽因和梁思成姻缘的有太多的天时地利的因素，而双方家人的赞同和支持应该算作是"人和"的体现。

1918年，梁思成第一次见到林徽因。这是在父亲梁启超的安排之下，他明白父亲的用意，虽不急于谈恋爱，他还是去看了一下父亲老朋友的女儿。率真清秀的林徽因让梁思成怦然心动。梁启超也更加认定林徽因就是自己最理想的儿媳人选。

梁启超曾经一手促成了女儿梁思顺的婚姻，梁思顺和外交官周希哲婚后生活幸福，因此梁启超更加相信自己的判断。

他曾在给女儿梁思顺的信中写道：

我对于你们的婚姻得意得了不得，我觉得我的方法好极了，由我留心观察看定一个人，给你们介绍，最后的决定在你们自己，我想这真是理想的婚姻制度。

在众多兄弟姐妹里，梁启超也最看重梁思成，从学业、婚姻到谋职，无不一一给予无微不至的关怀、照顾。

在梁思成和林徽因去美国留学期间，林徽因的父亲林长民去世，这不仅使林徽因失去了一个主要的精神支柱，也让她没有了经济来源。

梁启超曾致信儿子，满怀温情和担忧嘱咐梁思成多关心林徽因。在信中，梁启超写道：

> 我和林叔的关系，他（她）是知道的，林叔的女儿，就是我的女儿，何况更加以你们两个的关系。我从今以后，把他和思庄（梁启超的二女儿）一样的看待，在无可慰藉之中，我愿意他领受我这种十二分的同情，渡过他目前的苦境。他要鼓起勇气，发挥他的天才，完成他的学问，将来和你共同努力，替中国艺术界有点贡献，才不愧林叔叔的好孩子……徽音留学总要以和你同时归国为度。学费不成问题，只算我多一个女儿在外留学便了。

其实，当时梁家的经济也很困难，梁启超准备动用股票利息解难，他不但支付了林徽因留学的费用，还帮助安葬林长民，供养林徽因的亲娘、弟妹。梁启超早已把林徽因提前纳入家庭的一员，因此甘愿投入巨大的情感和财力。

所以，有了梁启超的这样全力的支持，梁思成和林徽因的感情也因此更加深厚。

梁思成结婚前夕，梁启超致信说：“你们若在教堂行礼，思成便用我的全名，用外国习惯叫作‘思成梁启超’，表示你以长子资格继承我全部的人格和名誉。”

这门婚事，从最初提起到最终达成，整整 10 年。梁启超终于帮儿子梁思成挑选了一位无可挑剔的太太。

也许，没有家人的祝福，你的婚姻也可能获得幸福，毕竟两代人有着不同的价值观。可是，如果能够得到家人的祝福，你的婚姻

会更幸福，当你的爱情用世俗的观点去对照仍然让父母满意，门当户对、职业稳定、年龄相当，这些并非毫无参考价值。

爱情可以是两个人的，可是婚姻是两家人的。嫁娶的不光是单纯的一个人，还有两个人自身的追求、做人的标准以及身后的背景。

门户差异大的婚姻经营起来会比较困难。比如平民与王室的联姻，英国的戴安娜王妃、莎拉王妃、丹麦的华裔王妃文雅丽都曾遭遇失败的婚姻，日本太子妃雅子则因宫廷生活压力太大而患上抑郁症。

这是因为来自平民家庭的人和来自王储家世的人从小就接受了不同的教育，而人的核心价值观基本都是在原生家庭形成的，而且往往是在未成年前特别是 7 岁之前形成的，长大后很难做出改变。于是，较大的价值观和家庭文化方面的差异使婚后的磨合更加艰难。

可是，这种差异性往往在恋爱中体现得并不明显，反而由于彼此的不同产生吸引力，但进入婚姻之后麻烦才开始接踵而至。有研究表明，在婚后，男女之间的爱情平均只能延续一年半，剩下的应该是平日积累的感情，如果差异太大难免沟通不畅，婚姻自然很难和谐。而那些门当户对的夫妻，因为价值观相近冲突会相对较少，相处起来会更轻松。

静 / 思 / 小 / 语

每一段恋情都是一次成长，每一个昨天不快乐的你，才成就了今天可以顺利躲开痛苦的自己。于是，你学会了更好地驾驭一段感情。别让你的伴侣和你有太大的差异，否则，当爱情离开了婚姻，却还是两颗不能磨合在一起的心，生活就开始了漫无止境的痛苦。

美好的婚姻是两人同视一个方向

一个男人的一次杰作，必有聪明的女人的汗水淌在里面，两个人共同努力获得的成功总是来得更加欣喜。当爱情除了有相互的深情凝视，还能同视一个方向，坚定地守护彼此的理想，就算生活中有再多磨难走过后都是回忆中的甘甜。

做丈夫的好帮手

在梁思成对未来事业还毫无主意时，林徽因就已经决定了自己的奋斗方向，随后，有美术功底的梁思成也在林徽因的影响下逐渐喜欢上了建筑，梁思成的天赋、严谨、细致和耐心让他在建筑业有很高的成就。他完成的《中国建筑史》，成为中国建筑学的奠基之作。

有人说，一个男人的一次杰作，必有聪明的女人的汗水淌在里面。

作为第一本中国人自己编写的建筑史，梁思成所付出的努力可想而知。可是没有妻子的默默帮助，就算他付出再多一倍的努力也不会完成。

林徽因思想活跃、主意多，常在他一筹莫展的时候为他提供灵感，妻子陪他在很多偏远的地方考察拍摄的图片成为《中国建筑史》的珍贵史料。

1941年，他们得到一个不幸的消息，存放在天津银行地下室的建筑考察资料几乎全部被毁。战前无数个日日夜夜的辛苦成果毁于一旦。当时在四川李庄躲避战乱的他们几乎绝望得要崩溃。物资的匮乏早就让他们的日常生活窘迫不堪，再加上这次的精神重创，梁思成脊椎病复发，林徽因的肺病越发严重。

他们痛苦过后决定不能放弃这本书的编撰。

梁思成决定就随身携带的资料，和营造学社的同事们一起全面系统地总结整理他们的调查成果，开始撰写《中国建筑史》。同时，用英文撰写说明并绘制一部《图像中国建筑史》。

看着丈夫没日没夜地写作，脊椎病发作时，竟拿一只玻璃瓶垫住下巴，林徽因就在床上靠着被子半躺半坐翻译了一批英国建筑学期刊上的学术论文，她还让丈夫从史语所给她借回来许多书，她通读二十四史中关于建筑的部分，来帮助丈夫研究汉阙、岩墓。

在《中国建筑史》这部著作里，营造学社 12 年来对中国古建筑的研究和考察得到了系统的归纳总结。全书共 8 章，梁思成把中国 3500 年的历史分为 6 个建筑时代，并对每一个时代的建筑遗存进行了清晰的介绍和论证。而林徽因承担了中国建筑史全部书稿的校阅，并执笔写了书中的第七章：五代、宋、辽、金部分。

梁思成在《图像中国建筑史》的前言中表达了对徽因的热爱和敬重："最后，我要感谢我的妻子、同事和旧日的同窗林徽因。二十多年来，她在我们共同的事业中不懈地贡献着力量。"

张清平在《林徽因传》中说出了林徽因对于梁思成事业的帮助，"思成所做的这一切，都融入了徽因的心血。徽因在测量、绘图和系统整理资料方面缺乏思成的严谨、细致和耐心，但在融会材料、描述史实的过程中能融入深邃的哲思和审美的启示。思成的所有文字，大多经过她的加工润色。这些文字集科学家的理性、史学家的清明、艺术家的激情于一体，

□ 林徽因在乐王山考察。林徽因对建筑充满了热情，正如她所说："无论哪一座巍峨的古城楼，或一角倾颓的殿基的灵魂里，无形中都在诉说，乃至于歌唱。"

常能见人所未见，发人所未发"。

在梁思成的眼里，这个美丽的妻子也是自己最亲密的战友。

《中国建筑史》上没有林徽因的名字，但是这对她来讲一点儿都不重要，在她帮助丈夫达成理想的那一刻，她所有的辛苦——收集资料、执笔写作、文字加工，到最后校对书稿，亲自用钢板和蜡纸刻印，都成了最值得回忆的甜蜜。他们夫妻的感情自然也因此更加深厚。

在很多人都羡慕林徽因幸福的婚姻时，却并不知道她同样也在用自己的努力和苦心回报着丈夫的宠爱。

他们举案齐眉、夫唱妇随成就了幸福婚姻的典范。

所以不要总是感叹别人的婚姻是如何幸福，其实从来就没有无缘无故的爱和感激。在一段幸福的婚姻背后，一定有女人无悔的付出。

大才子钱锺书的妻子杨绛也是这样帮助自己丈夫的。

很多时候，人们总是将杨绛称为"钱锺书的妻子"，其实杨绛的成就和才华并不在钱锺书之下。当年杨绛创作了话剧《称心如意》，一鸣惊人，迅速走红。而钱锺书还没有著作出版。一天，他对杨绛说："我想写一部长篇小说，你支持吗？"

杨绛非常支持丈夫的决定，不但给予他很多精神上的鼓励，还花费自己大部分时间去担负家庭琐事。为了让还是教师的钱锺书减少授课时间多点儿精力写作，她想尽办法节省开支，把家里的女用人辞退，自己包揽所有的家务活儿。

杨绛出生在无锡的一个书香门第，从小娇生惯养，从未吃过苦。为了支持丈夫，她心甘情愿地做灶下婢，以至于心疼女儿的老父亲不免不平地说："钱家倒很奢侈，我花这么多心血培养的女儿就给你们钱家当不要工钱的老妈子！"

可是杨绛却并未抱怨过，反倒乐在其中，她一如既往地支持丈夫写作。看着昔日养尊处优的妻子如今修炼成任劳任怨的贤内助，钱锺书更加珍爱这位可爱的妻子。

后来，《围城》终于出版，钱锺书用自己的才情横溢、妙喻连篇赢得了文学界的高度评价。

钱锺书在《围城》的序中说：“这本书整整写了两年。两年里忧世伤生，屡想中止。由于杨绛女士不断地督促，替我挡了许多事，省出时间来，得以锱铢积累地写完。照例这本书该献给她。”

于是这对文坛伉俪的爱情愈加浓烈，钱锺书先生对杨绛女士有这样一段评价，后来被社会学家视为理想婚姻的典范。

杨绛用自己的深情和付出赢得了死生契阔，与子相悦、执子之手、与子偕老的爱情。

这一份心有灵犀的默契与坚守，在岁月的轮回中静水流深，生生不息。

很多时候，也许你只看到一个女人的风光无限，却没看到她为了丈夫的理想独自承担家庭重担的艰辛。丈夫在她的支持和帮助下获得成功，她的付出得到了最好的回报。

而只有这样的女人在家中才当之无愧地可以被称为女主人。

不让工作抢走他，就同他一起工作

很多女人总是抱怨自己的爱人因为忙工作而忽略了自己，林徽因从不会有这样的烦恼。

儿子梁从诫常常回忆起父亲和母亲的默契：“……母亲在测量、绘图和系统整理资料方面的基本功不如父亲，但在融会材料方面却充满了灵感，常会从别人所不注意的地方独见精彩，发表极高明的议论。那时期，父亲的论文和调查报告大多经过她的加工润色。父亲后来常常对我们说，他文章的‘眼睛’大半是母亲给‘点’上去的……”

两人在共同的事业上碰撞出了太多的火花，也享受到了很多默契带来的快乐。

因为建筑业的特殊性，两人还常常一起外出考察，古老的建筑大多是在偏远的山区。

费慰梅在《梁思成和林徽因》这本书中记载下了他们考察时的快乐：

我们在北京和思成在一起的时间是很有限的，但在峪道河他就是我们中间的一员了。

我们四个人每天三顿饭都在一起吃，头一天我们就发现他爱吃有辣椒的菜。这个沉默寡言的人在饭桌上可是才华横溢的。我们吃饭的时候总是欢闹声喧……我们四个人很高兴地徒步或骑毛驴考察了附近的寺庙，远一些的地方我们就租传教士的汽车去。费正清和我很快就熟悉了丈量等较简单的工作，而思成则拍照和做记录，徽因从寺庙的石刻上抄录重要的碑文。

在很多年后，两人的体力和精力已经不允许他们像年轻时那样东奔西走了，他们就坐在床上一起回忆，曾经的风餐露宿的辛苦也变成了最甜蜜的幸福。

当女人和自己的丈夫一起融入到工作中，不但可以帮助他获得成功，还可以和他一起分享工作的乐趣。两个人也因此有了共同创业、共同奋斗的幸福感，这样他们彼此更加密不可分、互相依赖。

美好的婚姻是两个人朝着同一个方向努力

爱情不光需要两个人彼此的凝视，更重要的是两个人能共视一个方向，能为共同的理想一起努力，就像对于梁思成而言，林徽因不单是自己风雨同舟的妻子，更是能一起奋斗的事业伙伴，林徽因的这两个不同的身份让她同梁思成的关系更加紧密。

两个人可以在物质生活方面匮乏，但在共同语言方面必须有契合点。虽然不是所有的夫妻都能从事相同的行业，可是和谐的夫妻至少要有相同的价值观念。

就像钱锺书和杨绛，就因为他们的价值观相同，杨绛才愿意无条件地去支持对方的理想，即使要多承担家务琐事也毫无怨言。尤其是在理想未实现之前，这样的支持尤其珍贵。如果不是对丈夫理想的认可，她可能无法承受这样的辛苦。因为他们价值观相同，所以两人并没有落入“贫贱夫妻百事哀”的俗套，反倒成就了珠联璧合、举世无双的美名。

当有了相同的价值观念，就顺理成章地克服掉很多生活上的阻碍。少了一些抱怨，多了一份理解，自然能顺利地渡过难关。

别林斯基说，爱情是两个亲密的灵魂在生活及忠实、善良、美丽事物方面的和谐与默契。

这里的和谐与默契并非是要两个人的性格一致，互补性格一样也能幸福。性格不一致价值观也可以一致，只有价值观一致，才可能有共同的理想和追求。

婚姻是两个人坐在一起谋划人生，如果找到的是一个和自己价值观完全不同的人，这无异于找一个人和你整天相互鄙夷整天争吵。而这鄙视累积得越深、争吵越激烈，婚

姻破裂的可能性就越大。

举个例子，如果一个妻子乐于追求生活品质，她希望拿出家庭收入的一部分去布置家里或者出去旅行，而她的丈夫却希望家里能多攒些钱，那么所谓的提高生活品质在他眼中不过是浪费。所以，在每一次的支出上两个人就必然有着不可调和的矛盾。很难说谁是错的，只是两个人的价值观不同。

更可怕的是妻子积极上进、野心勃勃，而丈夫却淡泊名利、喜欢安逸，要么丈夫被妻子逼着去做自己不喜欢的事而郁郁寡欢，要么坚持己见被妻子嫌东嫌西没了尊严。

所以一定要在结婚之前认真地了解对方，可以用一些小事去衡量。尤其是在吵架之后，是变得更理解对方了还是只是一味地迁就。别以为忍气吞声就可以了事，一辈子很长，而忍耐力却有限。一辈子很短，别让分歧和争吵占满。

找一个能够同视一个方向的人，即使默默地做他翅膀下的风，也放手让他放飞自己的梦想，这样你就会得到一个和你心心相印的亲密爱人。

静/思/小/语

当两个人的相处不是磨合而是折磨时，要慎重考虑是否有在一起的必要。婚姻中的两个人不能同视一个方向，将成为彼此成长最大的阻碍，也会给人带来最大的心灵伤害。找一个和你有共同理想的人，你才可以甘愿做他翅膀下的风，他会带着对你最深切的爱和感激展翅高飞。

吵架，婚姻里的“战争与和平”

每一对新婚夫妻都要经历一段时间的磨合，而吵架就是磨合最外在的表现形式。吵架很难说清谁对谁错，朝夕相处中，吵架是难免的。生活中遇到不快，吵一架，也算是一种发泄、一种交流。别觉得吵架可怕，如果懂得吵架的艺术，它反而会使爱情的纽带越系越紧。

既然控制不了脾气，就找个脾气好的老公

在关于林徽因的很多传记中，记录她和梁思成吵架的段落并不多。其实，林徽因的脾气是有些暴躁的，只不过，她找了一个好脾气的丈夫。

有时林徽因常因为孩子的教育问题和自己的母亲有一些争执，传统的母亲总是按照旧习俗去照顾孩子，林徽因作为知识女性自然是讲科学的。按理来说，这样的事情不应该引起太大的矛盾。可是偏偏林徽因的母亲何雪媛性格较为古怪，也许是因为女儿常常会纠正自己的一些行为而莫名其妙地就会有一些怨气，还偶尔说一些难听的话发泄。

林徽因对母亲又爱又气，但只要梁思成稍微流露出一点儿对何雪媛的不满，她就会立刻勃然大怒。几次都因为何雪媛吵架。

梁思成渐渐地发现，女人在吵架时完全是不讲道理的。谁是谁非并不重要，她对她母亲的情感太复杂了，所以也很难能说清道理。

在以后的相处中，凡是丈母娘做得不好的，他都不跟林徽因提；凡是丈母娘做对一件事，就要在林徽因面前使劲儿夸奖。

两个人之后就再未因何雪媛吵过架。

如果两个人的脾气都异常火爆，结果可想而知。所以，林徽因是聪明的，她深知自己的性格弱点，“什么事情到她这里都会被放大。因为求好心切，争强好胜，烦躁的感觉自然加倍。什么事情都想做好，凑在一起就成了平方，像大雪一样快要把她给淹没了”。

她也知道只有梁思成的大度才能包容自己。

著名的哲学家苏格拉底也是这样一位好脾气的丈夫。苏格拉底智慧超群可是相貌丑陋，他的妻子很漂亮却脾气火爆。有一次，苏格拉底正在和学生们讨论学术问题，互相争论的时候，妻子气冲冲地跑进来，把苏格拉底大骂了一顿之后，又出去提来一桶水，猛地泼到苏格拉底身上。在场的学生们都以为苏格拉底会怒斥妻子一顿，哪知苏格拉底摸了摸浑身湿透的衣服，风趣地说：“我知道，打雷以后，必定会下大雨的。”用愉快的感情和行动来衡量苏格拉底，他是真正快活的。

苏格拉底大多数时候都不会把妻子的坏脾气放在心上，有时妻子在家发脾气，他就游走于雅典的大街小巷与人辩论，最后反倒成就了“苏格拉底式反语法”的著名辩论方法。

有人觉得坏脾气的妻子简直可恶透了，她一定是没有真心地去爱过苏格拉底。

其实坏脾气并不代表没有爱情。

和苏格拉底一起生活时，妻子的家里人都很反对，苏格拉底一无所有，可是美丽的妻子却从未嫌弃过。

当苏格拉底最后被判处死刑时，她把自己打扮得体面端庄，整个面目都带着一种庄重的气质。她知道丈夫喜欢这样的自己。她说：“过不了多久我就会找你的。”她就像他那样神圣地面对着太阳说：“我的丈夫是一个伟大而智慧的人。”

苏格拉底也充满爱意地说：“你知道我们是彼此相爱的。当你对我唠叨时，我心里就好受些。你也知道，我甚至乐意听你唠叨……等着吧，我们会在极乐世界见面的，在那里我将报答你一切。”他可以给妻子现世的安稳，而有了心灵居所的悍妻也有了真正的快活。

所以，脾气坏的那个人并非没有感情，只是每个人表达情感的方式不同。但是，如果两个人的脾气都很火暴，就不会有这样长久的婚姻了。谁都不肯退步，谁都不肯包容，吵架的时候非要吵个你死我活，最后真的就把感情都吵没了。

如果你真的不能改变自己的坏脾气，就努力去找个好脾气的老公。

吵架时，女人要尽量保持理智

亦舒说："人们日常所犯最大的错误，是对陌生人太客气，而对亲密的人太苛刻，把这个坏习惯改过来，天下太平。"

更多时候女人就会在吵架中犯这样的错误。

林徽因就是这样，她对母亲又爱又气，却不能允许梁思成稍微流露出一点儿对母亲何雪媛的不满，就是因为她认为梁思成是自己最亲密的人才毫无顾忌。女人总是对自己越亲密的人给予越多的期望，她期望这个人能懂得自己所有的憎恶，如果他对自己的情感有一点儿忽略，女人就会觉得无比受伤。

所以，在吵架时，女人吵的是情，男人吵的是理。

女人的思维是感性的。所以女人和男人吵架的时候，吵着吵着女人已经不在乎因为什么而吵。她最不能忍受的是，不论什么原因，这个自己爱的人竟然一点儿都不在乎自己的感受。他竟然还逐条地为自己辩护！其实，是男人的思维方式不同，他们往往会针对引起矛盾的问题在想办法解决。

结果，男人越努力辩护，女人越生气，因为女人早已把问题转移，她对这一过程的始终结合自己的感受发表意见，结论就是"你不够爱我"，而男人的结论是"你根本就不讲道理"。

其实，"你不够爱我"和"你根本就不讲理"相比，显然女人的结论让自己更受伤。

男人在吵架后也许只是愤怒，女人却在很多时候感觉到失望。

女人应该在吵架时尽量理性，太过感性不但无法解决问题，反而会让自己受伤。女人有时候吵了半天也不知道究竟是因为什么而吵架，也不知道自己到底有什么诉求。在吵架的时候一定要明确自己的目的，千万不可以盲目地吵架，为了吵架而吵架。

英国心理学家给出建议：在准备吵架的前 30 秒，认真思考三个问题。

1. 究竟是什么在让你生气？

2. 这件事情是否很糟糕，需要通过吵架来解决？

3. 吵架能解决问题吗？

这三个问题足以让你冷静下来，打消吵架的念头。

在吵架时要试着就事论事。不要在吵架时牵拖出一大堆陈年旧事，不要打击对方的家人、朋友以及同事，这样会将争吵无限放大。

也要试着去理解男人，他不是不够爱你，也不是不在乎你的感受，只是不懂得如何照顾你的感受。有时你越强硬反倒让男人觉得你不可理喻。

吵架的时候，什么最重要？骄傲？自尊？面子？输赢？这些都不重要，最重要的仍然是你心爱的那个人，最重要的仍然是你们这份来之不易的情感……

越吵越亲密的“吵架秘籍”

有时候就算你找到了一个可以包容自己的老公，也渐渐懂得让自己时刻保持理智，可还有些架不得不吵，那就莫不如找到越吵越亲密的“吵架秘籍”，避免婚姻因为争吵而出现危机。

一、尝试把控诉变成沟通

在吵架的时候女人总是把一段时间心中所有的不满一股脑儿地发泄出来，她会大声地呵斥：“你又犯老毛病了。”“你总是不明白我的感受。”“你一直是这么自私。”用这样的“你”句式去谴责对方时，对方被逼到一个自卫的角落，他也会自然地去反驳你的指控，通常他用的方式也是“你”句式：“你不也一样无理取闹。”“你每天除了挑剔还会做什么？”就这样，两人的自我防御体系建立，沟通就没有办法进行了。

这种相互控诉的结果是对方发现自己在彼此眼中竟然是如此不堪，常常会出现强烈的挫败感。

所以在遇到这种情况时，与其怒不可遏地指责他，倒不如平心静气地对他晓之以理。将“你”句式转换为“我”句式：“也许是我敏感，总之在这样的情况下我感觉不舒服。”男人不会在你已经明确表明自己立场的时候还去挑战你的底线，除非他不想维系你们的感情。

当你不再是歇斯底里的控诉者，你们之间才有进一步沟通的可能，他才能真正地去了解你的诉求，停止去做那些让你懊恼的事儿。

二、不要打消耗型冷战

女人的感性思维让她们大多数时候都习惯用迂回的方式来表达自己的情绪和不满，所以这就是女人为什么爱唠叨，她们其实是试图用启发的方式去引导男人关注自己的需要。女人这种迂回的方式在吵架时也会以另外一种形式出现，那就是冷战。

有的时候，林徽因和梁思成吵架就选择这种方式。

“梁思成不管怎么小心翼翼，大概是生着病的缘故，林徽因的脾气不可避免地变得更坏。她生性要强，永远有忙不完的事，身体又不好，一旦心有余而力不足就忍不住发火。她发火不会歇斯底里，但语言暴力更让人受不了。她说的伤人的话，都是用英文，但即使是英文，何雪媛也知道夫妻俩是在吵架以及吵架程度的严重性。因为林徽因发火的时候，并没什么激动的神色，但那冷冰冰的眼神让人心情跌到谷底。”

冷战虽然没了相互控诉的歇斯底里，可是没达到有效沟通，同样解决不了问题。

其实，当女人用冷战的方式来对待男人，她就是在挑战男人的耐心，她等着男人先妥协。男人要想让冷战中的女人张开金口，唯一的办法就是把错误包揽到自己身上。可是在心里，他未必真的意识到自己错了，表面承认不过是缓兵之计。女人以为自己的冷战因为男人的妥协取得了胜利，其实，真正的矛盾并未化解。

如果只是想用这样的方法让男人妥协，那冷战成了一场赌博，赌的是耐心，看谁先选择妥协，而冷掉的是感情。长时间的冷战会让感情降到冰点。

三、不要冷嘲热讽地去伤男人的自尊

女人很“聪明”，总是能一下找到男人的死穴，瞬间激怒男人。比如在表达不满的时候，她会经常用冷嘲热讽这一招儿。

有时女人本来是想参加男人和朋友的聚会，可是男人却并没有带上她的意思，她就会说：“我待在家里挺好，你的朋友我都高攀不起。”男人在这时自然能听到这里的“敲打”的味道，他就会理解为：“你这不是在说我的朋友都不配和你交往吗？”争吵一触即发。就是到了最后，男人可能都不知道女人生气的真正缘由。

所以，嘲讽是夫妻吵架时最蹩脚的伎俩，除了能激怒对方外没有一点儿好处。它会给双方带来巨大的伤害，很可能会一下子给感情减去很多分。

所以千万不要经常用冷战来解决矛盾，尽量要通过耐心地沟通来解决问题。

除了避免冷战，还要注意吵架的场合。

吵归吵，还要注意把“战场”限制在家里而不是街上或双方父母及亲友的面前。在家里，夫妻床头吵架床尾和，不管吵成什么样，过一会儿依然可以甜甜蜜蜜。可是在外人面前，不但让别人很尴尬，自己也不好收场，不要让其他人涉入你们的争执，这是对双方的一种保护。对于女人来讲，很多时候会因为疑神疑鬼和对方大吵大闹。不要凭自己的怀疑来吵，很多事情需要通过确证才能下结论，不分青红皂白的一场指责，只会不断贬低自己的形象。

不管是夫妻还是情侣，可能都得经历或多或少的争吵，吵架并不可怕，关键在于双方要懂一些吵架的艺术，能经受住任何的冲击。

也许经过了一段时间的争吵，两个人能顺利地度过磨合期，其实每个人都得为一段婚姻做出些许改变，这改变不是谁受了委屈，而是当他懂得珍惜你的改变与付出，那么所有的一切都是有意义的。

静／思／小／语

争吵是婚姻爱情中的重要课题，维系感情生活时间和质量的关键除了彼此相爱之外，剩下的就是日常相处。不懂争吵的艺术，婚姻就难以维系。让吵架的度一直控制在利大于弊的范围内，用积极的态度给争吵后的感情加温，让彼此的感情从此有更多的默契。

和爱人相处的艺术

当爱情具备了天时地利的要素终于能够走进婚姻的殿堂，这还不是最后的皆大欢喜。想让妩媚的爱情之花摇曳在烟雨红尘中常开不败，不光要有不让岁月的风将爱情风干的誓言，还需要懂得和爱人相处的艺术。

经营好自己，是你爱他最好的方式

男人很容易让女人有归属感，当女人有了归属感就会拼命地对那个人好，她觉得这是她最好的爱的方式。可慢慢地她会发现，并不是拼命地对一个人好，那个人就会拼命地爱你。

让林徽因告诉你什么才是最正确的爱人的方式。

林徽因从小到大就见证了母亲的不幸福，可能在她幼小的心灵中，最抵触的就是整天围着丈夫转，以丈夫的喜悲为自己生活的中心，到头来还得不到想要的感情。

她的母亲越得不到感情，就越失落，不知道如何让自己减少痛苦和烦恼，不知道如何使自己变得自信和快乐，她也就因此无法把一份轻松和快乐带给丈夫，也无法同别人快乐相处，最后变成了一个整日抱怨、和女儿都无法平静相处的女人。

林徽因自然不想变成这样的人，幸运的是，她有很多开阔眼界的机会，也看到了世界之大，有太多美好的事情可以去做，而不像当时很多女人被教育成只懂做个贤妻

□ 在梁思成的心目中，“文章是老婆的好，老婆是自己的好”。林徽因用自己的行动将“执子之手，与子偕老”做了最美的诠释。林徽因既不崇拜物质生活，也不迷恋精神生活，她总是让幸福伴随自己。

良母。

即便是嫁给梁思成之后，她也没有因为丈夫的优秀而失却自我。她和丈夫一起完成共同的理想，将自己的很多精力投入到考察古建筑和编著图书上，工作之余就去享受“太太的客厅”带来的智慧碰撞后的精神盛宴。她注意寻求自身的存在感。她的性格，乃至她的行事准则，都得到了丈夫梁思成的认同和包容。她不违背作为一个妻子、母亲应负的责任，也不会整天只会嘘寒问暖或家长里短。因为她的智慧，梁思成越来越爱她。

其实，男人更喜欢懂得生活、有活力、聪明漂亮的女人，更喜欢有情趣、有品味、对生活充满热情的女人，只能下厨房却出不了厅堂，还每天抱怨自己付出的女人，男人早晚会厌倦。他们也知道女人操持家庭的辛苦，可是他们最多会表现出感激而不是欣赏。

男人表现得越不耐烦，女人越会为自己的日夜操劳委屈，她便会常问自己：“我用我所有的精力照顾家里，却换不回老公的爱，这到底是为什么？”

其实答案很简单：她的付出没有得到重视，说明她的方向错了。爱一个人最好的方式，是经营好自己，给对方一个优质的爱人，而不是拼命地付出还以此要挟别人以爱回报。

好好地爱自己，一个有魅力的女人才能真正吸引住男人。只有经营好自己，才能争取更大的空间和更好的生活质量。

如果能保持优雅的姿态，坚定、坚强、执着、淡然，不但能守护住自己的爱人，还能守护住自己的心灵后花园，心境简单了，生活也就简单了，就有时间享受人生了。活得简单不难，只需懂得为自己而活，为美好而生，为幸福而做。无论在我们的生命里那些曾惺惺相惜的人来与不来，在还是不在，不论身边是否有人疼爱，都应该安然对待。

有人说，“归属感”是你强烈地想和他在一起，“安全感”是你觉得他强烈地想和你在一起，“幸福感”是彼此都强烈地想在一起而最终走在了一起。

女人获得安全感的方式不是每时每刻的看管，想要他强烈地想和你在一起，就给他一个更好的自己。

其实爱自己和爱别人并不矛盾，两者还可以同时存在。好好珍惜自己的身体、工作、精力、心情，因为只有自己工作、生活顺心了，你才会更有心情和精力爱你的家人。你只有爱自己，才会知道什么是爱，才会去懂一个人，才会知道如何爱一个人。

女人是男人的学校，优秀的女人则是男人的未来。

试着做一个优秀的女人，给你的老公一个有魅力的女人，而不是一个只知道洗衣做饭的管家婆。

把握好两个人相处的距离

在婚姻中，对于两个人距离的处理特别重要。如果过度亲密难免形成一种无形的压力，只能让对方产生强烈的排斥情绪；如果距离太远，一味地放纵，关系就会疏远，让别有用心者有机可乘。所以，就有了“刺猬法则”。

两只相爱的刺猬，由于寒冷而拥抱在一起。可因为自身都长着刺，于是它们隔开了一段距离，但又冷得受不了，于是又凑到了一起。几经折腾，它们终于找到了一个合适的距离，既能互相获得对方的温暖，而又不至于被扎到。

所以，夫妻双方要像这刺猬一样，不会互相扎到，还能互相得到温暖。

可是在现实的婚姻中，男人和女人还是容易出现把握不好距离的问题。

对女人来讲，往往总是希望丈夫什么事情都告诉自己，生怕与他产生距离，尤其是如果涉及异性，更是超级敏感。没完没了的盘问，没完没了的唠叨，让丈夫简直透不过来气，也让他越来越反感这样的关心。于是，才有很多人千方百计地寻找一切出去透气的机会。而女人也会患得患失变得越来越不快乐。

有这样一个故事：

在一次画展上，一个男人仔细端详着一幅画。过了一会儿，他好奇地问妻子：“为什么画家只画了一棵树、一根树枝和一只鸟？”妻子答道：“因为如果把整个画布都画满了，那鸟就没处飞了。”同那只鸟儿一样，我们每个人也需要一定的空间伸展翅膀。

其实，就算再亲密的人也需要一定的私密空间。有些事情有些情绪不需要说给别人听。而女人的追问和控制也并未给自己带来安全感。追问到最后，没问题吧，觉得是男人没说实话；有点儿问题吧，又大惊小怪诚惶诚恐。

所以给对方一些心理空间，也给对方多一些信任，两个人之间有一段自由回旋的距离，才可以欣赏到对方的美。

如果说女人容易犯乐于拉近和男人距离的错误，男人则恰恰相反，他们更容易因为忽略女人的感受，导致距离过远，出现感情危机。

梁思成和林徽因的婚姻中就曾出现过这样的问题。

有一段时间，梁思成一直在外面考察，林徽因自己在家，又怀着孕，很多复杂的情绪没有办法发泄，这就给了金岳霖追求的机会，两个人也算志同道合，因此有了爱的火花，给梁思成和林徽因的婚姻造成不小的危机。

女人其实最怕的是被冷落，不被关爱。而男人却往往会忽略这一点。

空间上的距离渐渐地就会拉开心中的距离。

大多异地恋情都会遇到这样的问题。

虽然两个人在一起的日子都曾付出了最真挚的感情，携手度过了很多美好的时光。但因为各自忙于事业，常常分隔两地，聚少离多，没有很多时间和精力去经营维系这段感情，两个人的沟通不够，关心越来越少，感情自然越来越淡。

两地分居的人开始总会互相安慰，“两情若是久长时，又岂在朝朝暮暮”，可是没有朝朝暮暮，何来长长久久？

长期的分隔两地让双方都会产生无法排遣的孤独感。即使网速再快，像素再高，电话费再便宜，那也只是看到、听到，关键时刻，爱人不在身边，在需要对方的时候却要独自面对生活，这可能令人身心疲惫，从而加重这种孤独感。

所以，要经营好婚姻，保持最佳的距离，不但女人需要改变，男人也该多点儿关心，不让空间的距离冲淡原本深厚的感情。

有些事和闺蜜去做

林徽因的女性朋友不多，关系最好的就是来自美国的费慰梅。1932年，费慰梅和丈夫费正清结婚，他们都喜欢中国的历史和艺术，两人来到北京，想找一位中文老师。于是他们遇到了梁思成和林徽因。

结识之后，林徽因和费慰梅从此建立了深厚的友情。因为她们爱好相投，还都是学习美术专业，有很多共同的话题可以探讨。

费慰梅晚年回忆那段时光：

> 我常在傍晚时分骑着自行车或坐人力车到梁家，穿过内院去找徽因，我们在客厅一个舒适的角落坐下，泡上两杯热茶后，就迫不及待地把那些为对方保留的故事一股脑儿倒出来……林徽因则在相识几年后的信中这样感慨："我从没料到，我还能有一位女性朋友，遇见你真是我的幸运，否则我永远也不会知道和享受到两位女性之间神奇的交流……"

因为有这样一位知心的朋友，所以，林徽因更愿意把生活的快乐和烦恼同她倾诉，即使后来费慰梅回到美国，两个人还是保持书信往来。林徽因的生活轨迹几乎都可以在写给费慰梅的信中找到。

> 当我在做那些家务琐事的时候，总是觉得很悲哀，因为我冷落了某个地方某些我虽不认识，对于我却更有意义和重要的人们。这样我总是匆匆干完手头的活，以便回去同别人"谈话"，并常常因为手上的活老干不完，或老是不断增加而变得很不耐烦。这样我就总是不善于家务……

当接受过西方文化的熏染，知道女人可以有更好的自由平等开放的"呼吸"的林徽因，不得不回到中国女子家庭生活的框架里，她觉得很烦恼，于是她把痛苦写进信中向朋友倾诉。

其实，比起把烦恼向老公倾诉，向闺蜜的抱怨要明智得多。

女人很感性，她需要有人分享她的快乐，同样也需要有人分享她的忧伤，否则她就会感到无助和孤独。而老公被女人认为是最亲密的伙伴，于是总是想把自己所有的烦心事事无巨细地向老公倾诉。而男人的性格决定他们对一些琐碎的小事儿并不感兴趣，妻子的倾诉他们根本不喜欢听，开始时还能应和一下，渐渐地肯定是要逃避，所以，女人就开始埋怨男人不肯交流、不够体贴。

这样的女人错在把老公当成了闺蜜。生活上琐事带来的烦恼其实和闺蜜聊聊才能产生共鸣，通过互相安慰才能渐渐化解。

因为性别的差异，有一些情绪即使是亲密的爱人也无法理解。打个比方，如果你最喜欢、对你来讲意义非凡的手包坏了，你会有点儿小感慨，如果你把这事说给老公听，他可能二话不说就给你买了一个新的，而只有闺蜜知道，这个包不是一个新的就能代替的，你舍不得的其实是它承载的美好的回忆。

再比如逛街，与其找个跟在你身后闷闷不乐的男人最后一无所获，还不如找闺蜜快快乐乐地大逛一场，定会满载而归。

你要是经常和老公八卦一下身边的某某人，没准儿他会觉得你很无聊，可是和闺蜜却能乐在其中，男人完全体会不到这是女人与生俱来的乐趣。

女人的乐趣就和女人分享，这样既不会让老公感觉你很无聊，同时也对老公少一点儿依赖。

静/思/小/语

女人是男人的学校，优秀的女人则是男人的未来。所以，你没有理由不去经营好自己，去经营好婚姻。相爱简单，相处很难，不如就保持一个适度的心理距离，留一条可以进退自如的伸缩线，让彼此都有自由的空间。

让婚姻经得起平淡的流年

多数人为了能让爱情有更长久的保证，义无反顾地选择步入婚姻的殿堂。可是很多时候却只能留住长度留不住温度，当爱情渐渐地退去摄人心魄的光环，你总要想办法让婚姻禁住平淡的流年。

婚姻需要浪漫去点缀

有人说："婚姻是一道方程式，这是一道幸福和痛苦组成的一元二次方程。最理想的得数是幸福大于痛苦，最糟糕的得数是痛苦大于幸福，最普遍的得数是幸福等于痛苦。"林徽因努力地让自己婚姻中的幸福最大化。

有很多人质疑，是不是梁思成内敛的个性会跟不上林徽因诗意的脚步，从而使他们的婚姻生活变得枯燥？

实际上恰恰相反。梁思成内敛但并非不懂浪漫。在恋爱时，他总是有办法把她逗笑，他们一起逛太庙，刚进庙门梁思成就没了踪影，她正诧异，梁思成已爬上大树在喊她的名字。许多年后林徽因回忆起当时的画面，还是满脸的甜蜜。后来，在宾夕法尼亚大学上学时，梁思成小心翼翼地将自己的第一件设计作品做成林徽因喜欢的仿古铜镜，当他把这份礼物送给林徽因时，林徽因自然是满心欢喜。他们婚后的生活也充满了情趣。有时夫妇俩比记忆，互相考测，哪座雕塑源自何处石窟、哪行诗句出自谁的诗集。他们因为共同的爱好，所以很容易有因为共鸣而产生的默契。

这从他们蜜月旅行中的对话便可略窥一二。在他们参观圣保罗大教堂时，梁思成问："你从泰晤士河上看这座教堂，有什么感觉？"

林徽因说："我想起了歌德的一首诗：它像一棵崇高浓荫广覆的上帝之树，腾空而起，它有成千枝干，万百细梢，叶片像海洋中的沙，它把上帝——它的主人——的光荣向周围的人们诉说。直到细枝末节，都经过剪裁，一切于整体适合。看呀，这建筑物坚实地屹立在大地上，却又遨游太空。它们雕镂得多么纤细呀，却又永固不朽。"

梁思成也赞叹道：“我一眼就看出，它并非一座人世间建筑，它是人与上帝对话的地方，它像一个传教士，也会让人联想起《圣经》里救世的方舟。”

这是他们婚姻中风花雪月的浪漫，当然，他们也得面临柴米油盐的现实。

林徽因从小受到西方的教育，她的父亲也未打算把她培养成传统妇女，她在国外过的也是大学生的自由生活，所以当她真正面对婚后的国内生活时，生活的琐碎给她带来了很多烦恼，她的好朋友费慰梅回忆起当时林徽因的状态：

> 那时徽因正在经历着她可能是生平第一次操持家务的苦难，并不是她没有仆人，而是她的家人，包括小女儿、新生的儿子，以及可能是最麻烦的、一个感情上完全依附于她的、头脑同她的双脚一样被裹得紧紧的母亲。中国的传统要求照顾她的母亲、丈夫和孩子们，她是被要求担任家庭“经理”的角色，这些责任要消耗掉她在家里的大部分时间和精力。

婚姻，要食太多的人间烟火。

1936 年，林徽因写信给费慰梅说：

> 对我来说，三月是一个多事的月份……主要是由于小姑大姑们。我真羡慕慰梅嫁给一个独子（何况又是正清）……我的一个小姑（燕京学生示威领袖）面临被捕，我只好用各种巧妙办法把她藏起来和送她去南方。另一个姑姑带着孩子和一个广东老妈子来了，要长期住下去。必须从我们已经很挤的住宅里分给他们房子。还得从我已经无可再挤的时间里找出大量时间来！到处都是喧闹声和乱七八糟。

林徽因被平凡琐碎的生活弄得有些六神无主，也是因为这样的烦闷才会和梁思成有些争吵。其实对于一个传统的女性而言，要接纳生活所赋予婚姻的现实意义会相对容易，而对于一个有自己的梦想有自己的事业的新女性而言，确实会感觉有些懊恼。

人生需要浪漫，也需要现实

其实要打败婚姻中平淡的流年，不仅需要打败乏味的浪漫，还需要有接受现实的智慧。

单调的婚姻生活需要浪漫带来活力，浪漫可以对婚后单调的家庭生活激起一种情绪调动，激起一种生活惊喜，激起一种生活激情，让双方能够经常沉浸在美好的感觉之中。

其实，有时候浪漫也不一定要如何大费周章。在某个情人节，一对老夫妻的情书感动了无数人，“……老太婆，今天不带外孙了，出去吃，就咱俩，我在中山公园等你……”这是网络上一封质朴的情书，让众多网友集体泪奔，它出自一位年过花甲的老先生之手。网友都说，这一声“老太婆”抵过千句“我爱你”。婚姻生活里充满了锅碗瓢盆油盐酱醋的家常，如果再没有美丽的爱情来调剂，日子是多么难挨！婚姻不是爱情的终结，双方应该不断培养感情，让爱情在婚姻中得以深化和延续。

在短暂的浪漫过后，女人就会更有动力去处理生活中的诸多烦琐枯燥。女人要明白，你一定得带着一颗包容、宽容、理解的心去接受现实婚姻，家务事堆积，洗不完的衣服刷不完的碗，下班回家很累，可还要为填饱家里人的肚子再忙两个小时，卫生间需要天天打扫，而男人不讲卫生、东西乱放……

其实你也完全有理由埋怨指责，带着怨气不满去对待你身边的人，于是你很快地修炼成了黄脸婆，生活永无出头之日。

很多女人都是怀着自己对婚姻完美的理解去解读婚姻，她们不知道生活真正的样子，不甘心在这些普通的日子里消耗自己的青春，于是从梦中的彩云重重地跌落到人间的尘埃。

80 后的爱情总是轰轰烈烈的，而他们的婚姻却也总是惨不忍睹的。很多婚前爱得死去活来的 80 后在结了婚以后却成了一对怨偶。

有一个刚结婚不久的丈夫这样埋

□ 林徽因的一生都是浪漫的，但她选择梁思成却是从现实的角度考虑的。林徽因聪明地将浪漫融入到现实中，没有太刻意，只需在心中充满爱，懂得享受生活以及生活中的每一个瞬间，这样，她和梁思成也幸福了一辈子。

怨："当初结婚装修房子的时候，我和妻子之间的矛盾就开始出现了，妻子的牢骚逐渐多了起来，对于我对房子装修的一些想法和做法，总是不停地埋怨，嫌我没有品位、做事情不用心之类的，我真的什么也不管了，全权让她安排处理。她又怪我对家里的事情一点儿也不上心，从那个时候开始，我就意识到妻子变得有些难缠了……我和妻子之间从来就没有发生过任何事情。我不是个拈花惹草的人，妻子更是一颗心都在这个家上，如果知道问题出在哪里，我也还知道该怎么解决，但偏偏一切都看起来没有什么问题。"

他眼中的妻子很快变成了祥林嫂，发现老公身上的毛病很多，就变得婆婆妈妈，大事叨唠，小事也叨唠；坏事叨唠，好事也叨唠；没事要叨唠，有事更叨唠，让男人不得安宁。本该放松身心的家却成了冰冷的战场。

其实他口中的妻子也有自己的无奈，什么事情都得自己亲力亲为，把自己所有的时间、所有的精力都放在本应该由丈夫承担的责任上，抱怨还得不到老公的心疼，反而让彼此的距离越来越远。打败他们婚姻的竟是琐事引起的感情危机。

一桩完美而又成功的婚姻，其实就是看你有没有这样的智慧来处理好这些小事、处理好自己不平衡的心理。

女人得首先改掉爱挑剔的缺点。你不懂得赞美人，男人不管做什么你都能挑他的毛病，这只会打消他的积极性。男人天生和女人不同，他们比较宏观，而女人比较细致，所以在处理家务上，男人自然没有女人做得完美。适当的赞美而不是指责他才能更加乐于帮你分担家务。如果男人承担着家里的大部分经济来源，他在外面打拼得又十分辛苦，就不要太指望他承担大部分的家务。什么都不用你付出，家中女主人的地位也不会太稳固。

家务既然做了，就把它当作一种乐趣一种挑战，然后再带着一颗现实的心去追求我们心中浪漫美好的生活。你可以把音响打开听着自己喜欢的歌曲，一边哼着歌一边收拾家务、洗衣晾衣也不失为一种浪漫；为辛苦后的自己买点儿礼物犒劳一下也能少一点儿埋怨和抱怨。

做些家务刷几个碗不会让你变成黄脸婆，那些任由岁月的风霜划过脸庞，在家里蓬头垢面、又爱唠叨爱抱怨的才是黄脸婆。

处理好现实生活中的琐事不但不会让你变得不感性，反而会让你有更多的时间和心情去制造浪漫、享受浪漫。女人要在最普通的日子里感受到不同，在年复一年的重复中给自己找到乐趣，把日常琐事理顺，将夫妻矛盾解决掉，充满热情地把浪漫蔓延到自己婚姻的每一天。

别让沉默“断送”婚姻

婚姻平淡的流年中不但有日常的琐事带来的烦恼，婚后沉默症其实也是婚姻的一种不和谐状态。恋爱时，曾经有聊不完的话题说不完的心事，可是结了婚以后，两个人说话的时候却越来越少。也许是太了解，也许是能分享的共同话题只有来自生活的烦恼。总之，两个人缺乏交流的动力，从婚前的千言万语到婚后的三言两语，两个人渐渐变成了最熟悉的陌生人。

别以为这种沉默习惯了，就可以称作默契，“不在沉默中爆发，就在沉默中灭亡”，于沉默中酿成的危机很可能连挽救的余地都没有。

有一次，沈从文恰恰因为高调爱慕高青子，跟妻子张兆和闹得很不愉快，他写信向教母林徽因诉苦。林徽因这样安慰道，“在夫妇之间为着相爱纠纷自然痛苦，不过那种痛苦也是夹着极端丰富的幸福在内的”，所以，夫妻争吵，是因为彼此在乎，“冷漠不关心的夫妇结合才是真正的悲剧”。

夫妻双方要学会沟通。就像林徽因可以坦率地向梁思成说明自己的心意，反倒平稳地解决了危机。其实，漫长的一生，忽然有一天有一点儿心猿意马并不可怕，可怕的是任由它在心中发酵、疯长，最后连自己都无法掌控。

日本著名作家渡边淳一曾写过一部小说《紫阳花日记》，书中生动地描绘了一对夫妻的婚姻如何在沉默中走向破裂。

男主人公川岛省吾和妻子志麻子在日本是很典型的一对中产阶级夫妇，住在东京高档社区，丈夫经营着一家私立医院，妻子在家料理家务。结婚 15 年，有一儿一女。

他们的生活平静地继续着，一次偶然的机会，丈夫发现了妻子的一本日记，日记的封面是紫阳花的怒放，日记中的内容是少言寡语的妻子内心的宣泄。她以女人的敏感和细心，详细记录了她对丈夫不忠的点点观察所得，川岛省吾本以为隐藏得很好的婚外情其实妻子早已有所察觉，但在平日生活中却又绝口不提此事。

夫妻两个人在沉默中僵持着，并无意愿敞开心扉化解危机。

川岛省吾一如既往与另一个女人约会，而志麻子依旧在日记中发泄着不满，两个人因为生活加速度带来的巨大惯性，不想承担离婚的风险，于是，就各自寻找情人来填补空虚的心灵。

这样看来，就是那些整天吵架的夫妻都好过这种有气闷在肚子里的夫妻。

争吵至少表明还有热情，有勇气真诚地交流。而这种不去表达不去回应的默不作声，仿佛一切都已心灰意冷，覆水难收。

有一项调查结果显示出了男人沉默的原因：有的人想用沉默“抗议老婆的絮叨”；有的人想用沉默来“调整身心压力”；有的人用沉默来进行“隐藏私密”。

对于35~45岁的男性沉默族，最主要的原因是用沉默抗议老婆的唠叨。而80后一族则更多的是为了调整身心压力和用沉默来进行隐藏私密。

所以作为女性来讲，如果要打破男人的沉默，不如少一点儿唠叨，话多不代表沟通有效，让自己的话能更好地被他听到，就得让自己的观点有理有据站得住脚。给对方一些机会表达观点，也许他也愿意说出自己的秘密。

总之，别让社交网络、游戏代替你成为他聊天的最好伴侣。

静/思/小/语

很多人认为爱情走进婚姻就算安全了，其实恰恰相反，婚后的现实生活才是爱情最大的敌人，它会无声无息地磨掉所有的激情，让原本相爱的两个人成为最熟悉的陌生人。所以，即使走进婚姻，还要努力地不断发展类似婚前的那种恋情，才可以从平凡的生活中找到乐趣，才能从生活的烦琐中体味到婚姻的幸福。

事若求全何所乐

你一定要追求美，却不必追求完美。就像没有人不希望自己的爱情是完美的，最好毫无瑕疵。可总是事与愿违，就算在失望中跌跌撞撞，也不妨碍你从爱情中得到快乐。

婚姻追求的是幸福而非完美

曾经的回眸的倩影深深地印在一个少年心中，于是多年后的重逢他牢牢地抓住机会俘获芳心，她的梦想也点燃了他的激情，从此两个人有了共同的事业。共同赴美学习让他们更加了解彼此，当携手走进婚姻的殿堂他们得到了很多人的祝福。在短暂的优越的生活之后，他们在国难中不得不困顿颠踬，林徽因自嘲两人是一对“难夫难妇”。在四川李庄，他们的生活陷入极度艰苦的境地，梁思成一边照顾着生病的林徽因，一边承担起所有的家务。

有一次，林徽因给费正清和费慰梅夫妇写信的时候说：

> 梁思成是个慢性子，喜欢一次就做一件事情，对做家务是最不在行了。而家务事却多得很，都来找寻他，就像任何时候都有不同车次的火车到达纽约中央火车站一样。当然我仍然是站长，他可能就是那个车站！我可能被轧死，但他永远不会……

□金岳霖（左一）、梁再冰（左二）、林徽因（左三）、费慰梅（右二）、费正清（右一）等，1935年于北京天坛。费正清和费慰梅夫妇是林徽因的好友，林徽因经常写信给好友诉说自己的境况，而好友则将这些往来的书信一直珍藏着。

梁思成看到信后，在信的末尾写道：

……由于建筑上的毛病，他的主桁条有相当的缺陷，而由协和医学院设计和安装的难看的钢支架现在已经用了七年，战时繁忙的车流看来已经动摇了我的基础。

梁思成还不忘自嘲一番自己在游行时受伤的腰部，林徽因看到了，不免哈哈大笑了起来。

苦难就在相互扶持下走过，还有那些两人携手创造的事业的辉煌，也让他们的生活多了些许曙光。

林徽因孱弱的身体最终无法同命运抗衡，他们的婚姻在走过27年风风雨雨后只剩一个人踽踽独行。

与很多同时期的女性相比，林徽因的婚姻无疑是幸福的。

但是两人结伴一生难免龃龉，也起过波折，徐志摩对林徽因的追求，梁思成也曾感觉苦恼，林徽因对金岳霖的情感更是让他沮丧。如果他一味地追求完美，也许这婚姻早就走到尽头了，他对妻子选择了尊重和包容，他们携手度过了一次次的危机，留下了国人称颂不已的佳话。

这对于如今动辄就说离婚的夫妻有很好的借鉴意义。

之前婚姻的誓词说好不离不弃，最后却忘记了最初的诺言轻言分离。时间是不能轻视的大敌，它总是莫名其妙地偷走激情，一辈子那么长，很容易将一个人的温暖转移到另一个人的胸膛，后来醒悟了，原来的那个人却不肯在原地等候。

她想，这爱已经不完美了，不如就此放弃。

这世界本来就没有完美的人，去哪里找完美的爱情呢？

爱情走进婚姻，如果还能有幸福的可能，为什么还要执着于完美？婚姻是两个人的，出现问题也绝不是一个人的错，所以你不能断然判他“死刑”。不如，找到症结，打开心结，用温暖的怀抱接纳一个肯回头的爱人，经营好不完美却还能幸福的婚姻。

放爱一条生路

一个星球六的清晨，希拉里还在香甜的睡梦中，丈夫克林顿将她轻轻唤醒，几次欲言又止，希拉里不明白丈夫为何吞吞吐吐。过了几分钟，克林顿最终鼓起勇气说出了令希拉里五雷轰顶的话：“对不起，我没有说真话，我没有想到事情会变得如此复杂严重……”

之前，他曾誓言旦旦地说他和莱温斯基关系清白，可是，无奈东窗事发，自己必须在陪审团面前直面那段不恰当的关系，而现在，他得老实和妻子交代，他一脸羞愧，搪塞道：“相信我，我和她只是偶尔罢了……”

很快，全世界人民都在阅读和收听关于她丈夫克林顿对她不忠的报告，调查局审查克林顿与莱温斯基令人作呕的苟合细节，作为克林顿妻子的希拉里对此事的态度让全世界人关注。

当记者专访希拉里时，她镇定地表示，她原谅了丈夫的不忠，她和克林顿的爱情依旧真挚，并且正在努力修复他们的婚姻。

希拉里不慌不忙，从容面对出现在眼前的打击和屈辱。她选择站在丈夫一边，坚定地支持他。

也许她早已将泪水流在了一个个不眠之夜，没有人能不为丈夫的背叛伤心欲绝。

此时正值克林顿第二次参加总统大选，希拉里还是拿出了第一夫人的气度，她知道，自己的态度对丈夫的重要性，事实上也的确如此，希拉里以淡定从容的情怀和包容豁达的美德，让全世界为之瞩目，同时也给自己的家庭带来了起死回生的一线生机。

她知道这一切也许源于克林顿不幸的童年经历，他有一个酗酒的继父，而且在他的暴力和动荡下长大。他的心理曾经受到严重的创伤，母亲和奶奶常常发生冲突，而他则必须生活在两个女人之间……

丈夫犯错了，是落井下石或者踹上一脚，还是帮助他改正，让迷途的男人上岸？

希拉里认为两人的婚姻仍有继续的必要，所以她用宽容感动花心的丈夫，此后的克林顿不再有桃色新闻。

希拉里的妥协充分说明了她的宽容和理性。

她知道丈夫如迷途的孩子需要自己的拯救。她相信自己可以强大到挽救回自己的婚姻，没有什么比得上理性的高贵，也没有什么比得上宽容的博大。

如果你很幸运没碰到克林顿这样花心的丈夫，你也不必拥有第一夫人的胸怀，但至少，

别对男人的曾经再紧盯不放，而男人也别总对女人的过去耿耿于怀。

梁思成不是不知道徐志摩和林徽因曾经炽热的感情，婚后，他却从不对两人的接触强加阻拦，他信任妻子，更信任他们夫妻两个人的感情，曾经的已经远去，聪明的人应该懂得珍惜现在。

其实，总是纠结于过去的人，是对自己没信心，也是对两个人之间的感情没信心。整天地翻旧账根本无益于增加感情，反倒让对方厌烦、疏远。让过去的过去，未来的才能到来。所以，不如将危机感化为增进感情的契机，如果假想敌非得存在，就让她成为鞭策自己成为优质爱人的动力。

包容那些无伤大雅的小缺点

“洗澡换下来的衣服，你能不能直接放到洗衣机里，总是到处乱扔？”

“袜子不能和衣服一起洗，你知不知道那样不卫生？”

“做饭的时候你就不能顺便把厨房整理一下，这大乱摊子我怎么收拾啊？”

“这菜买得也太不新鲜了，卖菜的碰上你可走运了！”

…………

你是否也曾经对自己的老公这样抱怨，嫌东嫌西觉得他好像浑身都是缺点。

他渐渐地觉得不管自己做什么都不对，索性就什么都不做。你就更委屈了，甚至都会觉得自己所托非人，自己的这个男人是最差劲儿的一个。

假如你找到了会做家务的男人，事无巨细地帮你操心，让你饭来张口、衣来伸手，你就保证不会嫌弃他不上进吗？

挑剔的你就算找到一个浪漫、有趣的男人，他有事业又懂家务，你又会担心他是不是能稳妥地和你走完一生，因为，你得看一看自己是否也是如此完美，否则怎么和这样的人匹配。

男人更多的时候是在默默地包容女人的缺点，可是女人却往往要最大程度地表达出自己的

嫌弃。

所以，老公的小毛病改不了，就换一种眼光去看他，爱一个人，就要接受他那些无伤大雅的小毛病，包容他的缺点，宽容他的言行。

他已经很辛苦地在外面表现得没有“漏洞”，所以回到家里，就让他卸下伪装，活得轻松一些。

有人说：“男人是树，女人要做的，是在结婚前睁大眼找一棵足够牢靠的大树，而不是在结婚后把自己当成啄木鸟，不停地给男人‘挑虫子’，那样只能把婚姻啄得伤痕累累。”

静/思/小/语

既然婚姻的誓词说好不离不弃，在婚姻最脆弱的时候就不要轻言分离。我们都不完美，不如就宽以待人，让尊重与赞美赢得爱人最贴心的微笑，事若求全何所乐，心中无数也是福。

世人总是津津乐道于她缠绵悱恻的爱情，于是不经意间就忽略了她傲骨博学的大家风范。她不仅是一个浪漫迤逦的女子，她还是写得一手音韵极美新诗的具有美感和想象力的诗人、一个从事开创工作的具有科学家的细致和踏实精神的建筑学家、一个学识渊博的治学严谨具有充沛热情的教育家……

她张扬着自我的独立品格，在乐业中雕刻出最美的时光。

第五章

红颜不失志，梦想在心中流淌

——在乐业中雕刻时光

让梦想照进现实

林徽因能够在岁月的长河中留下不能磨灭的身影，并非是因为她美丽的外貌、优雅迷人的气质，而是因为她让我们领略到建筑对东西方历史、文化带来的深远意义。她用梦想点燃激情，让时代的风云激荡起她恒久的魅力。

抓住梦想闪耀的瞬间

1920年9月，林长民带着林徽因抵达伦敦。这是他们父女在外国游历的一站，这一次，不但让她体会到独特的英伦文化，更重要的是，在这里，一个小小的梦想从此生根发芽。

在伦敦，林徽因有时会跟着父亲的好友柏列特医生一家一同外出度假。柏列特有五个女儿，二女儿黛丝和林徽因年纪相仿，所以她们在一起交流的时间会比较多。在布莱顿度暑假时，一次小妹妹斯泰西在沙滩上试图堆起一座城堡，可是在快完成的时候一下子塌了，她大声地朝着姐姐黛丝喊："来！工程师，帮帮忙。"

"工程师"？林徽因不明白为什么要把黛丝称为工程师。

黛丝解答了她的疑惑："我对建筑感兴趣。将来是要做工程师的。看到你身后那座王宫了吗？那是中国风格的建筑，明天我要去画素描，你可以跟我一起去吗？顺便也给我讲讲中国的建筑。"

林徽因不懂，王宫、建筑，在中国不就是工匠吗？盖房子在英国叫作工程师，这算什么理想啊！

可是黛丝告诉她，盖房子和建筑不完全是一回事。为了让她明白什么是建筑，黛丝还特意带上林徽因去皮尔皇宫画素描。

当她看到东方阁楼式的外观设计，飞檐、梁柱、窗棂优美的线条，第一次，她感觉这些华美的楼阁不再是冰冷的建筑物，它就像黛丝说的是诗歌和绘画一样艺术，黛丝还说，要掌握它自己独特的语言，才能做好这一门艺术。

黛丝还带着林徽因走遍布莱顿的大街小巷去观察每一栋房子，黛丝颇为专业的讲解，仿佛为这些习以为常的建筑注入了生命力，林徽因的心弦被拨动了。

这种着迷不同于她读那些文学典籍带来的感动，建筑所蕴藏的魅力更让她感觉震撼。在同黛丝观察建筑的时候，林徽因总是能很快地领悟到黛丝所运用较为专业的术语的含义，黛丝也发现林徽因具有独特的艺术审美力，所以她对林徽因说："菲利斯（林徽因的英文名字），你对建筑很有感觉，你在审美方面有不可思议的灵感，你一定很适合当一个建筑师！"

16 岁的林徽因微微一笑，她对于未来做什么还是有一丝迷茫。

几天后，林徽因就和黛丝分别了，她要和父亲去参观泰晤士报馆。从此，"建筑师"这三个字悄悄放在了她的心上，各国的行走不再只是浮光掠影，观察不同地点的建筑成为她生活中的一种乐趣。

1921 年，她回到北京，见到了在清华上学的梁思成，20 岁的小伙子在学校颇有名气，美术、音乐、政治都很擅长。

当他们谈起各自的理想时，梁思成笑言："我啊，跟父亲一样，样样都爱，样样都不精，也许，我以后会和他一样，从政。"

这一次，林徽因对于自己的理想要笃定得多，"从政需要磨炼，也需要天赋，古往今来，

把政治之路走得顺风顺水的不多，即使我的父亲，也许还有尊驾——不好意思，唐突了，不过这不是我操心的，我感兴趣的是建筑。”

梁思成感到惊讶：“建筑？你是说，盖房子？女孩儿子家怎么做这个呢？”

梁思成的疑惑和她当时一模一样，林徽因耐心地跟他解释道：“不仅仅是盖房子，准确地说，是 architecture，叫建筑学或者建筑艺术吧，那是集艺术和工程于一体的一门学科。”

在接触建筑学一年后，林徽因决定让这颗小小的梦想的种子生根发芽，这不是一时的冲动，她已经渐渐地将建筑融入自己的生活，她越来越相信，这项把艺术创造与人的日常需要结合在一起的工作会是自己最高的追求。

梦想，让女人绽放

这份从少女时代就确立的建筑美学理想贯穿了她的一生，无论何种境遇都未曾泯灭。

在顺境时为建筑学东奔西走，广袤贫瘠的土地有她的足迹；在最颠沛流离时，她就拖着孱弱的身躯以最大的坚持和毅力钻研学术；在生命的最后时光，她用自己专业的精神和独特的审美观念设计了国徽、创作人民英雄纪念碑浮雕、制作古城保护提案、保护景泰蓝等民间工艺，并培养了一批新中国最优秀的工艺美术者。

种在 16 岁少女心中的那颗梦想的种子，在她的执着勤奋中滋养，不但破土而出，几十年的汗水浇灌，已然高耸入云。

梦想仿佛隐形的翅膀，带着她鸟瞰广阔的天地，也带来更多前行的动力。

也许是林徽因坚定的眼神让梁思成不自觉地追随，他竟开始去熟悉他之前从未接触过的建筑学领域，并深深地为此着迷，两人后来去美国学习，并用现代科学方法研究中国古代建筑，成为这个学术领域的开拓者，并获得了巨大的学术成就，为中国古代建筑

研究奠定了坚实的科学基础。

梦想走过的小径从不荒芜，林徽因就这样为自己的梦想奋斗，并凭借自己的奋斗让梦想照进了现实。

她在那个年代脱颖而出，她的美丽在追逐梦想中绽放。

其实，每个心怀梦想的女人眼中都会有奕奕的神采，一颗赤子之心，一份憧憬与渴望，然后去创造一个又一个传奇。

香奈尔创始人布里埃尔·香奈儿，就是在追寻高贵与美丽的旅途中，怀揣着梦想然后创造了一个时尚帝国。

香奈儿的童年很悲惨，长大后姣好的容貌算是命运对她的补偿。她尝试过各种不同的工作，甚至有一小段歌唱生涯。这使她在赢得掌声的同时也得到了纨绔子弟与艺术界名流的垂青，从而跻身上流社会。如果不曾对自己的未来有过规划，如果不是心中早已有了自己的梦想追求，她也许只需更换一下身边的情人也能一生衣食无忧。但她是布里埃尔·香奈儿。她知道自己对美和时尚有着敏锐的洞察，她对女人的心理有着透彻的了解，所以她认为自己可以开创一个属于女性的时尚时代。

她对于时尚的梦想就是挑战传统，解放女人，重塑上流社会的新时尚。她将这样的梦想贯穿于每个作品的设计理念之中。

她将堆砌繁复羽毛、蕾丝的女帽改造成简洁的女帽，成为了当时的潮流尖端，终结巨大女帽的年代；她打破当年黑衣服只能当丧服的规定，设计出一直风靡到现代的黑色小洋装，这来源于她对黑色有一种宗教式的虔诚，她认为黑色其实蕴含着更为永恒的诱惑；她根据水手的喇叭裤，设计出女子宽松裤，后来又设计出休闲味道很浓的、肥大的海滨宽松裤……

她曾说要把妇女从头到脚摆脱矫饰，她完成了这个梦想。

时至今日，欧美上流女性中依然流传着那句名言：“当你找不到合适的服装时，就穿香奈儿套装。”

一个多世纪以来，人们仍把香奈儿奉为神明，身上拥有香奈儿的标签，似乎在炫耀着女主人的高贵和对时尚品味的追求。

在梦想支撑下的布里埃尔·香奈儿成为了女性自主的最佳典范，她终身未嫁却也享受到了最精彩的人生，她写下她的单身宣言：

> 假如终其一生，找不到最合适你的另一半，不要懊恼，更不用沮丧，冥冥之中，一定有个更大的使命在等待你——老天必定会赋予你特殊的才能，让你专注自己的特长。做出一番对全人类都更有裨益的事业来。婚姻反而会把你变小。所以，单身时请珍惜，发挥自己最大的能量。一个人，照样一生精彩。

如果不是因为拥有梦想，香奈儿也许很难成为这样一个内心强大的女人。

梦想就像聚光灯一样，照耀着女人的美丽，激发着女人的活力。为实现自己的梦想，每一天你都会练就出新的能力。

“想到”更要“做到”

梦想是希望的开始，是创造的源头，可是如果不付诸行动，它就变成了空想、幻想。

林徽因虽然有机会和梁思成去美国学习建筑，可是，求学之路在最初就遇到了障碍。刚到美国的那个夏天，梁思成和林徽因选择了在康奈尔大学读暑假班，两人选修了数学和绘画的课程，暑假之后，他们来到了费城，进入宾夕法尼亚大学。梁思成和林徽因共同选择的专业方向是建筑学。

可是由于宾大建筑系不招收女生，林徽因被拒之门外。宾大的理由是，学习建筑经常要熬夜创作，而对于女生来讲，这不太方便也不太安全。而宾大的建筑系也从无招收女生的先例，自然不能为林徽因打破常规。

为梦想千里迢迢奔赴美国求学的林徽因自然得“曲线救国”。她改选了美术系，但她却尽量旁听所有建筑系的课程，并完成建筑系的所有作业。最后，在美术系注册入校的林徽因却成为了宾大建筑系学生的助理教员。在宾大林徽因的档案中，还收藏了一份1926年当地《蒙大拿报》对她的一篇访问。

“这位中国女孩儿告诉记者，等我回到中国，我要带回什么是东西方碰撞的真正含义，令人沮丧的是，在所谓的‘和世界接轨’的口号下，我们自己国家独特的原创艺术正在被践踏。应该有一场运动去向中国人展示西方人在艺术、文学、音乐和戏剧上的成就。但是绝不是要以此去取代我们自己的东西。”

采访的最后，林徽因说：在中国，一个女孩儿的价值最多体现在家庭中，我崇敬这

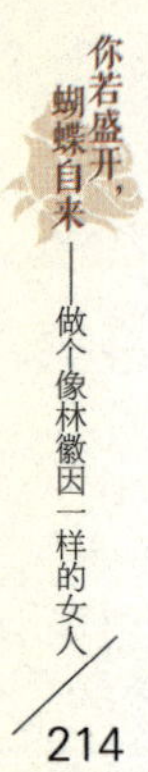

里的民主精神。

其实，在林徽因的心里，选择建筑作为梦想更主要的原因是，自己的国家独特的原创艺术正在被践踏，这就需要有人去保护，这是粲然的一颗赤子之心、一份理想之光！她和自己的丈夫就在这样的理想之下，为中国的建筑艺术做出了巨大的贡献。她不只想到，更付出了不懈的努力去做到。

“想到”和“做到”之间的距离，需要靠汗水和勤奋去拉近。

可是，也并非所有的梦想都能实现。有人说，梦想有多高，就能飞多远。可现实却往往是，梦想有多高，摔得就有多惨。这主要是因为，有些人只顾着去做梦，却从不比照现实。

电影《立春》中的女主角也有梦想，她酷爱歌剧，一生梦想着进入中央歌剧院，期望有朝一日唱到巴黎，尽管她身材臃肿、龅牙，还长了一脸疙瘩和黑斑，可这并不妨碍她执着不懈地追求自己的个人理想，她不惜一切代价，清高而目空一切地生活在那个小县城里，其实她所认为的“一副好嗓子”并未好到可以进入中央歌剧院，所以这就注定了她越执着越悲惨，最后被现实撞得头破血流。

执着于自己的梦想并没有错，不过要对照一下现实，它有实现的可能才值得我们孤注一掷。

林徽因虽然抓住了梦想闪现的瞬间，但是并未立即草率地做出决定，她经过一年多的了解和思考，自己的审美力也确实得到别人的认可，再加之有继续深造的可能，她才最终决定自己的努力方向。而布里埃尔·香奈儿，曾在莫林市的一家针织店做店员时就展现出了对于时尚的洞察力，这为她进入时装界做了一定的准备，她从一家帽子店做起，一步一步地实现着自己关于打造时尚帝国的梦想。

所以，有了梦想，更要面对现实，脚踏实地。不要只是过分沉迷，认认真真做梦、实实在在生活，只有这样，女人才会更加接近自己的梦想。

静/思/小/语

人没有梦想，就像鸟儿没有翅膀。梦想让女人绽放不一样的光彩，让生命有了不一样的活力。你要懂得抓住梦想绽放的瞬间，去衡量它实现的价值，并准备好付出汗水和努力，才有梦想照进现实的那一天。

女人要有自己的事业

林徽因所生活的年代，大多数女性还未摆脱性别的束缚，就算能外出工作也常常局限于一些特定行业，如教师、医生等。林徽因是幸运的，她生在开明的家庭，她可以凭借兴趣选择自己所奋斗的事业——建筑，并将满身的书卷清香融合在此项事业中，创造出可以站在时代最高峰的成就。

青春易逝，工作的魅力日久弥香

在宾大美术系学习的林徽因，通过自己的努力成为了宾大建筑系学生的助理教员，这应该是命运对她学业的第一次肯定，后来，由于她工作出色，在 1926 ~ 1927 学年又升为该专业的业余教师。

她的建筑事业生涯，开始时是从教育做起的。

1928 年，梁思成、林徽因回国，受聘于东北大学建筑系，分别为主任、教授。林徽因授课很讲方法，她会带着学生去爬东大操场后山的北陵实地观察，然后引导学生独立思考。东北大学建筑系还处在婴儿期，教学任务繁重，林徽因经常给学生补习英语，天天忙到深夜。在她教过的 40 多个学生中，走出了刘致平、刘鸿典、张镈、赵正之、陈绎勤这些日后建筑界的精英。

在授课之余，林徽因和梁思成忙着到处考察沈阳的古建筑，每天的绘图测量非常辛苦，但这都在林徽因的意料之中，建筑不是只去欣赏就能领悟的，它更需要的是一种严谨的科学考察精神。

在建筑系的教学逐渐走上正轨后，梁思成还和几位老同学成立了“梁、陈、童、蔡营造事务所”。他们承揽的建筑工程有吉林大学总体规划、教学楼和公寓楼的设计，交通大学在辽宁锦州开办的分校校舍、沈阳郊区的“萧何园”等建筑。林徽因自然也参与其中。

后来，东北大学征集校徽，林徽因设计的“白山黑水”图案，因为兼具图形美观和内涵深刻两项特点而一举夺魁，拿下比赛的最高奖金。

这次设计的成功再一次证明了林徽因非凡的设计才华。为此，家里人还特地找来朋友庆祝。

梁思成和林徽因在东北待了两年后返回北平。林徽因的主要研究方向是古建筑，所以，她在这以后的日子里将自己大部分的时间都用在外出考察的记录上，这些积累最终帮助他们先后完成了《中国建筑史》和英文《中国建筑史图录》。

新中国成立，国家征集国徽的图案，林徽因又一次凭借非凡的实力用自己设计的成果征服了所有的评委，所以，你现在看到的国徽曾倾注了一个在当时身体及其虚弱的女人的所有心血。这次设计，也成就了林徽因事业上的又一个辉煌。

保护景泰蓝的技术、设计人民英雄纪念碑、参加中南海怀仁堂的内部装修设计、为清华大学建筑系成立运筹帷幄，她在她所钟爱的事业上建起一座又一座丰碑。

林徽因将一个女性的自立智慧展现到了极致。

她在自己所钟爱的事业上释放了自己的追求，并品味着成就带来的巨大满足和快乐，她的脸上总是洋溢着自信的光芒，自然会吸引到众多爱慕者的眼光。

就是在她被病魔折磨得只剩一把骨头时，她的谈吐仍然不俗，尤其是谈起建筑更是眉飞色舞。林洙这样回忆病中的林徽因：

她是那么健谈又风趣，我除了不时发出咯咯的笑声外，再也插不上嘴。她是我一生中所见到的女子中最美、最有风度的。当然，我见到她时她已是四十多岁的人了，病魔已把她折磨得只剩下一把骨头。但是一旦和她接触，实体的林徽因就不见了，你所感受的只是她的精神、她的智慧与美的光芒，我常常陶醉在对她的欣赏中。

□ 林徽因一生中的很多时光是在病痛中度过的，但是她从来没有为病痛的烦恼向人诉苦，而只是把快乐的一面展示给众人，很少让人意识到她的痛苦。即使自身的身体状况不理想，但她依然乐观地面对生活。

对事业的追求成就了她厚重的人生，事业不老，青春不老。

即使容貌不再娇媚，她身上所散发的魅力依旧，她的创造力、她的勇气让她由内而外透着年轻和美丽。

事业是女人自信最大的来源

我们经常会说，自信的女人最美丽。可是，这自信到底源于哪里？

很多女人认为应该源于年轻貌美，所以在保养自己的身材、相貌上不惜重金，这的确让人赏心悦目，可是任何女人无法永远保持二三十岁的体态和容貌，人老珠黄那一天岂不是信心全无？其实装扮得年轻漂亮很多时候都是为取悦于异性，将自己的信心建立于装扮外表，更准确地说，这样的女人以爱情为自己的第一理想，把男人当成毕生奋斗恢宏壮丽的事业。这样沦陷于爱情很容易失去自我，更谈不上自信。

失去自我，女人会为脸上小小的斑点而耿耿于怀，会追着满街的流行元素而随波逐流，她会为男人的背叛而一蹶不振，因爱情远去而痛不欲生。

所以，女人必须要有高于爱情的第一理想，放下男人，学会守护自己内心的梦，给别人自由，也找到自己的自由，才是爱情的出路，才是自己的出路。

所以，女人的自信只能依凭于事业有成，女人没有事业就没有自立的基石，没有经济上的独立就没有人格上的完全独立，也就无法充分维护自己做女人的尊严。

就像张幼仪，前半生的她将家庭视为自己生命最重要的存在，她不管丈夫的鄙视，不埋怨丈夫的怠慢，已经蛰伏成一种卑微隐忍的姿态，却也无法留住丈夫的心。徐志摩的心从未在这个“小脚”女人身上，他的婚姻是为了遵从父母抱孙子的愿望，至于他本人，对于这样毫无个性的传统家庭女性毫无兴趣。张幼仪深受旧式中国礼教的束缚，个性沉

默坚毅，举止端庄，料理家务、养育孩子、照顾公婆、打理财务都甚为得力。但是这些优点，在张扬独立、个性自我的诗人眼里则是没有见识、呆板乏味。

她的第二次怀孕并未改变丈夫那张写满了反感和厌恶的脸，丈夫要求离婚，她只能颤抖着双手在离婚协议书上写上自己的名字。

她以为可以依靠一生的男人离开的身影是如此急切决绝，他从未真正地注视过自己，他爱的是一个自由浪漫的新女性。

22岁的张幼仪知道，再悲痛人生也得继续。张幼仪带着一颗破碎的心，辗转德国，她已经经历了人生最悲惨的遭遇，漂泊异乡的苦楚根本就算不了什么，去德国以前，她凡事都怕；到德国后，她反倒变得一无所惧。

她边工作边学习，并进入裴斯塔洛齐学院，专攻幼儿教育。张幼仪在异国他乡逐渐找回了自信。5年后张幼仪回国，说一口流利德语的她在东吴大学做德文教师，在四哥张嘉璈的支持下出任上海女子商业银行副总裁。与此同时，八弟张禹九与徐志摩等四人在静安寺路开了一家云裳服装公司，张幼仪又出任该公司的总经理，经营能力得到极大发挥。

张幼仪的精明、干练、勇敢逐渐显露，她找到了人生支撑点，她自信地昂起头，靠着坚强和拼搏，闯出了男人都望尘莫及的事业，当她以一位干练的现代女性面孔出现在徐志摩眼前时，徐志摩眼中的“乡下土包子”绽放出了迟来却异常夺目的魅力。

从这时起，他以她为荣。

张幼仪终于能化茧成蝶，生活中所有的辛酸和悲哀变成前进的动力，最终，她赢回了世人的尊重。

她说：这一生，应该没有什么值得害怕的事情了。

她的坚强和勇敢让她变得强大、从容而自信。

1953年，在征得儿子徐积锴的同意后，53岁的张幼仪重新披上婚纱，与香港名医苏季子步入婚姻殿堂，彼此相伴，走完了幸福的晚年。

22岁之前的她在徐志摩的眼中平凡得几乎找不到任何特点，22岁后的她却用自己的成就、自己的事业彰显出自己独特的价值。

她不再是寄生虫、附属品，她是社会有建设性的一员，所以她的面孔独特而张扬、美丽而清晰。

张幼仪以自己的智慧完成了一次凤凰涅槃。

她也用自己的经历告诉世人，一个女人成长的史诗，一个女人要怎样才能彰显出自己的价值。

对女人来说，必不可少的素质并非美貌与风韵，而是能力、勇气以及把意志化为行动的魄力。女人的自信来自于奋斗之后的或大或小的成就。

人的本质是社会的动物，人需要有伴儿，有族群认同，有精神交流，才会觉得安全、充实和开心。如果女人不去开展自己的事业，就斩断了自己同外界有效交流的机会，无法得到他人的认同，长此以往，自然会感觉孤独、失落。

女人只有通过尽情挥洒辛勤的汗水，在一次次的选择、失败、努力后才会变得更加强大、更加自信。

当她拥有无穷的生存智慧和荣辱不惊的淡定后，她可以素面朝天地向世人展示自然的美丽时做到神情自若，而不是去用玻尿酸打出一张紧绷绷却僵硬的脸强颜欢笑。

让事业为女人的婚姻加分

从柳树碧波的剑桥到辽阔宽广的东北，从战火连天的北京到偏居一隅的云南，林徽因和梁思成携手走过数十载的风风雨雨，他们如此坚定地站在一起，为他们共同热爱的事业并肩奋斗着。

他们共同努力、共同快乐，有时也会因为理想受阻相拥落泪，生活中这些难得的默契更多的是源于共同的事业。

是事业的成就将林徽因的人生推向另一种极致。

认真加上几分执着，全神贯注的投入，优雅的张弛感，让她的魅力无限。

她体会着工作的艰辛和压力、失败背后的痛楚，所以她更能包容爱人坚强背后的脆弱，不堪重负的苦恼和不被理解的困惑。

于是失败无奈时两人可以相互鼓励，在成功喜悦时共同庆贺。

懂得后的慈悲才是女人拥有事业最大的收获！

这时的女人不再苟求男人去做完人，很多全职太太虽然知道丈夫的辛苦，可是长时间的晚归，女人在家默默地等待渐渐地就会有很多抱怨，她所理解的工作打拼总是会比事实轻松得多，丈夫在事业上经历的风雨她也不能理解，这逐渐导致对于丈夫的要求会越来越高，也越来越不懂包容。

如果是一个同样为事业拼搏的女人，可能她的宽容度就会更大，游走职场的女人能深刻地体会到成功的不易，也就更懂得爱和包容。

事业中的女人知道，很多时候付出和收获不一定成正比，于是很容易练就荣辱不惊的淡定，没有工作和事业的女人会常常杯弓蛇影，男人的事业有一点风吹草动就很恐慌。

因为这是家里唯一的经济来源。

现代社会竞争激烈，没有谁的饭碗永远稳妥，如果家里只有一个人工作，他的工作压力会更大，家里面临的风险也越大。可是如果两个人都有收入，那对于家庭来讲就是双保险，而他的压力也会减小。即使其中一个人的事业出现状况，也不会对家庭造成毁灭性的打击。所谓的同舟共济风雨与共并不是只说你要在他失败时不离不弃，而是，他失败了要暂时休息，而你可以承担起家庭的责任，不让家庭饱受风雨。

两个人共建人生，除了爱情信念外，还应该付出实际行动。除了对他嘘寒问暖，照顾他的饮食起居外，你还得和他分担风险。

作为妻子，要有工作的能力和解决家里实际问题的能力，所谓的支持不是口头上的一句轻飘飘的肯定。

就像两条搁浅在岸边的鱼，能够相濡以沫固然值得尊敬，但是，如果有一条鱼能够凭借自己的能力让它们共同游回大海不是更圆满吗？

即使你的家庭绝不会遭遇什么困境，但是，丈夫总是需要你去真正地了解、去体恤。就用你在事业中练就的洞察一切的眼光，去包容去善待他所有的辛苦！

静/思/小/语

懂得经营家庭的女人是幸福的，但拥有事业的女人是优秀的。女人忙碌的姿态能给旁人一种紧迫感与佩服之情，事业中的女人能深刻地体会到成功的不易，也就更懂得爱和包容。

不付出辛苦怎么收获幸福

梦想的实现、事业的成功能让女人拥有无穷的生存智慧和荣辱不惊的淡定，也让她收获幸福的婚姻和世人的称赞。可是每一段风光的背后，都有你看不见的沧桑。她的忙碌、她的辛苦、她的付出最后才成就了那份自信优雅的从容。

吃别人吃不了的苦

当林徽因收获众多非凡成就的时候，很多人称赞她的才华，羡慕能为她提供学习机会的优越家庭背景，却很少有人看到，除了所谓的天赋才华，她付出了常人难以想象的努力，吃了很多女性根本吃不了的苦，才有了这样辉煌的人生。

她生在一个比较富足的家庭，父亲很开明，又格外喜欢这个天才女儿，所以，林徽因的物质生活从不匮乏，可以算作是富养起来的女孩儿。

可是这个女孩儿却要坚定地选择一个注定要吃苦的行业——建筑业。

宾大的建筑系不招收女生，不过是因为这个行业不太适合女生，要经常外出考察研究，风餐露宿的辛苦确实让很多女生望而生畏。

林徽因被迫选择了美术系，她是作为美术系的毕业生在宾大获得的学历，所以，就算她在建筑领域毫无建树也无可厚非。可是她却从不以此为由对梦想有所懈怠。

在对古建筑的考察中她吃了很多苦，她有时用诗一样的情怀写下旅途中的美好。

旅 / 途 / 中

我卷起一个包袱走，
过了一个山坡子松，
又走过一个小庙门
在早晨最早的一阵风中。
我心里没有埋怨，人或是神；
天底下的烦恼，连我的
拢总，
像已交给谁去……

前面天空。
山中水那样清，
山前桥那么白净，——
我不知道造物者认得不认得
自己图画；
乡下人的笠帽、草鞋，
乡下人的性情。

她有时也会对旅途中的种种辛苦发发牢骚。梁思庄曾保存了一封1936年夏天林徽因在野外写给她的信，信中生动形象地描写了她的外出考察生活：

来后还没有给你信，旅中并没有多少时间，每写一封到北平总以为大家可以传观，所以便不另写。……出来已两周，我总觉得该回去了，什么怪时候赶什么怪车都愿意，只要能省时候。尤其是在这几天在建筑方面非常失望，所谓大庙寺不是全是垃圾，便是代以清末简陋的不相干房子，还刷着蓝白色的“天下为公”及其他变成机关或学校。每去一处都是汗流浃背的跋涉，走路工作的时候又总是早八至晚六最热的时间里，这三天来可真真累得不亦乐乎，吃的也不好，天太热也吃不大下，因此种种，我们比上星期的精神差多了。……

在另外的一封信中她还写道：

整天被跳蚤咬得慌，坐在三等火车中又不好意思伸手在身上各处乱抓，结果混身是包！

虽然有抱怨、有不适应，但是她还是没有停下考察的脚步，从1930年到1945年，梁思成林徽因夫妇共同走了中国15个省、200多个县，考察测绘了200多处古建筑，留下《论中国建筑之几个特征》《晋汾古建筑预查纪略》《中国建筑史》等珍贵的建筑学史料，为中国建筑史的发展写下了浓重的一笔。河北赵州桥、山西应县木塔、五台山佛光寺等很多古建筑通过他们的考察得到了世界的认识从此被保护。

两人的朋友回忆："梁公总是身先士卒，吃苦耐劳，什么地方有危险，他总是自己先上去。这种勇敢精神已经感人至深，更可贵的是林先生，看上去那么弱不禁风的女子，但是爬梁上柱，凡是男子能爬上去的地方，她就准能上得去。"

他们在战乱时不能再四处奔走，就开始着手写作，借着菜油灯摇曳的微光弓着背一字字地书写，那个与世隔绝的小村没有印刷工具，他们必须手写和用最原始的石印。

林徽因的肺病又发作了，她每天依然靠在被子上工作，书案上、病榻前摊满了数以千计的照片、草图、数据和文字记录。

因为有着这样的辛苦的付出、这样踏实的积累，才换来令人瞩目的事业上的成就。同时，她也用自己的才华和辛苦赢得了梁启超的欣赏、梁思成的包容、徐志摩的爱情、金岳霖的守护。

不要在最能吃苦的年纪选择安逸

有很多人说，林徽因和陆小曼命运的最大不同源于她们选择了不同的婚姻对象。其实，更重要的是，她们对待生活的态度，林徽因吃得了货真价实的辛苦，而陆小曼却只能在安逸的环境中做一朵仰仗他人的菟丝花。

陆小曼的父母从小对她很娇惯，再加之家境殷实，所以她有着贵族小姐的任性与奢华，前夫王庚身居高官，俸禄丰厚依然可以让她养尊处优，后来同徐志摩一起生活，她不肯纡尊降贵吃一点儿点儿的苦，衣食住行依旧样样都讲排场，租了一套豪华的公寓，每月100大洋，14个用人进进出出，她需要漂亮的衣服，吃精致的菜肴，赶夜场的舞会，听戏、打麻将，每月至少要花掉五六百大洋，也就是现在的2.5万～3万元。这样庞大的开支让徐志摩挣扎得很辛苦。

徐志摩自己舍不得买衣服，穿着破了洞的衣服。徐志摩授课、撰稿，倒卖古董字画，

奔波在北京与上海两地，可是挣的钱还是不够陆小曼花。

她从不考虑徐志摩的辛苦，不去为他分担压力。如果她肯节俭一点儿，也许对她来讲是“吃一点儿点儿苦”，也不至于让徐志摩后来沦落得四处向朋友借钱，拆了东墙补西墙，颜面扫地。

在徐志摩去世之后，她本应该同自己暧昧的蓝颜知己翁瑞午划清界限，可是她还是因为生活压力，她从来都是享受生活，根本不懂如何谋生，所以不得不再次依仗翁瑞午。

陆小曼在年轻的时候有资本去安逸去享受，她不肯吃半点儿苦头，可是在一系列的变故之后，她发现自己根本没办法用自己的双手去创造自己的生活，所以她要靠男人来维持生计，要男人为她疲于奔命。所以有人会赞美她的才华和美丽，却不会发自内心地去钦佩她的为人。

其实，陆小曼才华十分出众，英文、法文都很精通，她有着艺术家特有的天赋与敏锐，诗歌、绘画、小说、戏曲、书法无一不精，她也曾留下了一些散文、小说，还有画作，看过的人都赞叹她的才华，可是陆小曼懒散成性，如果她肯像林徽因那样勤奋刻苦，她或许会有更高的成就。因为教过陆小曼的老师无一不说她学东西一点就通，一日千里。

可是就因为没有恒心和毅力，制约了她天赋的升华。

相比于陆小曼，林徽因更像一棵比肩的木棉树，不依附、不攀缘，所以无论何时都能绽放自己的精彩。

她为了成就一番事业，做一个对社会有用的人，年轻时就放弃锦衣玉食的优越生活，选择追随夫君，为共同的理想不怕艰苦，最终在建筑史上留下了辉煌的一笔，留下了一个女人丰沛的人生价值，也获得了世人最大的敬重。

所以，年轻的女孩儿们，别再还没开始奋斗前就向现实缴械投降，所谓的安逸只能保证一时的不辛苦，而不是一世。

因为除了自己，没有人给的安逸是坚不可摧的。过早地收敛了自己的斗志，在最能吃苦的时候寻求了安逸，注定要在以后为自己的错误决定埋单。

即使命运给了你能干的丈夫和优越的生活，也不要年纪轻轻就只懂得享受，其实，人生很多快乐不是只有安逸舒适才能带来的。

这就是为什么有些女人在嫁给富商后还要为自己的理想打拼，她们知道，经过自己的努力得到成就的喜悦是任何东西都代替不了的。而世俗的感情最现实的一面就是：你有价值，你的付出才有人重视。你得看得到自己值得被爱，你爱的那个人才能看到你的存在。

也许，即使有着自己最大努力的经营，也难以预测婚姻到底可以走多久，因为一段感情的走向是未知的，有时候，那个人决意离开，就怎么也找不回来。但是，自己身上的能力是踏踏实实的，是谁都带不走的。只要有能力证明自己，就会有人带给你不一样的爱情。

所以，在能吃苦的年纪拼搏一点儿，练就好自己的本领，才是能够幸福一生的法宝。

苦从来都不是白吃的

世上没有白吃的苦。每吃一份苦，你就为自己未来的成功和辉煌积攒了一点儿本钱。

曾有这样一个故事：

大漠上，某位王公有大量的马匹和羊群，他需要牧童帮助他牧马和牧羊。他找来两个牧童，将任务分给了两个孩子，强壮的孩子去牧马，因为马的食量大得惊人，牧马要跑很远很远的路，而且马的性子又暴烈，牧马显然要比放羊辛苦得多。另一个瘦弱的孩子自然去牧羊。

可是强壮的那个孩子却用自己的拳头欺负同伴儿，把辛苦的差事——牧马，交给了那个瘦弱的孩子，瘦孩子本来一点儿也不情愿，可是，瞧瞧同伴健壮的身板和露出凶光的双眼，他只好答应。

当瘦孩子回家把心里的委屈告诉给妈妈，身为宗教徒的母亲安慰他说：“孩子，你可能从此要比同伴多吃一些苦。可是，一个人吃苦不会是无缘无故的，有的人是在为今

后的幸福付出。所以，你不要为吃苦而抱怨。”

孩子有些似懂非懂，不过不管怎样得努力地完成自己的工作。

在强壮的孩子悠闲地看管一群温顺的小羊时，他却正从马背上摔下，被暴雨淋湿，每天要跑近百里的路到草原牧马。

就在这一天天的磨炼中，就在这一天天的辛苦中，他的身体越来越强壮，骑马的技能也越来越炉火纯青。

后来，瘦孩子因为身手矫健，被主人相中做了护卫，他又凭借自己能吃苦的劲头不断地成长，最后成为闻名一时的纵马驰骋的将军。这个瘦孩子就是成吉思汗的御前虎将——哲别。

而他的同伴儿却做了一生的羊倌儿。

其实生命的坎坷是我们必须要做的功课，那些绊倒我们的障碍是为了让我们看懂人生，曾经的你因为看不懂命运的安排，会痛苦、流泪、愤怒、怨恨，可是只要你在这坎坷中不曾放弃，能一路走下去，命运就会告诉你这些挫折的真正意义，而你所有的苦都不是白吃的，它是为了成就你，让你的人生更完整，更有能力幸福。

所以，那些越努力的女人越幸运，那些挺过坎坷、更能吃苦的女人得到了命运的眷顾。

静 / 思 / 小 / 语

世上没有白吃的苦。吃苦是我们走向成功的必经之路，每吃一份苦，你就为自己未来的成功和辉煌积攒了一点儿本钱。没有吃苦的精神，就无法战胜前进道路上的种种苦难。如果你在应吃苦的时候寻求了安逸，这或许能保证一时的不辛苦，但不是一世。

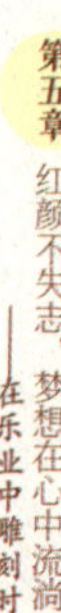

使命感，让灵魂丰盈

林徽因将工作视为人生最重要的使命，不是为了一己之私的生命历程，不只是为了彰显自我，更重要的是对于祖国的文化所具有的一种执着的热爱和追求，这使得她能够超越小我，目光始终朝向高远的外在世界，让生命得以升华、让灵魂得以丰盈。

使命，因无私而崇高

有重大历史价值的建筑物，包包含着过去年月的信息而遗存至今，是人民千百年传统的活的见证，使它们能够完整保存，林徽因视为自己重要的使命。

1945 年二战行将结束时，美军大反攻轰炸日本本土，古都奈良、京都却平安无恙，原来梁思成和林徽因在美军大反攻前，从四川的李庄到重庆找了美军联络处，提出保护文化遗产，不要轰炸日本古都的呼吁被美军接受了。时任清华大学建筑系教授的林徽因受美军邀请，在即将执行的奈良轰炸图上为其标出了著名的文化古迹位置，以免被炸。

所以至今日本人一直感谢梁思成和林徽因。

但很多人可能不知道，林徽因一家在 1937 年 11 月与 1939 年 1 月两次险些于日军的轰炸中丧命，三弟林恒于 1941 年在对日战争中阵亡。如果从一己私欲出发，林徽因是恨不得日本被炸沉的，但从她的崇高的保护文化的使命感来讲，她不能冷眼旁观。山川异域，风月同天。建筑绝不是某一民族的，奈良的唐招提寺，作为全世界最早的木结构建筑之一，是全人类文明的结晶。所以，梁思成和林徽因夫妇最终保持一份学者的冷静和理性。

和日军在中国 8 年的种种残虐暴行相对比，我们看到了人类的进步。

在中华人民共和国成立之前，北平和平解放后，解放军接着要南下解放全中国，一天有一位解放军代表来到清华大学的梁思成教授的家中，请他在地图上标出古都城内的重要古建筑，说宁可解放军多流血也要保护古城的古迹。梁思成、林徽因夫妇组织清华教师编写了《全国古建筑文物简目》及《古建筑保护须知》，印发给南下作战部队，使官兵知道保护古建筑文物。1961 年国务院公布的第一批全国重点文物保护单位的名单，有很多是参照《全国古建筑文物简目》作为蓝本的。

林徽因和她的丈夫竭尽所能地保护了很多的古建筑，却对于自己的第二故乡北京的古建筑保护无能为力。

1953年5月，北京市开始酝酿拆除牌楼，对古建筑的大规模拆除开始在这个城市蔓延。

为了挽救四朝古都仅存的完整牌楼街不因政治因素而毁于一旦，梁思成和林徽因多次与当局争论，可还是并未能改变拆除的决定。当年的一个夏夜，梁思成和林徽因一起，去参加文化部官员在北京组织的晚宴，宴席中，一向优雅从容的林徽因愤怒地大声谴责："你们真把古董给拆了，将来要后悔的！即使再把它恢复起来，充其量也只是假古董！"

同济大学教授陈从周在《林徽因集》的序中说起林徽因当时说话的神态，49岁的林徽因当时肺病已很严重，喉音失嗓，"然而在她的神情与气氛中，真是句句是深情"。她坚决反对拆文物，"保护文物和新建筑是统一的。北京的九个城门是对称的，如一旦破坏，便不是本来的基础了"。

她的奋臂疾呼并未改变国家的决定。病重中的林徽因曾绝望地追问："为什么我们在博物馆的玻璃橱里精心地保存几块残砖碎瓦，同时却把保存完好的世界上独一无二的古建筑拆得片瓦不留呢？"

林徽因所坚持的真理在半个世纪后得到证实，2004年，北京城开始复建中轴线上的永定门，以恢复古都风貌，拆掉的永定门又重新建起来了。

林徽因所从事的一生的建筑学，她并未把它当作谋生糊口的手段，她意识到了自己的使命感，所以超越了小我，实现了灵魂的丰盈。

真我的呼唤

可以想象，一个因为家长的压力而学法律的人，她会整天抱怨法律条文的枯燥；相反，如果她是因为热爱法律的行业并以维护公义为使命，枯燥的法律条文在她眼中就会格外醒目，因为这是她打赢官司的有力武器。每打赢一场官司，她都会觉得很幸福。因为这“真我的呼唤”让她产生了崇高感。

三文鱼的生命历程，更能彰显使命感的能量。

三文鱼产卵后会将卵藏在河里的石子底下，孵出的小鱼将在湖中度过大约一年的时光。一年后，这些小鱼开始游向大海，差不多要沿着环太平洋游一圈，它们在大海中经历无数艰险，每天要面对鲸鱼、海豹和其他鱼类的进攻，同时还有更加具有危险性的大量的捕鱼船威胁着它们的生命，这样一游就整整三年。成熟之后，一种内在的召唤使得它们开始了回家的旅程。这种鱼是洄游型的，为了繁衍后代，它们还要返回出生地。它们需要逆流而上，要不断从水面上跃起以闯过一个个急流和险滩，它们的唯一目的就是回到产卵地，尽管要消耗掉所有的体能，当到达目的地产卵完毕后，三文鱼精疲力竭双双死去。新的生命开始成长。

它们也许没有自觉的精神意识，可是正是由于它们的本能，与生俱来为繁衍下一代的使命，才让原本只有 4 年生命的三文鱼得以永恒。

当人类被三文鱼的生命历程深深震撼时，其实已经意识到这使命感的可贵。

人也要认识到自己的使命感，才不会让自己的生命在碌碌无为中虚度。

对于女人来讲，日常的琐碎很容易迷失自我，若丧失掉自己的使命感，也就失去了生活的意义，很难在生活中找寻到快乐。

要懂得在平凡的人生中找到自己的使命感，生命才有不竭的动力。

找寻使命感，需要努力和清醒的头脑。你要去认真地问自己“什么能带给我快乐和意义”。快乐并不完全取决于我们得到了什么或身处何种境地，而是取决于我们选择什么样的视角去看待生活，幸福是内在的体验。所以，在面对人生的种种选择时，必须确定它符合自己的价值观、爱好，符合自己内心的愿望，而不是为了满足社会标准，或是迎合他人的期待。当工作承载了更多的意义和价值，它就不再是让人厌烦的苦差事。在实现工作目标的过程中，潜力的充分发挥会带来满足感。

这就能解释为什么林徽因可以放弃家中的舒适温暖，不辞辛苦地奔走于荒郊野外。

为探寻古老建筑，她曾在到处爬满了臭虫、满是令人窒息的尘土和秽气的阁楼中待上几个小时，身上和背包里爬满了臭虫，浑身奇痒难耐。可当她确定一座罕见的唐代木结构建筑被自己发现时，巨大的快乐把所有的疲倦都冲走了。

用使命感提升生活的满意度

心理学家艾米·文斯尼斯基和他的同事们，提示人们对待工作有三种态度：工作、事业或是使命感。

把工作只当成谋生的手段，每天能少干多赚就是最大的目的，工作成绩不是他关注的焦点，高薪水多假期是这类人最大的追求，可是往往现实没有想象中美好，工作时自然多了一份埋怨，抱怨工作辛苦，抱怨人生无趣。

而把工作当作事业的人，就多了一份对未来的规划，自然也就多了一份奋斗，多了一份成绩，可是对于权力和地位的追逐也往往让人心力交瘁。

对于把工作看成使命感的人来说，工作本身就是生命意义所在，薪水和机会固然重要，但他们工作是因为他们想要做这份工作。他们的力量源于内在，同时也在工作上感到了充实。在工作中达成自我实现，他们所投在工作中的热情和努力，是无法仅用赚多少钱来衡量的。

文斯尼斯基的建议是："除了收入或是地位之外，人们对于工作的定位，将在很大程度上决定他们对工作及生活的满意度。"

如果你肯把工作当作使命感，它对你来说便不再是影响生活质量的负面因素，而是带来幸福感的重要来源。

这就是为什么林徽因的一生虽短暂但是却如此充实，即使生命的最后一段时间被病痛折磨，她还能露出微笑。

那时的她依旧担负着一项重要的文化使命——保护景泰蓝这一民族传统手工艺。

景泰蓝在抗战时期，外销断绝，作坊不断倒闭。解放前夕，

□ 林徽因从来没有把时间浪费在无聊的事情上，也没有因为抚养儿女、支持丈夫、操持家务而放弃自己的追求。她在做好一个贤妻良母的同时，仍坚定地活在自己的状态里，从未违背自己的处世原则。

从事景泰蓝生产的工人只剩几十人，优秀传统工艺处于奄奄一息的境地。

她为挽救景泰蓝传统手工艺而献出最后的心血，她的身体已经虚弱到极点——肺已布满了空洞，肾也切除了一侧，结核菌已从肺转移到肾、肠，她来不及哀叹命运的不公平，给她这样满是伤病的身体，她还有不能推卸的使命，她多次跑到景泰蓝工厂去调查，了解它的工艺程序及材料特点。

林洙回忆：

> 她以惊人的毅力和她的助手们一起研究设计适合景泰蓝生产工艺的造型、图案及配色。为了探索和发展民族传统的优良图案，她对我国历代图案进行了研究。她已不能像设计国徽时那样亲自画图了，她的意图常常是由她最亲密的助手莫宗江来完成。

1955年春，林徽因的病严重到必须入住同仁医院，她的学生钱美华赶去看望。钱美华还记得，当时林徽因已极为消瘦，在听完近来手工艺品设计的介绍后，她脸上泛出愉快的神情，“景泰蓝是国宝，不要在新中国失传”。

当她听到景泰蓝技术由于她的努力终于可以有些起色时，她仿佛感觉不到病痛，她的脸上有愉快的表情，因为她的心里是幸福的，这幸福源于自己使命的完成。

这就是使命感的力量。

曾有一项针对医院护工的研究。研究者通过调查发现，医院的护工大体可以分为两组，一组人觉得自己的工作又脏又累，要不是为了赚钱，自己是不会做的，为了生计不得不做，又觉得自己命运真是不好；另一组人却认为，自己的工作很有意义，不但可以帮助病人尽快康复，还可以帮他们的家人分担任务，自己又可以赚钱。这一组人通常工作态度认真，因为他们看待工作的角度更高，并在其中找到了意义：自己护工的工作，帮助病人更快地康复，是不可或缺的。由于在日常工作中找到了使命感，他们不但不觉得自己是不幸的，反而从中也得到了更多的意义和快乐，从而提升了自己的幸福感。

其实，很多时候，幸福的感觉和职业并无太大关联，即使同样的工作，不同的人做起来感觉也会不同。人们需要赋予工作本身更多的意义，从中发现乐趣，才能提升自己的幸福感。

静/思/小/语

日常的琐碎很容易让人迷失自我，当丧失掉自己的使命感，也就失去了生活的意义。既然选定了一份工作，就不要只把它当成谋生的手段，赋予工作本身更多的意义，找到自己的使命感，才能从中发现乐趣，提升自己的幸福感。

从文学中淘获情意深切的雅趣

如果说建筑事业是林徽因对于使命的坚守，文字大约是她来自性灵深处的诗情。她把美好的情怀幻化成美妙的文字，作为清丽无双心灵的独语。理想情感受阻却又不能自已，她试着用精妙的文字去畅叙幽情，却不经意间，为中国现代文学史上留下极具美感的一笔。

穿越岁月的灵性之光

“我说你是那人间的四月天，笑响点亮了四面风；轻灵，在春的光艳中交舞着变。”林徽因用充满真挚的情感和天然的灵气，留给世人一个永恒的四月天，每当这美丽的诗句轻轻被诵读，她作为诗人的天赋就已经被深深认同。据梁从诫回忆，1928 年从美国留学回国，“此后不久，母亲年轻时曾一度患过的肺病复发，不得不回到北京，在香山疗养”。又说：“香山的‘双清’也许是母亲诗作的发祥之地。她最早的几首诗都是在这里写成的。清静幽深的山林，同大自然的亲近，初次做母亲的快乐，特别是北平朋友们的真挚友情，常使母亲心里充满了宁静的欣悦和温情，也激起了她写诗的灵感。从 1931 年春天，她开始发表自己的诗作。”

那 / 一 / 晚

那一晚我的船推出了河心，
澄蓝的天上托着密密的星。
那一晚你的手牵着我的手，
迷惘的星夜封锁起重愁。
那一晚你和我分定了方向，
两人各认取个生活的模样。

到如今我的船仍然在海面飘，
细弱的桅杆常在风涛里摇。
到如今太阳只在我背后徘徊，
层层的阴影留守在我周围。
到如今我还记着那一晚的天，
星光、眼泪、白茫茫的江边！
到如今我还想念你岸上的耕种：
红花儿黄花儿朵朵的生动。

那一天我希望要走到了顶层，
蜜一般酿出那记忆的滋润。
那一天我要持上带羽翼的箭，
望着你花园里射一个满弦。
那一天你要听到鸟般的歌唱，
那便是我静候着你的赞赏。
那一天你要看到零乱的花影，
那便是我私闯入当年的边境！

这首诗就是林徽因在这一时期所写。这一时期，她的人生逐渐成熟，她和梁思成于1928年正式步入婚姻的殿堂，而徐志摩也离了婚又再婚，他们对彼此的感情已经逐渐释怀，也许还有一些迷恋，也是出于对对方才华的欣赏，他们已经能够理性地对待情感。林徽因将过往情愫用优美的格律表现，并将这一段隐秘情感含蓄地表现于诗中。从这时起，林徽因又陆续发表了一些散文、小说和剧本，很快受到文坛的注意。她的每一首诗都与自然和生命息息相关。她的诗歌受到英国唯美派诗人的影响，在早期体现得更加明显。

作品中的浓郁的唯美倾向，彰显了她特有的柔美浪漫。

女人需要一种媒介展现自己的美好情怀，将平淡的日子演绎得生动多姿，也许文学是个不错的选择。

波动在世事沉浮中的情感有时难以宣泄，文学可以变成一种寄托和誓约。借着文字的舞台，女人可以编织自己心中隐秘的梦幻，展现出别样的人生魅力。将沉静在心灵的一角的哀愁用文字构建，就可以在失落中得到慰藉、在困惑中得到释放。

清丽的文字是温润心灵的独语，激扬的文字收获情感宣泄的快意。

文字可以将一段时光稳妥地安放，让美好不在记忆中褪色，也可以将过往梳理，把智慧留存于心。

倾心于文字的人，生命充满色彩，并富有独特的个性。热爱文字的人，在文字里延续生命、延伸梦想、延长历程。

所以，林徽因在时代的潮流中，以独特的儒雅气质，始终保持着一种与众不同的韵味。她用诗歌去表现深邃的情愫，同时也使她多出了一份经过沉淀之后的宁静和节制。

用一点儿时间去醉心于文字的美妙，让生活处处布满了风景和诗意，处处散发着芬芳和幽香。让灵魂躲避红尘的喧嚣得以在世俗中有片刻的超脱，让浸润着泪水和欢笑的

文字幻化为滋润心灵的甘泉，静静地独享那份神韵飞扬的诗意感觉。

力透纸背的底蕴

一个人的阅历决定了一个人的深度。林徽因用独特的文字显示出了灵魂的深邃。重温林徽因那些文字精美的动人诗篇，依旧能感觉到闪烁其中的生命的智慧。

对于《你是人间的四月天》的解读，很多人一厢情愿地认为诗中的“四月天”指的是徐志摩。而林徽因说，这是送给一个可爱新生命的“爱的赞颂”。

“你是一树一树的花开，是燕在梁间呢喃——你是爱，是暖，是希望，你是人间的四月天。”这分明是一位被母爱充盈的女性，她用轻风、细雨、星子、雪化后的鹅黄、初绿的芽儿、白莲等多个明媚的意象，将初生的婴孩比喻得如天使般纯洁、神圣。她不歌颂母爱的义无反顾，她只用浓浓的爱意去注视自己的孩子，她的眼中越是洋溢美好，也越能感受到身为温婉母亲的蕙质兰心。林徽因本身就有天然的诗人的灵气，当她阅尽人间沧桑，她用遒劲的笔尖写下生命的顿悟。

飘摇／它高高的去／逍遥在／太阳边／太阳里／闪一片小脸／但是不／你别看错了／错看了它的力量／天地间认得方向／它只是／轻的一片／一点子美／像是希望／又象是梦……

她用唯美的笔调低沉婉转地表达崇高的情感。字里行间宛如山涧潺潺流淌着的溪水，清丽动人。

林徽因不但诗歌写得好，散文、小说、戏剧、杂评的水准也颇高，她被北平女子文理学院聘请讲授《英国文学》课程，负责编辑《大公报·文艺丛刊·小说选》，同时担任《文学杂志》编委。

萧乾说：“她又写、又编、又评、又鼓励大家。我甚至觉得她是京派的灵魂。”

作为一名建筑学家，林徽因也许无意在文学领域做出多大成绩，她不过是“行有余力，以至于学文”，文学是林徽因事业规划之外的一笔额外收获。她用这样过人的文学天赋去阐述建筑学的理论，使原本晦涩难懂的理论变得格外生动。

林徽因同梁思成于1932年共同撰写了《平郊建筑杂录》。林徽因在开篇写道：

> 这些美的存在，在建筑审美者的眼里，都能引起特异的感觉，在“诗意”“画意”之外，还使人感到一种“建筑意”的愉快。这也许是个狂妄的说法——但是，什么叫作“建筑意”？我们很可以找出一个比较近理的含义或解释来。
>
> 顽石会不会点头，我们不敢有所争辩，那问题怕要牵涉到物理学家，但经过大匠之手艺、年代之磋磨，有一些石头的确会蕴含生气的。天然的材料经人的聪明建造，再受时间的洗礼，成美术与历史地理之和，使它不能不引起赏鉴者一种特殊的性灵的融会、神志的感触，这话或者可以算是说得通……

建筑学的美感被这个充满灵气的女子娓娓道出它的精妙。这是当时任何男性研究者无法做到的，林徽因将建筑美学变作心灵上的又一诗歌。

正如她的后人所言：“她的学术论文和调查报告，不仅有严谨的科学内容，而且用诗一般的语言描绘和赞美祖国古建筑在技术和艺术方面的精湛成就，使文章充满诗情画意。”

科学家的刻苦严谨、诗人的灵动洒脱被她巧妙融合。科学可以变得富有诗意，她不是神情古怪的科学怪人，但她也不是只懂吟诗作对的无用书生。

这力透纸背的底蕴源于她双文化的教育，中国传统文化的滋养让她秀外慧中，英语对于她是一种内在的思维和表达方式、一种灵感、一个完整的文化世界。她聪明地将中西文化融合，成就了一个温婉细腻却又睿智博学的知识女性。

沉浸在笔墨清香中

当精妙的文字、优美的意蕴让一个刻苦严谨的女科学家变得从容优雅、气质迷人，我们还有什么理由不去沉浸于笔墨的清香中，去享受灵魂的净化与升华?

文学会让女人变得儒雅温厚。不管现代女性是如何独立如何强大，可是，在内心深处，依然要给文学给下一点点空间，这样才能芬芳心灵的家园。

其实人性的复杂性和生命的单调性需要文学的丰富去平衡。读书可以让思维沉浸其中，自然多了一份心领神会，而文学中常常提供间接的生命体验。你不用生活在上世纪末，也可以在张爱玲的叙述中感受末世的挽歌；你不用去湄公河畔，却依然在玛格丽特·杜拉斯的笔下感受到爱而不能的绝望；你可以用短短的几天，体会出亦舒所构建的女主人公“喜宝”跌宕起伏的一生，她于生命的尽头已不能回头，你却能从她的生命轨迹中懂得爱恨得失。

于是，你淡薄的生命开始变得丰盈，那些温暖的话语、那些犀利的文字，让女人在享受文字赋予的惬意和欣喜同时，在沉淀之后多出一份宁静和节制。女人还可以在文字里播种快乐，将自己的情感撒进浩瀚的文字里，编织梦想，去收获一份雅致和浪漫，用文字将时间凝结成一种记忆去温暖自己。

短暂的生命中，曾经重要的人也许转眼即形同陌路。然而，岁月并非无痕，于静默的文字中，你可以将曾经的满含感动、曾经的痛彻心扉都融于文字，像那个聪慧的女子一样，恒久地于诗中留存曾经的美好。是与非、错与对，都已成回忆，坦然，其实是一种桀骜不驯的坚强。

对于文字能够运用自如除了能够适当地宣泄情绪外，对于女人的事业也有帮助。随着社会间的交往日益频繁，语言文字的表达能力也日益凸显其重要性。工作中，很多时候需要用恰当的文字去表达工作意图才更容易被人理解。这样的表达能力归根结底靠的是平时的积累。

当女人将行云流水的文思融会贯通于所从事的事业，必将有所收获。因为善于运用文字的女人通常禀赋聪颖、才思敏捷、独具魅力，与人交往自然会留下文采天成的印象。

虽然文学可以将平淡的日子演绎得生动多姿，但是最好还是用它来点缀生活，而不是整日沉溺于文学构建的完美却脆弱的玻璃世界。太沉迷于文字的女人会变得敏感脆弱。她会特别在意情感上的得失，会敏感到因为一朵花的凋落、一片叶的飘零、一只小虫生命的结束而郁郁寡欢；也会因为一个眼神、一个动作而快乐或悲伤，太感性太细腻都容易受伤。

静/思/小/语

于安静的午后或寂静的深夜，放一首自己非常喜爱的音乐，泡一杯绿茶，让文字流淌于笔尖，去安放自己小小的不安、沮丧，你会发现文字也能疗伤。当于精巧细致的文字中体会更多涓涓如泉的温暖，于深邃凝练的文字中聆听天籁的福音，慢慢地便沉淀出悠远的底蕴，幻化出桀骜不驯的坚强。

才艺，装点女人独有的风韵

文学的底蕴使她变得优雅感性，过人的才艺又将她推向了女人的另一个极致。岁月再也无法掩饰她的光彩，她不甘心只留给人初见的惊艳，在柔风细雨般的温柔中，绽放着自己的风华绝代。流逝的时光之水也冲洗不掉她的传世风华。

才貌是可以双全的

林徽因不光貌美如花，才情也实在令人叹服。林徽因的才华首次展示于社会是在泰戈尔访问北京的那些日子。当时泰戈尔刚获得诺贝尔文学奖不久，受邀来到中国。泰戈尔到北京时，林徽因与梁启超、林长民、胡适等一同接待了泰戈尔。

为欢迎泰戈尔，同时为他祝寿，新月社排演了戏剧《齐德拉》。

剧中主人公齐德拉公主是齐德拉·瓦哈那唯一的女儿，因此父亲想把她当成儿子来传宗接代，并立为储君。因此从小受到王子应受的训练，她尚武而其貌不扬，在山林里邂逅邻国王子阿俊那，并对其一见钟情。她困恼于没有美貌去吸引王子，于是齐德拉虔诚地向爱神祈祷，希望能获得惊人的美貌。很幸运，齐德拉实现了愿望，爱神给了她一年的美貌，齐德拉一改以往的平凡容貌变得貌美如花，并用美貌赢得了王子的爱，两人结为夫妇。可是王子却从言谈中透露出仰慕邻国公主征服乱贼的英名，他的仰慕对象就是之前那个其貌不扬却英勇无比的齐德拉。于是齐德拉再次恳求爱神恢复了她原先并不漂亮的容颜，王子意外地感到无比惊喜。幕布在浪漫的皆大欢喜结局中徐徐落下。

在剧中，美丽的齐德拉由林徽因扮演，整场剧目都是用英语对白，林徽因用流利的英文演绎出动人的对白，并用精湛的演技赢得潮水般的掌声。

演出大获成功。泰戈尔登上台，拍着女主角的肩膀赞许道："马尼浦王的女儿，你的美丽和智慧不是借来的，是爱神早已给你的馈赠，不只是让你拥有一天、一年，而是伴随你终生，你因此而放射出光辉。"

天鹅绒大幕缓缓拉上了，可是林徽因光芒四射的美貌和演技却从此留在人们的记忆

中。诗哲的赏识，也让她的才华完美地展现。

5月10日北平《晨报副刊》说：“林女士徽音，态度音吐，并极佳妙。”赞叹林徽因一口流利的英语清脆柔媚。演出之后，梅兰芳也成了这位才女的“粉丝”，之后只要林徽因在场，梅兰芳总不肯落座。

晚年的梁思成这样评价她的这位“万人迷”妻子：

> 林徽因是个很特别的人，她的才华是多方面的。不管是文学、艺术、建筑乃至哲学她都有很深的修养。她能作为一个严谨的科学工作者，和我一同到村野僻壤去调查古建筑，测量平面和爬梁上柱，做精确的分析比较；又能和徐志摩一起，用英语探讨英国古典文学或我国新诗创作。她具有哲学家的思维和高度概括事物的能力。所以做她的丈夫很不容易。

她的才华让丈夫晚年对她还是如此地迷恋，在那些远远观望她光芒的仰慕者的眼中，她早已成为传奇。

美貌加上才华，这样的女人注定有一种超凡脱俗的美。

才华，让生活变得多姿多彩

林徽因不仅用才艺让众多仰慕者的目光久久不能离去，她还用自己的才华让生活充满乐趣。

1928年，林徽因和梁思成决定在加拿大举行婚礼。和许多女孩儿一样，她对自己的婚礼十分重视。结婚前夕，对于礼服，林徽因有自己的要求。加拿大都是西式婚纱，遍访渥太华的服装店，找不到中国新娘装。而自己是中国媳妇，应该有中国传统的特点，于是，她自己买来布料，亲手设计缝制了一套具有中国传统风格的“凤冠霞帔”，在中国驻加拿大总领事馆庄重圣洁宛如天使庇护的古老教堂内，林徽因穿着自己设计的嫁衣，戴着装饰有嵌珠、左右垂着两条彩缎的头饰，得到了所有人的祝福。

林徽因用自己的才华让婚礼变得独特。

不但能够在自己的专业领域有所建树，还能用英语真情演艺戏剧，还精通文字写作，她的才华让太多人对她钦佩有加。

文洁若在《才貌是可以双全的——林徽因侧影》中说：“欧洲文艺复兴时期，曾出现过像达·芬奇那样的多面手。他既是大画家，又是大数学家、力学家和工程师。林徽因则是在中国的文艺复兴时期脱颖而出的一位多才多艺的人。她在建筑学方面的成绩，无疑是主要的，然而在诗歌、小说、散文、戏剧等方面，也都有所建树。”

费慰梅则是这么分析林徽因的敏锐和复杂：

> 当我回顾那些久已消失的往事时，她那种广博而深邃的敏锐性仍然使我惊叹不已。她的神经犹如一架大钢琴的复杂的音弦。对于琴键的每一触，不论是高音还是低音、重击还是轻弹，它都会做出反应。或者是继承自她那诗人的父亲，在她身上有着艺术家的全部气质。她能够以其精致的洞察力为任何一门艺术留下自己的印痕。

能在很多领域表现出创造力，不但自己能收获成就感，同时也会让自己不断成长。

曾有一个跨国公司的女高管，她在营销领域创造了非凡业绩，当媒体采访她保持充沛的精力和高效的创造力的秘诀是什么的时候，这位职场精英说出了自己的秘密。她平时十分喜欢弹奏古筝，现在的她可以弹奏很多曲子，优美的古典音乐需要凝神静气去弹奏，所以，每一次她安静地坐在那弹奏时，她很快就融入到音乐中，情绪得到很好的释放，弹奏时培养出的高度的专注力也让她做任何事时都很有效率。

除了古筝，她还有一个才艺——画油画。

她说：“画油画非常锻炼观察能力，之前我对色彩非常不敏感，认为所有的蓝就是一种色彩，但是现在就会知道，我会想要什么样的颜色和什么样的颜色调在一起才能调到一个特定的蓝色。这就让我的眼睛更加敏锐，去观察细节。比如说光影的变化，颜色的差异等。所以我觉得这些对我来讲，虽然在画油画，但其实打开了我的另一扇心窗。”

□ 林徽因有多元化的爱好、多元化的才艺、多元化的事业，不仅在建筑、诗文方面有非常杰出的表现，在其他方面的才学也是相当卓越的，所有的一切铸就了林徽因辉煌而多彩的一生。

弹古筝、画油画，这些才艺成为一个女高管精力充沛的一个个原动力。其实，那些高雅的艺术并不遥远，也并非都需要从小练习，女人只要把放在先生和孩子身上的时间拿出一点儿出来就可以让自己从中获得很多乐趣，自己也才能够成为一个独立的个体。给自己一个机会、一个环境，去培养一点儿才艺，每一项爱好都有一些地方可以帮助你成长，寻找到真正的自我。

用才艺取悦自己

卞之琳慨言："她天生是诗人气质、酷爱戏剧，也专学过舞台设计，却是她的丈夫建筑学和中国建筑史名家梁思成的同行，表面上不过主要是后者的得力协作者，实际却是他灵感的源泉。"

她的儿子梁从诫认为，母亲能够把多方面的知识才能汇集于一身，是一位有着"文艺复兴色彩"的知识分子。在生活的每个瞬间，林徽因都用自己过人的才华点缀着平淡的生活，让身边的亲人感受到这份优雅带来的愉悦。她的才艺并非是为了炫耀自己或取悦他人，她只是用这样的方式在寻找人生的乐趣。

弗吉尼亚·伍尔夫曾说："当我搜索枯肠时，我发觉去做什么人的伴侣、什么人的同等人，以及影响世界使之达到更高的境界等，我并没有感到什么崇高可言。我只要简短而平凡地说一句，一个人能使自己成为自己，比什么都重要。"

而"使自己成为自己"并非是件容易的事。世事纷扰总是让女人忘记自己最重要的使命，当将自己的所有精力都放在取悦别人身上，渐渐地，女人就忘记了取悦自己。其实，只有不断地寻找自我，不断地发现人生的乐趣，才能真正获得生命的乐趣，而这样的女人身上就会有一种特别的吸引力，她的身上总是有着一种神秘感，就像永远都挖掘不完的宝藏。

静/思/小/语

过人的才艺会将女人推向另一个极致，她的身上总是有着一种神秘感，就像永远都不可能挖掘完的宝藏。能在很多领域表现出创造力，不但自己能收获成就感，同时也会让自己不断成长，这样的女人注定有一种超凡脱俗的美。女人，既要懂得追逐成功，也要懂得享受生活。

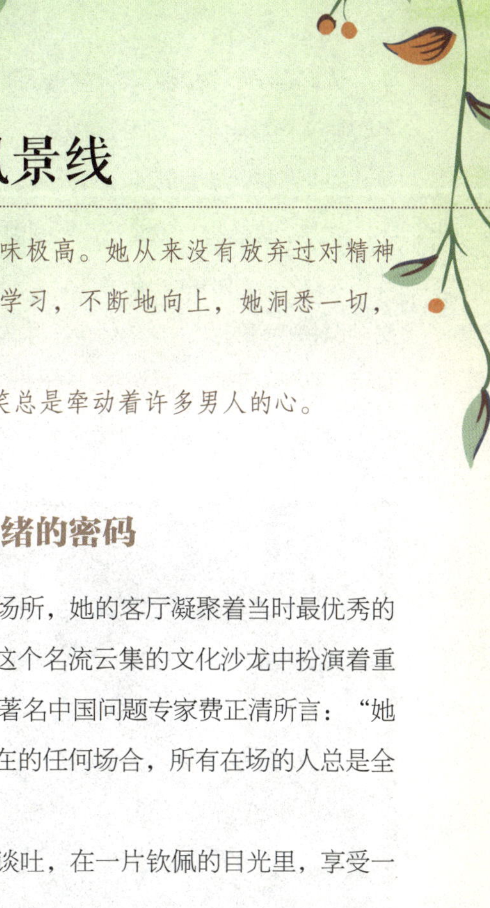

成为社交圈一道亮丽的风景线

教养和良好的经济条件，使林徽因的眼光品味极高。她从来没有放弃过对精神领域的建构，这让她越过了琐碎和庸俗，不断地学习，不断地向上，她洞悉一切，散发出成熟的魅力。

在社交圈中她是一道亮丽的风景线，一颦一笑总是牵动着许多男人的心。

社交情商——平衡情绪的密码

林徽因的社交圈不同于一般社交场合中的应酬场所，她的客厅凝聚着当时最优秀的知识分子，形成了一个独特的交往网络。林徽因在这个名流云集的文化沙龙中扮演着重要的角色，正如当时在西总布胡同 21 号租住的美国著名中国问题专家费正清所言："她交际起来洋溢着迷人的魅力。在这个家，或者她所在的任何场合，所有在场的人总是全部围着她转。"

林徽因在诸多名流雅士面前展示自己的学识和谈吐，在一片钦佩的目光里，享受一种荣耀，验证一种高贵的身份。

她的女儿梁再冰的回忆大致勾勒了这个交往网络的成员与特性："这时我家住在东城北总布胡同三号，这也是我记忆中的第一个家。这是一个租来的两进小四合院，两个院子之间有廊子，正中有一个'垂花门'，院中有高大的马缨花和散发着幽香的丁香树。父亲和母亲都非常喜欢这个房子。他们有很多好朋友，每到周末，许多伯伯和阿姨们来我家聚会。这些伯伯们大都是清华和北大的教授们，曾留学欧美，回国后，分别成为自己学科的带头人，各自在不同的学术领域中做着开拓性和奠基性的工作，例如，张奚若和钱端升伯伯在政治学方面，金岳霖伯伯在逻辑学方面，陈岱孙伯伯在经济学方面，周培源伯伯在物理学方面等……在他们的朋友中也有文艺界人士，如作家沈从文伯伯等。这些知识分子研究和创作的领域虽不相同，但研究和创作的严肃态度和进取精神相似，爱国精神和民族自豪感也相似，因此彼此之间有很多共同语言。由于各自处于不同的文化领域，涉及的面和层次比较广、深，思想的融会交流有利于共同的视野开阔，真诚的友谊更带来了精神力量。我当时不懂大人们谈话的内容，但可以感受到他们聚会时的友谊和愉快。”

人以群分，物以类聚，林徽因的朋友们大都少年时期饱受中国传统文化的浸染，青年时期又接触到了“五四”的民主、科学知识，出国留学，又得到了西方文化的滋润。彼此的交流有利于共同的视野开阔，也让林徽因很享受智慧碰撞带来的快乐。

可是，这样的文化沙龙曾得到很多人的议论，因为来林徽因客厅做客的以男性居多。其实，这本无可厚非，在当时，像林徽因这样能有机会受双文化教育长大的，并拥有如此学识和智商的女性少之又少，除去几个由于嫉妒不愿在林徽因光环之下的女性，沙龙里可不是只有那些不同领域的男性精英。

其实，在人际交往中总免不了异性之间的正常交往。曾有科学研究显示，异性度高的人更加成熟，身心更加健康，智力更高，更具有智慧和魅力。

这一点在林徽因的身上有很好的体现。而且，林徽因的身上通常被认为兼具男人性格中的一些特点，如坚强、主动、豁达、沉稳、有一定的专业研究能力。瑞士著名心理学家荣格曾提出“双性化人格”概念，即“男人自我中的女性化部分”和“女人自我中的男性化部分”。他认为，不管是男人还是女人，只有将这两个方面结合才能接近完美。

林徽因在自己的文化圈子中、在同异性交往中，除了提高自身素质，还渗透异性因素，让她在女性温柔、美丽的基础上又多了一些豁达和专注。

而对于男性来讲，自然也需要女性的影响力。

□ 外在美是内在美的流露，一个真正懂得绽放的美丽的女人，是有一定内涵的。林徽因的智慧、优雅、灵性都成了美丽的表征，她在有生之年绽放出了生命中全部的美丽，成为众人心目中的一道风景。

空间站的男宇航员在长期的太空飞行中经常出现头痛、恶心、食欲不振、精神萎靡等症状，这些“恐寂症”和“航天综合征”缓解起来很简单，在宇航员中增加女性成员，男性航天员因为不再持续一种孤独的状态，航天综合征就会有所缓解。

所以，社交圈对于人正常的健康发展十分重要，尤其不要排斥异性的存在。长期没有异性交往的环境，不是健康生活的环境。

成为美和智慧的化身

林徽因虽然天生丽质，也很注重衣着打扮，在清华园中一直是新潮的榜样。1935年，林徽因曾在国立北平大学女子文理学院外语系教《英国文学》课。云南大学中文系全振寰教授曾修读她的这门课。全教授告诉我们：“当时许寿裳任院长，潘家询任外语系主任。曹靖华、周作人、朱光潜都在此执教。林徽因每周来校上课两次，用英语讲授英国文学。她的英语流利、清脆悦耳，讲课亲切、活跃，谈笑风生，毫无架子，同学们极喜欢她。每次她一到学校，学校立即轰动起来。她身着西服，脚穿咖啡色高跟鞋，摩登、漂亮而又朴素、高雅。女校竟如此轰动，有人开玩笑说，如果是男校，那就听不成课了。”

即使后来患病体质那样虚弱，她还穿一身骑马装。可见爱美之心很重。她的堂弟林宣说过一件趣事：林徽因写诗常常在晚上，总是要点上一炷清香，摆一瓶插花，穿一袭白绸睡袍，面对庭中一池荷叶，在清风飘飘中吟哦酿制佳作。“我姐对自己那一身打扮和形象得意至极，曾说‘我要是个男的，看一眼就会晕倒’，梁思成却逗道，‘我看了就没晕倒’，把我姐气得要命，嗔怪梁思成不会欣赏她，太理智了。”

美女与非美女，尽管在事业成功的概率上相比并不占优势，但却毫无疑问，美女会得到更多的目光、关注和宠爱。尤其是在社交场合，貌美者总能得到异性更多的关注。

有一本杂志甚至说，女人，再怎么位高权重，再怎么意气风发，再怎么居功厥伟，或者，再怎么从云端跌入谷底，最终外界瞩目的焦点都是：她们的脸。

这样说虽有些极端，但是也在某种程度上说明了女人外在条件的重要性。所以，如果要在社交圈中得到关注，不妨打理一下外在，不能做到惊艳，至少应该做到精致。

林徽因的姿色出众，而且她懂得怎样打扮自己，妆容永远是淡雅的，没有浓妆艳抹的妖艳，也不素面朝天的有些土气，但是，简约自然大方，别具一番韵味。美丽的容貌是与生俱来的，而美丽的仪态却是后天培养的。懂得保养好自己的皮肤、体态，让自己

的坐卧行走都是一道亮丽的风景。

越来越多的朋友聚在林徽因的周围，一方面是因为她美丽可爱、活泼动人、直率、真挚，但更重要的是她的知识品位、沟通能力和判断力都是第一流的。受双文化教育长大的她，有一种特别的内在思维和表达方式，她专注于自己的事业，又可以写诗，对文学、政治、哲学都颇有见地，她有自己的诗作但又不完全是诗人，这样多侧面、多方位的林徽因，对当时以男性为主的京派知识分子群体有着强烈的吸引力。

在一个高水准的交际圈中，首先得丰富自己，有一些可以分享的兴趣爱好，才可让自己同别人有共同的话题，如果胸无点墨，那任凭用多华丽的衣服装饰，也会让人觉得肤浅。

事业上的成功或平时的才艺积累都可以在这时让女人焕发光彩。

女人的智慧就是在生活中一点一滴积累起来的。那些社交场上落落大方、谈吐优雅的女性并未天生具有交际天赋，只不过她们把别的女人八卦的时间用来读书、读报提升自己。

想要在社交圈成为亮丽的风景线，就要使自己成为美和智慧的化身。

感染力：驾驭他人的缰绳

“每个老朋友都会记得，徽因是怎样滔滔不绝地垄断了整个谈话。她的健谈是人所共知的，然而使人叹服的是她也同样擅长写作，她的谈话和她的著作一样充满了创造性。话题从诙谐的逸事到敏锐的分析，从明智的忠告到突发的愤怒，从发狂的热情到深刻的蔑视，几乎无所不包，她总是聚会的中心人物。当她侃侃而谈的时候，爱慕者总是为她那天马行空般的灵感中所迸发出来的精辟警语而倾倒。”费慰梅在《梁思成与林徽因》中如是说。

这就是林徽因在社交时表现出的感染力，她让身边的人不自觉地成为她的仰慕者，成为她思想的聆听者。

萧乾回忆说：“她话讲得又多又快又兴奋。徽因总是滔滔不绝地讲着，总是她一个人在说，她不是在应酬客人，而是在宣讲，宣讲自己的思想和独特见解，那个女人敢于设堂开讲，这在中国还是头一遭，因此许多人或羡慕，或嫉妒，或看不惯，或窃窃私语。”

在20世纪的30年代，其实不止有梁思成与林徽因的文化沙龙，胡适家有，凌叔华家也有，只是他们的人气都没有“太太的客厅”旺盛。分析起来，还是由于林徽因独特的个人魅力和强烈的感染力，使这个文化沙龙变成了“京派”文化人圈子里一个灿烂夺目的中心。

她有激情又直言不讳，而且毫无矫揉造作之感。

同梁宗岱关于诗的艺术特点的争论，她的语言的锋芒是那么尖锐，可是却让在场的人都感受到了她精妙的分析。

同当时还是文坛新人的萧乾交谈，林徽因用自己的热情，让他忘掉了来时的拘谨，并用自己对萧乾作品的精辟解读赢得了他由衷的尊重和感激。

她对艺术和文学高深的见解和对人性透彻的了解，让她的语言和观点极富感染力，她胸怀宽广、乐善好施，当朋友需要她解决问题时，她有能力给予帮助。当沈从文因为感情纠葛烦恼时，她能说出真诚而惊世骇俗的一番言论来，她既敢作敢为，也敢说真话。

她说："我认定了生活本身原质是矛盾的，我只要生活；体验到极端的愉快，灵质的、透明的、美丽的近于神话理想的快活。"

她说："我的主义是要生活，没有情感的生活简直是死生活，必须体验丰富的情感，把自己变成丰富，宽大能优容，能了解，能同情种种'人性'。"

其实，她的感染力即使在客厅之外也始终存在。

在困境中坚守心灵的纯净，从不放弃对梦想的执着追求，命运几番起伏却始终宠辱不惊的淡泊，都让世人深深地被她的魅力所震撼。

做一个有感染力的女人，要使语言更有味道、更富感染力。这样在表达自己观点的时候才会给人很强的冲击力，语言贫乏自然难以表达丰富的思想，不如从措辞和音调这两个细节入手，再多积累一些丰富的词汇。

另外，更为重要的一点是，女人在同别人交流时要有自己的原则和观点，而不是人云亦云，一个正确的原则往往会让女人得到更多的尊重。

静/思/小/语

人的生活，不仅要物质的，也要精神的。林徽因完美地平衡了自己的情绪，于社交中获得智慧和力量，在社交圈成为亮丽的风景线，成为了美和智慧的化身。同时，她以自己的诗一样的浪漫情怀和哲学家般的智慧和理性深深地感染着她的朋友，她永远理想地存活在世人的梦里。

为追寻那一抹美的灵光，她在纷呈世相中，步步生辉，寸寸皆是庄严。

岁月流转，她心若莲花，盛放过后还有暗香盈动，在你不经意间沁入心肺，而难以忘怀。当智慧的双眼看透了生命的终点是死和美的短暂性，她将半生的荣耀与流离演绎成绝代风华，仰止当世，光照来人。

第六章

水滴涟漪终消散，木记轮回恋此生

——享受生活，活出自我

任命运风起云涌，一朵莲花独自香

林徽因懂得将那半生的荣耀尽情挥洒，又懂得用坚韧的肩膀去承载半世的流离，她懂得用自己聪明的头脑开拓女人的半边天，也懂得于沉默中散发迷人的芬芳。她坐看命运的风起云涌，在散漫的光阴里细数回忆的年轮，成就自己美丽如梦的传奇一生。

变幻，是生命中永恒的主题

“知否世事常变，变幻原是永恒。”林徽因短暂的一生中经历了巨大的变化，她的前半生幸福安逸，后半生颠沛流离，环境的巨大落差从未改变过她的追求，她内心的澎湃从未消失，也许是因为睿智的她在还未开始承受命运突如其来的考验时，早已参透了生命的真谛。

谁/爱/这/不/息/的/变/幻

——林徽因

谁爱这不息的变幻，她的行径？
　催一阵急雨，抹一天云霞，月亮，
　星光，日影，在在都是她的花样，
更不容峰峦与江海偷一刻安定。
骄傲的，她奉着那荒唐的使命：
　看花放蕊树凋零，娇娃做了娘；
　叫河流凝成冰雪，天地变了相；
都市喧哗，再寂成广漠的夜静！
　虽说千万年在她掌握中操纵，
她不曾遗忘一丝毫发的卑微。
难怪她笑永恒是人们造的谎，
　来抚慰恋爱的消失，死亡的痛。
但谁又能参透这幻化的轮回，
谁又大胆的爱过这伟大的变幻？

这首十四行诗林徽因以尺棰的笔名发表于1931年《诗刊》上。创作时，林徽因正在香山养病，二十几岁的她肺病复发，就在山花烂漫的香山养病，这段时间，她有很多时间去阅读书籍，也开始创作，更为可贵的是，她对于人生的思考也呈现出前所未有的深度。

这首诗中，她没有像其他女诗人过分胶着于具体生活的印痕，或是描述自己情感上的得失，她将目光投向生命、时光的深度。"恋爱的消失，死亡的痛"都在时间的手中操控，没有快乐能够永恒，也没有痛苦不能超越，除了感叹时间的力量外，一句"大胆地爱过这伟大的变幻"给诗作平添了几分胸襟的博大、气魄的雄浑。爱这变幻，就意味着要去爱这时光带来的一切，爱变化后的一切，爱现实的一切，在变幻中积极进取，爱才是变幻的希望。要用爱的眼光看待这一切、拥抱这一切。

这包涵哲理韵味的小诗也正说明了她对生活的态度。真正融入自然的变幻之中，才

能真正的生生不息！

6年的颠沛流离虽然也曾让从小生活优越从未为生计苦恼的林徽因感到无助，但是她还是在痛苦中接受了这不能改变的现实。她在给费慰梅的信中写道：

> 我们遍体鳞伤，经过惨痛的煎熬，使我们身上出现了或好或坏或别的什么新品质。我们不仅体验了生活，也受到了艰辛生活的考验。我们的身体受到了严重的损伤，但我们的信念如故。现在我们深信，生活中的苦与乐其实是一回事。

生活的艰辛和病痛，使林徽因看事情的角度和感觉都变得更深刻。当凛冽江风让这个江南女子感到彻骨的寒冷时，她以柔弱而坚韧的力量，为自己的理想坚持着，去延续着中华民族的精神之脉、文化之脉，虽然要在阴冷潮湿的屋子中终日以床为伴，她也要继续写作，在知识和学术中获得生命的满足。

在面对无常的变幻时，最值得人尊重的表情或许就是不动声色。不幸不可避免，微笑过于勉强，只要能做到平静，就应该是拥有大智慧的人。

也许正是事物的不能控制的不确定性，更显得此刻的重要性与价值性。既然不确定明天会有怎样的变故，就珍惜此刻手心中的温暖。这样，即使未来要经历黑暗，也有曾经的安逸快乐可以缅怀，欢乐与希望始终会在最黑暗的日子也透着光。

经历了动荡与流离，让林徽因更加珍惜平稳所带来的内心的静谧。

获得人生的金子，就必须淘尽生活中的沙砾

在四川李庄梁思成和林徽因的故居门上，挂有一副对联：“国难不废研求，六载清苦成巨制；室陋也蕴才情，百年佳话系大师。”

这副对联应该是对这一时期林徽因夫妻二人创造天赋和坚毅乐观态度的最好诠释。

在李庄一共出版了两期《中国营造学社汇刊》。梁思成在抗战期间的学术研究成果，大部分都登在这两期刊物上。而林徽因即使在病床上仍积极地承担着编辑工作。为了在纸张短缺和技术落后的环境下出版出高质量的汇刊，林徽因为此付出了很多精力，在她编辑的一期中，她还在目录页刊印有勘误表，她孜孜以求的专业学术精神让人折服。

在这一时期，林徽因还将大部分的精力放在《中国建筑史》和英文《图像中国建筑史》的研究和写作上。她充分利用自己人生最黑暗的时刻去为梦想的完成奠定基础，费慰梅在回忆录里准确地说："她是全身心都浸泡在汉朝里了，不管提及任何事物，她都会立即扯到那个遥远的朝代去，而靠她自己是永远回不来的。"

世人羡慕她在建筑设计领域的成绩，却很少关注她曾为成就付出的辛苦。

在林徽因的生命历程里，在李庄，她淘尽了生活给予她的沙砾。

抗日战争结束后，她终于可以回到北平。1944年《中国建筑史》完成，林徽因和梁思成一次次地迎来奋斗的奖赏。

没有谁的人生永远闪闪发光，有的女人就如同陈年女儿红，需经历暗无天日的时刻，方能酝酿出诱人的香味和光泽。她们懂得在黑暗时积攒能量，才能在曙光来临时绽放耀眼的光芒。厚积薄发，说的就是这个道理。

人生有坎坷、有泥泞、有失败、有挫折，如何在逆境中成长，确实是一个挑战。而要战胜这些需要女人自己的信念支撑。天助者，自助也。别人皆不信时自己仍坚信。唯有这样的人，才能改写自己的命运！信念并非上天赐予的，它是在生活中不断追求、

不断积累而形成的。它是一种生存的智慧。女人可以用这样的智慧，去焕发生命不竭的光芒。当她可以看透，所有的苦难不过是每段人生的必经之路，在遭遇困境时就会更加从容。因为只有拥有信念，人生的叶子才不会枯黄，才能处处皆为春色。如果没有一个不屈的信念在支撑，人生就会如同被蝼蚁损坏的巨堤，若有风浪来，自然就坍塌了！

女人应该选择去做一个生活中的强者，心胸伟岸的男人可以去依靠，但也要有自己的信念，这种信念会让自己在低谷时不倒下、不屈服，在喜悦的高峰仍记得要前行。

坐看云起云落，以不变去应万变

人生充满变数，很多女人发现，自己在跌跌撞撞中不知不觉已经苍老，曾有的梦想还未实现就已经悄然放弃。以物喜伤神，以己悲伤心，这才是女人衰老的秘密。女人要有坐看云起云落、以不变应万变的姿态，才可以从容一生，优雅一生。

林徽因努力地去适应这生命带来的不息变幻，她知道躲不过，那就好好地活。花落不过是为了下一季花开，冬去不过是为了春来，她的优雅情致不变，孱弱的身躯也拖不垮她高贵的姿态。

□ 林徽因难免也要承受生活带来的痛苦，在梁思成患病期间，她不得不挑起家庭重任。诸多的家庭事务使她筋疲力尽，但她仍然将一切打理得井井有条，她依然觉得自己是一个幸福快乐的女人，乐观的态度让人佩服。

所以，当萧乾的夫人回忆起林徽因时，说："按说经过抗日期间岁月的磨难，她的健康已受严重损害，但她那俊秀端丽的面容、姣好苗条的身材，尤其是那双深邃明亮的大眼睛，依然充满了美感。"

她用自己的气质去超越容貌之美，这是岁月对她的馈赠。

人生本来就是时间铺就的路，只能向前，所以与其浪费今天去感慨昨天，不如淡然地走过今天。即便今天的自己是如此黯淡，也要知道自己的价值，懂得珍惜自己，世界的一切不完美，才可以坦然面对。

女人的心灵需要阳光的温暖，更需要自

我调整，变化的是人生，不变的是平和的心态。

从少女的懵懂到青春的萌动，年轻奋力拼搏，也曾遭遇现实的冷酷的伤害，年轻过、澎湃过，30 岁之后的女人更应该懂得平和。虽然没有了年轻女孩儿的俏丽，可是 30 岁的女人因为有了看开一切的达观而变得从容大气，这份知性成熟之美成为她们独特之美。就像演艺圈中那些大器晚成的女星们，她们在繁复的娱乐圈中成就的荣誉靠的就是这份成熟的韵味，她们没有咄咄逼人的锐气，更多的是懂得后的宽容。她们的成功都伴随着长时间的积累，好多年的跑龙套生涯锤炼的是演技更是心态，心态不好的早放弃了，坚持住的，得到了命运的奖赏，她们也证明了这一切并不是运气。因为成名后的她们依旧云淡风轻，变化的是那些经典的角色，不变的是淡泊名利的轻松心态。承受住了最坏的，也驾驭得了最好的，她们将人生安排得惬意，也更懂得珍惜。所以，无论是戏里的生动还是戏外的洒脱，都能让人看到生活的洗礼之下的美丽女人。

别去拼命地追赶命运的脚步，也别认为不变的容颜就可以静止时间。所谓的以不变应万变，是要懂得看透、看懂人性的弱点。

曾经的你骄傲独立，可是现在却这样害怕失去。有一天，你发现你爱的人竟变得越来越想摆脱你，你抱怨他变了，却没看到自己也不是曾经的自己。你没看懂，爱情现实的那一面，你有价值别人才更爱你。如果连自己的曾经的信念都不能坚持始终如一，为什么还要去奢求别人得对你始终不变？

曾经，冒辟疆对名妓董小宛是如何地仰慕与倾心，自恃清高的董小宛开始并不以为然，才色双绝的她有太多的人眷顾。可是当她对冒辟疆倾心，肯屈居妾位与他相守时，

她一心一意地操持家务，甘愿为柴米油盐奔波，这个男人反倒不像从前那样爱她。

也许，当初冒辟疆爱的是那个可以领略精微雅致的文化趣味，在卑微的生命中还能独享清澄的诗意人生的神韵天然的奇女子，并非这个已经没有了闲情而为琐事辗转的董小宛。

男人爱的是她知书达理、秋波流转，她却不经意地将自己的优势做了改变。

不要把自己幸福的来源建立在别人的行为上面，我们能把握的只有自己。做那个当初自信满满、情感独立的自己，做那个曾被爱人捧在手心里的自己，你的美丽不变，追逐你的那个心才能永远不变。

静/思/小/语

也许每个人随时都要承受命运突如其来的考验，生命生生不息的变幻让人措手不及。或许就是在这一瞬间，心灵的卑微与高贵便呈现出不同的姿态。愚钝者，改变自我去迁就一份貌合神离的情感；睿智者，参透了生命的真谛，焕发出生命不竭的光芒。做林徽因一样的女人，任命运风起云涌，一朵莲花独自香。

经得起繁华，归得起平淡

对林徽因来说，最传奇的不是她的诗文，不是她建筑领域的成绩，而是她个性多面的神秘。在客厅中侃侃而谈神采飞扬被众星捧月的是她，在穷乡僻壤、荒寺古庙中全神贯注工作的也是她，漫步于欧洲古建筑沉迷于异国氛围的是她，在祖国危难时不肯去浪漫国度治病的还是她。她的行为，更多地折射着那个时代的文化风尚和文人风骨。

繁华时不忘形，平淡时不消沉

林徽因的美丽毋庸置疑，她就像一个磁场，无论何时何地，都是朋友们众星捧月的核心。

即使是文坛的那些自视甚高的名流巨子，都被她犀利敏捷、饶有风趣的谈吐所折服，林徽因总是社交场的灵魂人物，她畅谈文学、艺术、建筑，天南地北，古今中外，很多人多年后都还记得她“双眸因为这样的精神会餐而闪闪发光”。

她让自己的沙龙洋溢着贵族化气息，她兼有东西方文化的精髓，所以总是能够展现出强烈的个人魅力。在当时的北平，许多人以一登“太太的客厅”，一博林徽因的欣赏为幸事。诗人徐志摩也是客厅的常客，他曾经的热烈追求变作现在久久的凝视。还有金岳霖已经开始“逐林而居”，这么多人的仰慕和追捧并未让她迷失，她曾在 1932 年 1 月 1 日致胡适的信中写道：

> ……实说，我也不会以诗人的美谀为荣，也不会以被人恋爱为辱。我永是我，被诗人恭维了也不会增美增能，有过一段不幸的曲折的旧历史也没有什么可惭愧。

她在闪耀光芒的同时并未忘形。她的清醒和理智让她从容地享受耀目的生活，也走

□ 梁思成（左二）、林徽因（左四）、女儿梁再冰、儿子梁从诫及西南联大教授在昆明西山华亭寺的合影。为了贴补家用，联大的教授都到中学兼职上课。为了糊口，梁氏夫妇也不得不做兼职，给有钱人设计私人住宅。

过最暗淡的日子。她能奢能约、能放能收，繁华时不忘淡定，贫困中不懈坚持，畅达时不张狂，挫折时不消沉。

抗战开始后，她们一家曾经逃往昆明，这个地方的自然风光虽然优美，可是物质生活却很匮乏。梁思成的身体也出现了状况，他因脊椎软组织硬化并发肌肉痉挛，后来扁桃体发炎，在切除了扁桃体后，又引起牙周炎，不得不把满口牙也拔掉，随后将近一年的时候，梁思成只能在床上静养，这就让林徽因完全挑起了家务的重任。

在北平的家里有用人，她的大部分时间都可以做自己喜欢做的事，在很多人的眼中，她仿佛应该是天生就该绽放美丽，脱俗得不沾染凡世的尘埃。可是，外表宛如公主般娇弱的她，远比世人想象中的从容，她卷起袖子买菜、做饭、洗衣，上街打醋、打酱油。就连做饭用的水都得从外面的水井里挑回来，用热水就得支一口锅自己烧。林徽因把这一切打理好，她繁华落尽，一切归于平静之后，依然散发着清越的幽香。

老子说：“天下莫柔弱于水，而攻坚强莫之能先，以其无次易之也。”

也许林徽因拥有的就是这水一样的智慧。事在人为，是一种积极的人生态度；随遇而安，是一种乐观的处世妙方。“随”不是跟随，是顺其自然、不怨怼、不躁进、不过度、不强求；“随”不是随便，是把握机遇，不悲观、不刻板、不慌乱、不忘形，从而才能得到身心的解脱。

顺其自然，是一种豁达的生存之道；水到渠成，是一种高超的入世智慧。

因为心无所恃，所以才能随遇而安

没有苦苦求索的狰狞，也没有无能为力的无助，无论是纸醉金迷之时，还是繁华落尽之后，她依然清朗如初。随遇而安的淡定源于心无所恃。

如果是一颗浮躁的心，不管是太过奔波劳累的生活，还是闲适安逸的生活都会让人茫然，就像脚踩着云端，找不到踏实的感觉，心若没有栖息之地，人到哪里都是流浪。

女人，需要练就一颗随遇而安的心。

世界充满喧嚣、浮躁、名利、诱惑，心灵要承受太多的压力，有了一颗随遇而安的心，就有了抵挡现实冲击的盔甲。在生命的每一个转折点，也许生活的境遇不如从前，有人盲目抱怨，辛苦攀比，焦虑了自己也伤害了亲人。如果能够不好高骛远，用睿智代替冲动，才能在平淡的光阴中感受到生命的美好，一粥一饭总是福，平淡中自有乐趣。

还有生命中那些美丽的邂逅，有的可以相遇成歌，在这缱绻红尘中相伴而行，而有些人却于中途转身离去，剩你一人踽踽独行。不能随遇而安，就不容易走出痛苦。你要能够习惯有他在时的欢喜，也要适应没有他的孤寂。不如将分别的眼泪化作美丽的诗行，然后用微笑谱写下一章动人的诗篇。

随遇而安不只是能够耐得住寂寞，还要能经得起喧嚣。

于繁华中受人瞩目是女人的骄傲，在瞩目中坚守自我是女人的智慧和从容。不管在人生的哪个阶段，充满魅力的女人总要面对很多现实的诱惑，可是坚定的女人总是能够守住自己的爱情，即便有一天有一个人会有“恨不相逢未嫁时”时的心动，她依然紧握手中的幸福，享受稳稳的幸福。

那些俯瞰美景的人，大都是到过巅峰的，能看淡生命的起伏，也许大多都是阅尽繁华的。也只有阅尽繁华的人才有资格轻轻地说一句：繁华不过如此。也只有曾在苦难中走过的人才可以淡淡地感慨：苦难也没什么大不了。这样的随遇而安，其实需要的是奋斗中的历练。

这历练成就了一种智慧，也成就了一种境界。

就像张爱玲，有人说她是个阅尽世间繁华的女子。因此她能淡然而悄悄地活着，满世界的人为她热闹，而她却躲着；因此她能深入骨髓洞察人的内心世界，以沉默而内慧的天赋不声不响地将世事冷暖看得通透，再用奇诡多姿的文字传达出来，就像一个陌生人以极淡的语调讲着故事，虽淡，却能使人心动、心悸、心寒。

曾走过人生的繁华和低谷，成就了她强大的内心，一个人，也可以远走他乡，只因为她心无所恃，才能随遇而安。

随遇而安，能于风雨奔波中找到闲趣，阅尽繁华后仍存着素心。

不用去抱怨自己的奔波劳碌，只要有一颗不好高骛远的心，就能够看到路边的花开花落、天边的云卷云舒。宁静才能致远，心里有根方寸不乱，生活再忙也是安逸。

繁华落尽，平淡为真

极致魅力如林徽因，人生的繁华也是那么短暂，她的大部分时间都是在平淡中度过的，她的深厚学识也是在这平淡中积累的，甚至，她的睿智和从容也是在平淡中练就的。

法国思想家伏尔泰说过：“能够享受平淡生活的人，才能真正领悟人生的真谛。”

平凡的生活并没有那么多繁花似锦，人的一辈子只有百分之五是精彩的，百分之五是痛苦的，另外百分之九十是平淡的；人们往往被百分之五的精彩诱惑着，忍受着百分之五的痛苦，在百分之九十的平淡中度过。

不懂得这生活真谛的人，也许要同幸福失之交臂。陆小曼就不甘心于婚姻的平淡，她总是埋怨徐志摩的爱不如婚前那样轰轰烈烈，她的生活仿佛永远没有她想象中的那样荡气回肠，所以她飞蛾扑火般毁灭掉自己的幸福。她不知道爱情归于平淡后的生活是朴实无华的，虽然不能时时如烟花般绚烂，但是却能像炉火一般给你一生的温暖。

在平淡的生活中，女人不是不能有浪漫的向往，却要把握好现实和梦想的差距。找一个和你轰轰烈烈谈一场恋爱的人容易，可是找一个能在平平淡淡的生活中相伴一生的人却很难。

在激情飞扬的时候，女人总是焕发出迷人的光彩，可是当被岁月的风霜洗礼过，激情所剩无几，也许平淡时才最能看到一个人本来的样子和她的境界。能在你风华正茂时仰慕你追随你不难，可在天长日久的平淡中依然始终如一却不容易。所以，叶芝的这首《当你老了》感动无数人。

当／你／老／了

当你老了，头发白了，睡思昏沉
炉火旁打盹，请取下这部诗歌
慢慢读，回想你过去眼神的柔和
回想它们昔日浓重的阴影
多少人爱你青春欢畅的时辰
爱慕你的美丽，假意或真心
只有一个人爱你那朝圣者的灵魂
爱你衰老了的脸上痛苦的皱纹
垂下头来，在红光闪耀的炉子旁
凄然地轻轻诉说那爱情的消逝
在头顶上的山上它缓缓地踱着步子
在一群星星中间隐藏着脸庞

有一首歌唱到：短暂总是浪漫，漫长总会不满。在日复一日的相处中，最多呈现给对方的也许更多的是人性不美好的那一面。就像水中树木的倒影总是格外美丽，这是因为距离，恋爱时，因为有距离而互相吸引，而这只是婚姻之前的开场、序幕和甜点，而婚姻，就是逐渐破灭幻想的过程。

在平淡的日子中再高贵的你也免不了有时有点儿市井女人的小气和贪婪，或许有时又会有点儿咄咄逼人的冷漠，越是对亲近的人反倒有时越苛刻，天长日久朝夕的相处，像一个放大镜，把每个人的缺点和不足都夸张地表现出来，每个人都会懈怠，会回归到一个自己最喜欢最适应的位置，不希望委屈自己，不要强装优秀。

所以，每当看到七八十岁、满头白发还能牵着手去散步的夫妻都会无比感动。他们身上都有一种超越了平淡的从容与温柔的气质。

在漫长的相处中，两个人之间需要多少忍耐、理解、体谅，互相接受和改变，尊重对方独立的人格和尊严，才能长久和平稳。

能幸福地走到最后的，是那些能摆平这些平淡日子的人。

两个人一起择菜，一起看电视，甚至一起吃一碗素面，都是在为和谐的生活注入一点温暖和和谐。没有外面的纷纷扰扰，只有两个人的似水流年，岁月静好，也许那种东西可以称之为“永恒的温柔”。

在平淡的生活中不经意来来去去，日子简单点儿，感情简单点儿，简单而平淡的幸福是最好的境界，要学着不做一个苛求的人，你要知道，你能握在手里的就是好的，为了不属于自己的东西辗转反侧，追求不得，实属不明智。

不要感慨婚姻成为了爱情的坟墓，爱不会因为不再轰轰烈烈就从此消亡。

还是歌里唱得好：你不要失望，荡气回肠是为了，最美的平凡。

静/思/小/语

人生总得经历风雨，不懂随遇而安，注定要惶惶不可终日。顺其自然，是一种豁达的生存之道；水到渠成，是一种高超的入世智慧。只有心无所恃，才能洒脱地看淡世事繁华。繁华落尽，平淡为真，漫长岁月里，所有的婚姻都一样，都有着无法言说的沧桑和磨难，当从爱情的云端跌落到婚姻的现实，你要懂得，绚烂之极归于平淡，荡气回肠是为了最美的平凡。

清如秋水，心无惧亦不避

林徽因的非凡诗情与风华自不必说，能写得一手好文章又优雅高贵的女性在那个时代不止她一人，可是后世对她的解读和赞誉能够超越其他女性，更是因为她与生俱来的无法掩饰的高尚人格和作为一位中国学者堂堂正正的气节。学识和修养对一个人来说固然重要，可是品格与气节则会令人更加钦佩。

坚强和高雅，在岁寒中依然绽放

梁从诫曾经回忆当年梁思成和林徽因为躲避日本人的轰炸，跟着营造学社在李庄的情景。梁从诫和母亲聊天，问：如果日本人打到四川怎么办？林徽因特别平静地回答：中国读书人不是还有一条老路吗？咱们家门口不就是扬子江吗？

梁从诫后来说：我当时看着妈妈，我就觉得她已经不是我熟悉的那个妈妈了，她好像变成另外一个人，面对死亡，那样超脱。

传统知识分子的气节在她身上充沛地体现着，内心的坚定让外表柔弱的她如此坚强。

她早年在西方接受建筑学的教育，但是心里却一直想的是祖国的建筑文化保护。

她在文章中写道："在这整个民族和他的文化，均挣扎着他们重危的命运的时候，凭你有多少关于古代艺术的消息，你只感到说不出的难受！艺术是未曾脱离过一个活泼的民族而存在的；一个民族衰败湮没，他们的艺术也就跟着消沉僵死。知道一个民族在过去的时代里，曾有过丰富的成绩，并不保证他们现在仍然在活跃繁荣的……如果我们到了连祖宗传留下来的家产都没有能力清理，或保护；乃至于让家里的至宝毁坏散失，或竟拿到旧货摊上变卖；这现象却又恰恰证明我们这做子孙的没有出息，智能德行已经都到了不能堕落的田地……"

那时，中国的建筑还依靠传统的技艺传授，没有专门系统的学校教育，她同丈夫积极地创建中华民族自己的大学建筑专业，还克服许多艰苦的条件考证和保护起中华民族的古建筑。

林徽因生活的时代，国家正处于外忧内患、国难当头的乱世，她所承担的责任也分外厚实与浓重。

后来，中华人民共和国终于建立，可是由于建筑保护意识薄弱，北京市决定拆除市区大批的古城墙、城楼和牌楼，病榻上的林徽因，不顾自己已是病入膏肓，强撑着虚弱的身体，去找北京市当时的领导当面据理力争。她的勇气和坚定远远超出人们对女性范畴的解读，让人看到的是高贵的灵魂。

她就像在岁寒时盛放的梅花，坚强而高雅。

内心的强大，是让人尊重的起点

梁再冰与梁从诫在昆明的恩光小学上学时，有一天，汪精卫的妻子陈璧君来学校给学生演讲。上四年级的梁再冰并不知道这个来讲学的女人身份所代表的意义和内涵，她想跟着同学一起去听演讲。可是母亲林徽因却坚决不让她去。梁再冰后来回忆说："当时我还跟他们辩，说同学都去了，为什么我不能去？他们说就是不能去。"

作为一个有良知的中国人，林徽因当然不能让女儿去听一个卖国的汉奸妻子的演讲。

林徽因痛恨卖国贼，更痛恨日本人。1937 年，当战争一点点地靠近北京，林徽因曾给女儿梁再冰写信，沉着地说："如果日本人要来占北平，我们都愿意打仗！那时候你就跟着大姑姑那边，我们就守在北平，等到打胜了仗再说。我觉得现在我们做中国人应该要顶勇敢，什么都不怕，什么都顶有决定才好。"

可是最后，由于守军撤兵，他们不得不开始逃亡的命运。曾经，林徽因和梁思成曾接到署名为"大东亚共荣协会"的请柬，邀请他们参加一个会议，林徽因愤怒地把请柬撕碎了。

她虽不能同士兵一样保卫祖国，也绝不会在侵略者的庇佑下苟且偷生。

在四川，林徽因身患重病，曾有机会去美国，可是她拒绝了，她认为应该留在祖国吃苦。李健吾抗战期间闻听林徽因虽罹患重病而不离开祖国时，激动地说：“她是林长民的女公子，梁启超的儿媳。”

对祖国的大爱由此表现出的强大让她赢得了所有人的尊重。

当外界的境遇和自己内心的标准冲突时，能坚定地守住内心的这份执着，这就是铿锵玫瑰的本色。

能够绽放这别样美丽的还有那个被路易·艾黎曾形容为“铮铮鸣劲骨，落落绘灵姿”，质朴明理、优雅一生的宋庆龄。

□ 林徽因说：“温柔要有，但不是妥协，我们要在安静中，不慌不忙地坚强。”她的坚强是发自骨子里的，所以是令人尊重的。

在《宋庆龄画传》中有这样一段关于宋庆龄的美的描述：“皮肤细嫩，看上去是那么娇柔、纤弱。她的五官端正，下嘴唇微翘，眼睛里流露出温柔、遐思的神情，她似乎正从遥远的地方悲哀地观察着事态人情，为当时的中国正遭受着的苦难而伤感。她谦和、文雅，与霭龄和美龄骨子里的那种自命不凡、傲气逼人完全不同。她办事有条不紊，就是在梳妆打扮上也很容易显示出来。”

她最大的美德源于她作为一名坚强的战士，能够挺身而出为国四处奔走，作为一名忠贞的妻子，不离不弃守候于丈夫身旁。

作为女人，也许在婚姻中更多地表现出的是温柔体贴，可是在原则面前，却能坚定如初，这样的气质足以让男人都俯首称臣。

女人似水，柔弱中见刚强

真正优秀的女人，应该是温柔但立场坚定，优雅但必揽全局。女人的坚定不是顽石，而是像水晶，坚不可摧却晶莹剔透。

女人的坚定，时常透着独有的柔，这和男人的强硬不同，甚至在保护自己所珍视的东西时往往会超乎常人的想象。

就像安吉丽娜·朱莉在《换子疑云》中扮演的那个单亲母亲，为找回自己的孩子，原本优雅安静的女人，在强权、暴力、人格侮辱和精神折磨面前，她没有改变最初的质疑。

在强权一手遮天的背景下，只要女主人公克里斯汀肯放弃找回儿子，她就可以免遭电击、注射精神类药物等折磨，对儿子无边的爱让她坚定地站在了不公平遭遇的对面，曾经美丽的她经过一段时间的非人对待已经容貌枯槁、瘦弱不堪，可是她的眼神是那样刚毅。电影自然会给这样的母亲一个公平的结局，她的儿子很可能活着，这位母亲瞬间变得更加从容和坚定。

还有《天下无贼》的结局，也是一位坚强的准母亲在用她的眼神表现自己的坚强。刘若英扮演的女主角挺着肚子，双眼直视前方，大口大口地往嘴里塞着烤鸭，也顾不上有酱沾在嘴角。

丈夫去世的噩耗她需要太多能量去消化，她下意识不停地吃东西，然后她停了下来，闭了一下双眼，两颗斗大的泪瞬间滑落……

眼泪流下来，说明她的心中在慢慢地接受这样的事实，虽然伤痛要慢慢侵蚀自己，可是生活还要继续，一个母亲的责任感让她为了未来必须要具备坚强。

女人的柔韧秉承着水的智慧，坚韧中有温情，柔弱中见刚强。

水要百转千回，蜿蜒曲折，集纳百川，汇合四海。以其独有的坚韧和柔韧，温婉而刚强地奔向远方。女人的一生也是一样，道路是曲折的，但前途是光明的。面对困境，要有一种执着，要有一种信念，就像蕴藏在心中的一团永不熄灭的火焰。

女人因为有着与生俱来无可动摇的母性，所以时时有着博大而又谦逊的胸襟，有着坚定而执着的情怀。

她的坚定不是盲目地执着，是因为她看清了事物的本质，她知道自己行为的价值。

在感情中，女人也要有自己的坚持和独立。有一个男人肯保护你善待你，这是一种幸运，但是，女人不能一味地依赖，要有自己的坚持和独立。因为男人在保护你的同时，也剥夺了你成长和增加人生智慧的机会。

这样对个人来讲是一种退化，失去了经验累积的智慧，也就失去了辨别问题的能力，自然也不会有理性的坚定和执着。如果有一天，他不想再保护你的时候，你将很难独立在这个社会中生存。

所以，一个坚定的女人不会彻底地依赖于婚姻。

婚姻的成败不由一人决定，即使有一天由于对方的背叛婚姻不得不破裂，拥有生存的智慧的女人一样能活出别样的精彩。

静/思/小/语

林徽因用她的勇气和坚定让人看到其高贵的灵魂。她就像在岁寒时盛放的梅花，坚强而高雅。当外界的境遇和自己内心的标准冲突时，能坚定地守住内心的这份执着。女人，自强自立者总是会被给予最厚重的敬佩。坚韧中有温情，柔弱中见刚强；女人，应该坚定做自己，淡定看别人。

亲情，生命必须承受之重

林徽因说过：“在中国，一个女孩儿最大的价值就是她的家庭背景。” 在她生活的时代，很多女性作家几乎都是官宦的千金，林徽因的家境很好，父亲又是开明之人，家学的教育和熏染让她有很好的起点。一个朋友式的父亲、一个不快乐的母亲，林徽因同其他女人一样，注定要承受生命必须承受之重。

父亲对女儿的性格和气质有着不可忽视的影响

才女林徽因的才情、禀赋乃至个性，在一定程度上，都来自于父亲林长民。林长民曾是闻名士林的书生逸士，中过秀才，后来放弃科举，接受过西方教育。他相貌清奇，谈吐不凡。

章士钊曾这样评价林长民：“宗孟（林长民字）长处在善于了解，万物万事，一落此君之眼，无不涣然。总而言之，人生之秘，吾阅人多矣，惟宗孟参得最透，故凡与宗孟计事，决不至搔不着痒，言情，尤无曲不到，真安琪儿也。”

在林长民死后，徐志摩感叹：“这世界，这人情，哪禁得起你锐利的、理智的解剖与抉剔？你的锋芒，有人说，是你一生最吃亏的所在。但你厌恶的是虚伪，是矫情，是顽老，是乡愿的面目，那还不是应该的？谁有你的豪爽？谁有你的倜傥？谁有你的幽默？”

林长民出众的才华和至真的个性得到了众人的认可。

曾有研究表明，有 43% 的女儿从父亲那里继承了艺术天赋；53% 的女儿成年后回忆，她们在父亲那里获得了更为丰富的知识，尤其是在历史、自然科学以及国际关系等女孩儿子通常不感兴趣的学科方面。

对于林徽因来说，父亲的气质和学识确实对她产生了潜移默化的影响，她遗传了父亲的很多天赋。她对理想的坚持、对学术的执着，在国难之际展现出的传统知识分子的决绝以及为了保护文物的据理力争，都仿佛能看到林长民的风骨。

作为长女，林徽因因自己的聪明和乖巧得到了父亲的宠爱，父亲觉得这个天才的女儿更像是自己的朋友，徐志摩在《伤双栝老人》中所说："这父女不是寻常的父女。"他们更像是知己，1920 年，16 岁的林徽因随父林长民游历欧洲，是父亲教女儿林徽因放眼看世界。林徽因 1935 年写给费正清、费慰梅夫妇的信说："我是在双重文化的教养下长大的。"林长民不只希望女儿能知书达理，他还有一个更大的期望——让女儿"观览诸国事物增长见识""扩大眼光养成将来改良社会的见解与能力"。

于是，这个自幼聪颖出众的少女在父亲的期望下，超越了传统女性的价值，成为了一位自由、独立、优雅又聪慧的一代精神领袖。

很多时候，父亲的一句及时的称赞、一个鼓励的眼神、一次深情的注视，都将对女儿的成长产生深远的影响。父亲的认同和期望，会让女儿最早获得对自己女性特质的认识和认同，从而产生作为女性的自信。这是一个女人生活成功和幸福的重要因素。

加拿大一所大学的心理研究发现，少女时期获得父亲关怀与支持的女性，会有较好的感情与性心理发展，成人后处理与异性亲密关系的能力也较强。

这一点在林徽因的身上得到了很好的印证。能够理性地处理同徐志摩的关系，父亲在中间也起到了很大作用。

父亲林长民更倾向于主张女儿选择梁思成，放弃徐志摩。作为朋友，他更加肯定徐志摩并不适合女儿，梁思成的君子之风，才能给女儿幸福。也许林徽因曾对徐志摩也有一些情愫，最后能当机立断地斩断情丝，更多的也是来自于对父亲建议的信服。

父亲对女儿的影响非同小可。家有女儿的父母，为了女儿未来的幸福，应该让父亲尽最大可能倾注一份爱给自己的女儿。

宽容亲人对你的苛刻

能有一个朋友一样优秀的父亲，林徽因是幸运的。可是她的母亲却带给她无尽的烦恼。

林徽因在致费慰梅的一封信中这样说："我自己的母亲碰巧是个极其无能又爱管闲事的女人，而且她还是天下最没有耐性的人。刚才这又是为了女用人。真正的问题在于我妈妈在不该和女用人生气的时候生气，在不该惯着她的时候惯着她。还有就是过于没有耐性，让女用人像钟表一样地做好日常工作但又必须告诫她改变我的吩咐，如此等等——直到任何人都不能做任何事情。我经常和妈妈争吵，但这完全是傻冒和自找苦吃。”这文字里浸透着她太多的无奈。

母亲一直同她一起生活，不管是童年还是成年，母亲都无意识地将自己的痛苦发泄到女儿身上，这也许正是“对自己亲近的人才越苛刻”的道理。

梁从诫曾这么说他的母亲林徽因：“她爱父亲（林长民），却恨他对自己母亲的无情；她爱自己的母亲，却又恨她不争气；她以长姊真挚的感情，爱着几个异母的弟妹，然而，那个半封建家庭中扭曲了的人际关系却在精神上深深地伤害过她。”

林徽因同母亲相处得不愉快，她会将这样的痛苦写在给费慰梅的信中作为发泄：“最近三天我自己的妈妈把我赶进了人间地狱。我并没有夸大其词。头一天我就发现我的妈妈有些没气力。家里弥漫着不祥的气氛，我不得不跟我的同父异母弟弟讲述过去的事，试图维持现有的亲密接触。晚上就寝的时候已精疲力竭，差不多希望我自己死掉或者根本没有降生在这样一个家庭……那早年的争斗对我的伤害是如此持久，它的任何部分只要重现，我就只能沉溺在过去的不幸之中。”

即便林徽因不满意母亲的种种做法，可是她不允许丈夫梁思成埋怨母亲。

用金岳霖的话说：“她们彼此相爱，但又相互不喜欢。”

亲情就这样将完全不同的两个人拴在一个比较现代的家庭中。

在香山养病期间，林徽因创作了她的小说处女作《窘》。在这篇小说中，林徽因首次提出“代沟”的概念：“这道沟是有形的，它无处不在，处处让人感到一种生存的压迫；它又是无形的，仿佛两个永恒之间一道看不见的深壑。”

母亲的寂寞让她牢牢抓住自己唯一的女儿，她迫切需要与人交谈，可是女儿的观念却总是与她没有共同的语言。所以很多时候，交流最后变成了争吵。

也许每个女孩儿小时候都有种希望，期待母亲的认同，真正被母亲喜欢和接受。可是林徽因的母亲全神贯注于自己的不幸，根本无暇顾及幼年的女儿，她甚至觉得女儿比自己幸福，至少在整个家庭，女儿的位置比自己重要得多，她不知道，女儿更需要的是那份无可取代的来自母亲的肯定和关注，而不是抱怨和责怪。

在林徽因的眼中，母亲有太多的问题，可是她渐渐地发现，越来越多母亲的影子在自己身上显现：说话时的语气、脸上的神情，最明显的是，糟糕的脾气。

冲突并不能解决问题，怎样处理好和母亲的关系，应该是每个成年女儿要面临的问题。

相爱却又彼此冲突，其实是大多数母女的关系。母女在很多地方太像，又互相有期待，容易有冲突。

无论怎样卑微渺小的亲人，都不是自己能够选择的，也许方式不同，可是她会本能地毫无保留地信任你、依赖你，并常常是不容分说就把生活的琐碎、沉重，甚至残酷带给你，给你本就一地鸡毛的生活再平添一份压力。对于父母感恩和爱是作为儿女十分必要的责任，作为父母有时过多的期待和依赖也成为儿女最大的压力。尤其是母亲，往往会希望女儿不要像自己一样，曾经遭遇的磨难最好可以通过自己的教育避免在女儿身上重现。尤其是当家庭出现危机时，母亲基于同性别的依附与认同，会无意识地对女儿产生很多负面影响。

即便有多少差异、有多少分歧，最后，总还会因为爱而难以割舍。母女关系常是爱恨交织的。

不如通过倾听与体谅而修补，互相明白需要对方的支持与鼓励。女儿希望得到母亲的呵护与谅解，可是作为一个脆弱的女性，母亲何尝不需要爱和保护？

婆婆的认同

婆婆的不认同，也是林徽因曾经头疼的一件事。

虽然公公梁启超对林徽因欣赏有加，并极力撮合，可是他的夫人李蕙仙却不看好这个未来的儿媳妇。

在梁思成摔折腿骨时，林徽因以未婚妻的身份去照料，未来的婆婆认为她整日在医院不知避讳，完全没有大家闺秀的矜持，因此十分反感。

很多人说这是因为梁思成的母亲是旧思想，习惯于接受一个深锁闺阁、遵守封建礼教的传统女性，而林徽因接受过西方教育，梁母不能接受新式女性。

其实，这种说法并不准确。因为实际上，李蕙仙并不是一个没有文化的中国传统妇女。

李蕙仙是顺天府尹李朝仪的女儿，自幼承庭训家学，熟读古诗，善于吟诗作文，且擅长琴棋书画，有才女的美誉。在梁启超的影响下，努力学习新学，她还参与在上海创办女子学堂，并但任校长。她同丈夫一起经历了清末民初政坛、文坛的惊涛骇浪，她用理解和关爱给丈夫以安慰和鼓励，帮助梁启超完成了很多著作。

所以，她并不是因为思想太过传统，作为一个婆婆来讲，她是担心林徽因的个性过于张扬，不能辅佐儿子，更准确地说，以林徽因的才华和脾气她不会处处迁就儿子，不能以儿子为中心，在她眼里就不是一个好儿媳。

大概所有婆媳矛盾的焦点都在这儿。

婆婆希望儿媳所有的精力都放在照顾自己的儿子身上，事事顺从，可是有一点儿自我意识的女性肯定不甘心自己存在的意义仅仅在于作为别人的附属。矛盾就此产生。

婆媳矛盾小了说是两个人的分歧，说大了就关系到整个家庭的幸福。

当林徽因、梁思成共同到国外留学时，梁思成常常收到李蕙仙的信使——梁思顺的来信。信中反复传达一个中心思想：母亲反感林徽因，坚决反对他们结婚。

后来，李蕙仙因病去世，林徽因、梁思成也才算能够没有阻力地结了婚。如果婆婆不是因病去世，两个人的结合也许要经历更多的波折。

经营一段美满而长久的婚姻是人生的马拉松，仅凭你侬我侬的小情调远远不够，更重要的是要学会得到婆婆的认可，处理好与婆家人的关系。

婆媳关系在家庭关系中很特殊，它既不是婚姻关系，也无血缘联系，这就成为融洽相处的一道天然屏障。婚姻关系有爱情，亲子关系有血缘，所以双方能够互相迁就，婆媳关系源于同一个男人才建立起的关系，所以婆媳关系能否融洽很大程度上取决于这个男性。

如果婆婆的儿子能够发挥好自己的作用，也就是所谓的沟通，就能减少很多矛盾。

婆婆最大的心愿就是儿媳能对儿子千依百顺，儿子就应该多说说媳妇对自己的好，那些回家就抱怨媳妇缺点的人就不自觉地埋下了婆媳大战的隐患。

而作为儿媳来讲，婆婆毕竟是长辈，不但要心存感激还要多一点儿顺从，谁让她帮你把丈夫养得这么好呢！儿媳要多做一点儿婆婆喜欢的事儿，获得婆婆的认可，婚姻也就少一点儿阻碍。

静/思/小/语

亲情，作为生命中的必须承受之重，除了耐心，还需要一点儿智慧。即便有差异、有分歧，最后，总还会因为爱而难以割舍。所以，不如对这份爱多一点儿包容，生活中少一点儿争执，通过倾听与体谅而修补，互相支持与鼓励。

女人，要扮演好母亲的角色

“强大的母亲，温柔的妻子，严厉的老师，浪漫的女友，勤奋的学者，犀利的沙龙女主人——一个大写的女人，清清爽爽地从历史深处走出来。”

为孩子营造一个轻松快乐的家庭氛围

林徽因有一女一儿，女儿在1929年8月出生，取名梁再冰。那一年的年初，梁启超去世，为了表达对梁启超的敬重和思念他们才给女儿起这个名字，因为梁启超先生在天津的书房叫作“饮冰室”。

1932年儿子梁从诫出世，林徽因怀着满心喜悦，为儿子写下《你是人间的四月天》这首诗。诗中优美的意象闪烁着母爱的光辉，表现出了宁静的欣悦和温情。而他的名字也有来历，当时梁思成在研究中国古代一本建筑规范式样的经典之作《营造法式》，书的作者是建筑学的鼻祖、宋朝的李诫，于是给自己的孩子起名为“梁从诫”，希望儿子和李诫一样做中国有影响的建筑学家。在新中国成立之时，梁思成和林徽因牵头设计了国徽和人民英雄纪念碑，17岁的梁从诫也积极参与国旗图案的应征，当时全国应征的共2992份方案，梁从诫的设计成为了最终候选的38个方案之一。梁再冰学的是外语，毕

□ 林徽因和女儿梁再冰（坐）、儿子梁从诫在一起。在他们一生中最艰苦的日子里，林徽因也没有放弃希望，她给孩子的是乐观的生活态度和必要的生活情调。她努力营造轻松快乐的家庭氛围，甚至女儿梁再冰对“那个房子非常温馨，舒服极了”一直记忆犹新。

业后就一直在新华社当记者，从事文字工作，她的思路活跃，头脑灵活，有思想，有见解。姐弟俩的成绩，也许是来源于父母的设计天赋和文学天赋，更多的则是来自家庭氛围的熏陶。

梁思成、林徽因由于从事相同的职业，自然平时在家中对于建筑设计有一些讨论。除了专注于事业，夫妇俩还经常比记忆，互相考测，哪座雕塑原处何处石窟、哪行诗句出自谁的诗集，这样轻松又高雅的家庭文化氛围，自然会给孩子很多积极的影响。还有他们的文化沙龙，来的都是各个领域的文化精英，聚集着包括朱光潜、沈从文、巴金、萧乾在内的一批文坛名流巨子，他们谈文学，说艺术，读诗，辩论，天南地北，古今中外。这成为了两个孩子最好的课堂。

在抗日战争爆发后，梁思成全家逃亡到长沙时，虽然临时的家非常简陋，当时因为两人热情好客，这里很快成为了朋友们聚会的中心。

因为处于特殊的历史时期，他们讨论的话题总是战局和国内外形势。梁思成和林徽因经常教宝宝唱抗日救亡歌曲，长大后，梁从诫还记得，当时天天唱着“向前走，别退后”。

在对知识的浓厚兴趣和执着追求所形成的勤奋好学的家庭氛围中，在父母积极的生活态度的影响下，两个孩子智力和能力也得到充分的发展，他们对知识的理解和探究的能力在成长中逐渐显现。

其实，对于每个孩子来说，家庭作为社会诸因素中最先接触的因素，对孩子性格的形成起着非常重要的作用。孩子的成长是跟其所处的环境和后天的培养分不开的。而父母行为也就成为了影响孩子心理和行为最为重要的因素。父母应该身体力行地为孩子营造一个轻松、积极、快乐的家庭氛围，为孩子提供一个更利于身心发展的空间。

用书陶冶孩子的心灵

书籍长伴林徽因的一生，自然也贯穿于她对孩子的教育始终。

在林徽因北平东城北总布胡同的家中，这里承载着太多美好的记忆，家中被她装饰得很漂亮，虽然是租来的四合院，连家具也是从旧货店里买来的老式家具，可是搭配着她从野外考察中拾到的残破石雕，再加上几株海棠马缨花，倒也也十分雅致。在中式平房中，摆放着她的很多书籍，建筑、文学、美术设计，这些书不但体现着她的艺术趣味和学术追求，也为她的孩子提供了很多阅读的素材。

林徽因非常擅长朗诵，梁从诫在回忆中写道："她的诗本来讲求韵律，由她自己读出，那声音真是如歌。她也常常读古诗词，并讲给我们听，印象最深的，是她在教我读到杜甫和陆游的'剑外忽传收蓟北''家祭毋忘告乃翁'，以及'可怜小儿女，未解忆长安'等名句时那种悲愤、忧愁的神情。"

林徽因在教孩子学习古文时，也总是自己绘声绘色先把古文读出来，再讲解，梁从诫说，在母亲教他《唐雎不辱使命》时，"唐雎的英雄胆气，秦王前倨而后恭的窘态"被林徽因演绎得"简直似一场电影"。

对于小孩子来讲，古文如果只是学习文字自然枯燥，林徽因聪明地将古文先用声音和神态演绎出来，让孩子对古文的内容有了很感性的认知，也有了学习的兴趣。

除了学习中国传统的文化，曾经深受西方文化影响的林徽因自然也会给孩子拓展一下阅读的空间。她将优秀的外国文学翻译成中文读给孩子听，有时孩子读不懂，她就耐心地给他们讲解。梁从诫在回忆母亲引导他们读《米开朗琪罗传》时，"详细动情地描述米开朗琪罗为圣彼得教堂穹顶作画时的艰辛"。她还以《木偶奇遇记》为教材，教孩子们学英语，她将自己流利的英语功力一点儿一点儿地传授给了孩子，因为有着这样的教育基础，成年后的梁从诫还曾在两次国外的百科全书访华团拜访邓小平时，全程担任邓小平的翻译。她对于孩子读书的要求绝不是囫囵吞枣、过目了事。在读到屠格涅夫的《猎人日记》，她都是要求孩子一句句地去体味屠格涅夫对自然景色的描写，真正地去领悟经典的魅力。

她知道如何从书籍中汲取智慧，所以，她让孩子们以书为伴。

梁从诫在回忆母亲的文章中写道："她这位母亲，几乎从未给我们讲过什么小白兔、大灰狼之类的故事，除了给我们买了大量的书要我们自己去读之外，就是以她自己的作品和对文学的理解来代替稚气的童话，像对成年人一样地来陶冶我们幼小的心灵。"

书香的魅力自不必多说，现在很多家长都知道书能够陶冶孩子的情操，可是，给孩子买了一大堆书，孩子不但没能从书中获得养分，反而越来越讨厌阅读。

对于孩子来说，他们对这个世界充满好奇，最能吸引他们眼球的也许是那些五光十色的屏幕，而黑色的方块文字，他们并不十分感兴趣，这就需要家长的引导和帮助。

文字所构建出的世界要由家长带着孩子慢慢感受，可以通过朗诵先引起他们的兴趣，然后在他们渐渐地掌握阅读技巧后，再给他们安静的阅读空间，但是要记得在他们阅读后和他们分享一下阅读体验，这样会让他们对阅读的书有更为深刻的内化过程。

在孩子有问题时，陪他们一同在书籍中寻找答案，查阅书籍的过程，孩子会产生极大的求知欲，当在书中找到了自己想要的答案时，那种喜悦和满足感会让孩子体会到读书的快乐。当孩子慢慢喜欢上了读书，书籍才能发挥出陶冶孩子的性情、完善孩子的人格的作用。否则，它们就变成了一叠叠无用的废纸。

高尔基说："读书，这个我们习以为常的平凡过程，实际上是人的心灵和上下古今一切民族的伟大智慧相结合的过程。"

做像林徽因一样的妈妈，去帮助孩子读书，让书去拓宽孩子的视野、净化孩子的心灵。

用人格魅力去感染孩子

在林徽因短暂的一生中，她在很多领域都取得了成就。其实，她没有把太多的时间给予她可爱的孩子们，但是，她却用自己独特的人格魅力去感染了孩子，她是最为杰出的妇女、男士理想中的完美女性，她不但潜移默化地影响她身边的朋友，她的子女在她的周围长大，也深受她的人格魅力的影响。

林徽因的博学多识、认真负责以及为自己事业投入的热情常常再现于儿子和女儿的回忆的文章中，梁从诫对母亲的评价是：“在现代中国的文化界里，母亲也许可以算得上是一位多少带有一些‘文艺复兴色彩’的人，即把多方面的知识和才华——文学的和科学的、人文学科和工程技术的、东方的和西方的、古代的和现代的——汇集于一身，并且不限于通常人们所说的‘修养’，而是在许多领域都能达到一般专业者难以企及的高度。”

林徽因对于事业的奉献精神、在祖国危难之际表现出的决绝都深深地影响着她的孩子们。许多年后，像母亲积极奔走于保护中国的古建筑般热切，梁从诫“不甘心坐在象牙塔里，养尊处优；他毅然抛开那一条‘无灾无难到公卿’的道路，由一个历史学家一变而为‘自然之友’”。（季羡林语）他为中国的环保事业做出了卓越贡献。

在梁从诫求学时，曾报考清华大学建筑系只差了2分落榜，身为系主任的父亲却没有给孩子开一个方便之门。于公来讲，这次让世人看到了教育公平的良心；于私来讲，梁从诫却未能继承父母亲的事业。虽然他未在建筑业有所建树，可是父母对待工作的专业精神和多方面的学术修养却深深地影响了他。他曾任中国大百科全书出版社编辑，创办《百科知识》及《知识分子》杂志。

而梁再冰，也继承了母亲史学家的哲思、文艺家的激情，成为一名优秀的新华社记者。

林徽因对子女的教育从来都不是教条式、家长式的，可是她还是将她的一双儿女教育成值得人钦佩与尊敬的对于社会有益的人。

陶行知说："真教育是心心相印的活动，唯独从心里发出来的，才能打到心的深处。"对于家长来讲，与其整日不停唠叨，不如将明察秋毫的教育敏感转化为以身作则的教育智慧。

亲缘关系的天然性和密切性使孩子不自觉去模仿父母的行为，所以，家长在教育孩子的同时，也要不断完善自我。要丰富孩子的知识，自己就该手不释书，勤于学习，用自己的知识丰富孩子的知识；用自己的高尚思想品德和人格魅力感染子女，以积极向上的理想情操引导子女；用自己的情感激发孩子的情感，用自己的意志调节孩子的意志，用自己的个性影响孩子的个性，才能给孩子最好的教育。

静/思/小/语

林徽因能够成为成功女性的典范，不只因为她有一份理想的事业，并为之做出显著的成绩，更是因为她还是一个温柔的妈妈，培养出两个优秀的子女。她用自己的人格魅力感染着孩子，给孩子提供良好的学习氛围，并懂得引导孩子从书籍中获取能量。孩子的修养和气质，在很大程度上取决于父母的人格魅力，想让孩子成为优秀的人，自己先成为一个优秀的女人。

许我一个承诺，我给你温暖的港湾

那一年，梁思成问："你为什么选择了我？"

林徽因笑笑，淡淡地说了一句话："看样子，我要用一生来回答你这个问题。"

于是，这一生，她以一个女人的天性，将自己的目光始终注视自己温暖的家。

梁思成许她爱护一生的承诺，她用自己的整个生命为他营造一个温暖的世界。

艰难世事中，温柔的妻

很多人认为，林徽因选择梁思成作为终身伴侣，这是她一次最明智的选择。对于梁思成来讲，有林徽因这样的妻子，又何尝不是他最大的幸运。

梁思成多次在著作中表达这样的感情。

在《图像中国建筑史》的前言中，他写道：

最后我要感谢我的妻子、同事和旧日同窗林徽因，二十多年来，她在我们共同事业中不懈的贡献着力量。从在大学建筑系求学的时代起，我们就互相为对方"干苦力活"，以后在大部分的实地调查中，她又与我作伴，有过许多重要的发现，并对众多的建筑物进行过实测和草绘。近年来，她虽罹重病，却仍葆其天赋的机敏与坚毅；在战争时期的艰难日子里，营造学社的学术精神和士气得以维持，主要应归功于她。没有她的合作与启迪，无论是本书的撰写，还是我

对中国建筑的任何一项研究工作，都是不可能成功的。

林徽因出身显贵，却并不骄纵，能同丈夫共同漫步于欧洲浪漫的城堡，也能共赴实现理想的艰难旅程。

她虽然苦恼于家庭的琐碎，但是还是努力地将家事安排得井井有条，来来往往的亲戚，以及保姆、厨师的住处，她竟然细心地把 17 张床的位置画得清清楚楚。

虽然林徽因痛心于自己心中的美被平庸现实的婚姻生活所吞噬，但她却并未放弃承担家庭的责任，她用自己的整个生命营造一个温暖的世界，这个世界给丈夫安歇和修整，给孩子幸福和温馨。

梁思成对婚姻生活是如此满意。他说："人家讲'老婆是别人的好，文章是自己的好'，但是我觉得'老婆是自己的好，文章是老婆的好'。"

在林徽因去世后，梁思成在极度思念爱妻时写下：

宝宝，请允许我这样叫你。这几天心里难过至极，但我没有忘记今天，更没有忘记 26 年前的今天，是我第一次看到你。

他是如此怀念那个陪他走过人生的风风雨雨的温柔的妻子。

作为妻子，林徽因在婚姻中要承担更多的责任，她让自己的感情天地充满了蓬勃的精神和旺盛的生命力，也让自己的家庭始终充满幸福和温馨。

刚则易折，男人虽然要承担起家庭的重担，可是，有时却不如女人坚韧。俗语说"安家乐业"，这个"安"字就和女性有关，中间是个"女"字。家要安宁祥和，女人发挥好在家庭中的作用，整个家庭才有和谐之美。

如果说家庭是一个港湾，家里的女人才是港湾的守护者。女人要负责照顾好老人，教育好孩子，要为丈夫的事业之舟补充给养、维护修整。女人其实是构建和谐家庭的基础力量。

浪漫，给家增添一点儿温馨

除了对于整个家庭的细心照顾，林徽因还用她那饱含诗意的浪漫的精神品质让自己的婚姻更加温馨。

林徽因和梁思成在举行婚礼后曾有一次浪漫的欧洲的结婚蜜月之行。欧洲的经典建筑是他们的观光重点，他们一面体会着建筑艺术的博大精深，一面也为自己的学术做着重要的积累，漫步于法国巴黎的塞纳河畔这类浪漫的地方，他们也畅谈心扉，留下许多美好的回忆。

这样的结婚旅行，无疑更增加了他们的感情，也让他们日后回忆起这段经历，觉得美好无比。这大概就是成功的蜜月旅行的典范，除了体会空间穿越带来的美妙景观，还得到了很多学习的资料，可谓一举两得。

在平时的生活中，林徽因也总是充满了生活的情趣，梁思成在她的影响下，也从内敛逐渐变得浪漫。

梁从诫回忆："父亲外出考察回来时，妈妈奔上前去迎接他，两人一见面就拥抱亲吻，他们有个同事说他们这样太伤风化。两人也只是一笑置之。"他们只是坦率地表达出自己真挚的情感，能够增进彼此的感情，有些亲密的举动也无可厚非。

浪漫不会永远停留在哪个人的身上。男人可能在婚前会有一些浪漫的行为，但是婚后因为大功告成总是懒得再去经营浪漫。一旦有了孩子，更让很多浪漫的约会成为泡影。

浪漫越来越少，就会经常感觉爱情越来越淡。

其实，所有的客观原因都不能成为失望的理由。生活不需要每天都浪漫，但还是需要有一些浪漫来点缀。梦想要一起编织，才更有实现的意义。定下共同的目标，或是下一次旅游目的地，让彼此在对未来的憧憬中携手共进，一起散步，把孩子交给老人看管一天，两个人去看场电影，都能够增进幸福的感觉。

如果男人的压力让他懒得去浪漫，不如让女人用自己的感性去创造一种平凡的浪漫，让男人真正地感受家庭的温馨。

女人还要记得珍惜男人仅仅发挥不了几次的浪漫天赋。有这样一道心理测试题，婚后的男人要送给女人一件礼物，女人打开后，发现是一个名牌包包，这个包的价钱是男人两个月的工资，女人很节俭，她赶紧让男人把包退回去。留给男人的选项一是觉得很高兴，因为女人心疼自己的血汗钱；二是很生气，因为女人不接受自己的心意。

百分之八十的男人选择了后者。

女人还认为自己的节俭会得到赞美和肯定，其实，却从此封闭了男人想表达浪漫和爱意的心。男人认为，倾其所有才可以代表爱意，女人却不能成全男人付出的乐趣。他觉得扫兴，自然越来越不愿付出。

这时的女人，却还在不明就里地自我感觉良好，她得到了贤惠的美名，却没了浪漫的机会，这应该算是另一种得不偿失吧。

爱，要谨记承诺

在梁思成问她为何选择自己时，林徽因并没有正面回答，一段婚姻除了爱情还应该有别的因素：梦想的一致、父母的赞同，总之，婚姻是一场天时地利的迷信。林徽因说要用一辈子来回答，她也确实做到了，一辈子，谨记这个承诺。

徐志摩飞机遇难后，林徽因在给胡适的信中说："我受的教育是旧的，我变不出什么新人来。我只要对得起父母、丈夫、儿女。如果志摩活着，我待他恐怕仍然不能改，这也许就是我不够爱他的缘故，这就是我爱我现在家之上的缘故。"

在同梁思成结婚的那一刻，家的概念就给了她一种责任感，她成为了家庭的主角，而不是冷眼旁观别人的忙碌，她从不适应到井然有序，就是被切实拉进生活的证据。她爱她的家庭在一切之上，就是她给梁思成最好的回答。

她成为了丈夫最贤惠的妻子，孩子最温柔的母亲，她将自己的命运紧紧地与丈夫的兴衰荣辱捆绑在了一起，丈夫为了保护北京的城墙失声痛哭，她也不顾身体的虚弱竟大声斥责当局的愚昧。

林徽因是一个感情丰富的人，她曾在一封信中这样写道：

如果在"横溢情感"和"僵死麻木的无情感"中叫我来拣一个，我毫无问题要拣上面的一个，不管是为我自己还是为别人。人活着的意义基本的是在能体验情感。能体验情感还得有智慧有思想来分别了解那情感——自己的或是别人的。

婚后的感情有了波澜，她也真诚地同丈夫沟通，在坦率的交流后，理性地回归家庭，继续坚守婚姻的承诺。

不管是物质生活还是感情生活，他们都经历过波折，这也让他们相互砥砺，在扶持中一切困难都变得微不足道。

婚姻中需要承诺。诺言是相互信任的基础，它是真情与爱的纽带。

有了承诺，会让整个身心就沉浸在幸福中，不由得憧憬起明天的温馨美好。有了承诺，女人的心底才有了最踏实的依靠。

婚姻又不能仅仅拥有承诺，更需要用实际行动来履行那份爱的承诺。不管贫穷与富有都紧握彼此的手，不抛弃、不放弃，并以乐观、开朗和坚强去战胜挫折。然后，再用包容和宽容、理解和谅解去维护家庭稳定和睦。用真心真意面对生活中的每一天，家才能永远温馨美好。

静/思/小/语

想要维护美好幸福的婚姻生活，除了需要你履行自己对爱人的承诺之外，还要懂得用真情构筑美好温馨的生活氛围，让爱人享受到爱的甜蜜和家的温暖。不要辜负了爱人对你的那份爱和真情。不管在爱情、婚姻中遭遇什么，一定要勇敢面对悉心接受，无论身处何时何地，对爱情对自己一定要有信心，要相信，自己值得有一个好人来爱、有一个温暖的港湾可以停靠。

淡定是明亮而不刺眼的光辉

歌德说："永恒之女性，引领我们提升。"林徽因用自己一生的辉煌成就一段传奇，用无与伦比的美丽去跨越了百年的风雨，她懂得用淡定去修复日渐粗糙的感性，以期保留那份和悦与温婉。于是她仍然徜徉在中国整个现当代的历史中，永远妩媚、永远鲜活。

淡定是一种醒悟和超脱

记/忆

断续的曲子，最美或最温柔的
夜，带着一天的星。
记忆的梗上，谁不有
两三朵娉婷，披着情绪的花
无名的展开
野荷的香馥，
每一瓣静处的月明。
湖上风吹过，头发乱了，或是
水面皱起像鱼鳞的锦。
四面里的辽阔，如同梦
荡漾着中心彷徨的过往
不着痕迹，谁都
认识那画图，
沉在水底记忆的倒影！

林徽因在诗中轻轻感慨："谁不有两三朵娉婷，披着情绪的花，无名展开。"她饱含诗意浪漫的精神品质总是乐于丰富的情感体验，可是，她又懂得用理性和豁达去化解所有的情绪，最终"四面里的辽阔，如同梦荡漾着中心彷徨的过往，不着痕迹"。

美好却又不着痕迹，是她的淡定与洒脱。

当她拒绝了诗人的浪漫追求，从容地投入到新的感情中，很多人不理解她的决绝。

很多年以后，林徽因曾对自己的儿女说："徐志摩当初爱的并不是真正的我，而是他用诗人的浪漫情绪想象出来的林徽因，而事实上我并不是那样的人。"

当时面对炙热情感的淡定，是来源于她对现实的理性认识。这是一份醒悟后的超脱。

林徽因曾在给朋友的信中这样写道：

能懂得自己，不苛责自己，也不苛责旁人。不难自己所不能，也不难别人所不能，更不怨命运或者上帝，看清了世界本是各种人性混合做成的纠纷，人

性就是那么一回事，脱不掉生理、心理、环境习惯先天特质的凑合！

能将人性看得如此通透，这淡定的背后是醒悟和超脱。

能做到懂得自己，不苛责自己，这大概是人性中最大的慈悲。不难自己所不能，也是最大的美德。

多少的浮躁和不安都是因为不懂宽容自己，人所有的烦恼都是自己加给自己的，自我高估却又自我否定，在自我的拉扯中平添出许多烦恼。

佛曰：因上努力，果上随缘。如果没有这样的智慧和从容，何来的平和与淡定。

不懂得顺其自然偏要一味强求必然要产生压力，不能求之所得，又必然产生失落，如果生命陷入这样的恶性循环一定不会快乐。

而淡定的人却能够看清自己，看清自己的能力所限，不难自己所不能，就懂得了接受不完美的现实，从而也就可以把生活过得风轻云淡。

在不苛责自己的同时，也要懂得不难别人所不能。

很多女人在为家庭牺牲自己的事业之后，就把自己所有的希望和梦想分别寄托于爱人和孩子身上。她希望爱人能够事业成功，却从不关心他辛不辛苦，她希望孩子能实现她未完成的梦想，却不去了解这是否是他兴趣所在。

当她将自己的意志凌驾于他人的意志之上，不但给别人造成了压力，也将自己错误

地放置在虚幻的想象中。当编织的梦想泡沫破灭，自然跌入痛苦的深渊。

何不用宽松的心态去面对身边的人或事，理性地面对现实，和强迫自己最爱的人做他不喜欢的事相比，接受一个真实的他，你会获得更多的快乐。

让自己拥有一个健康的身心和愉快的情绪，才能得到真正的幸福。

云淡风轻是女人最深的味道

在如莲的时光中，她淡然地看天上云卷云舒，庭前花开花落。

曾经的青春年华如烟花般绚丽绽放，经由时间的历练竟沉淀出从容淡定的高华的气度，她的美没有随着青春的流逝而变枯萎，宛若一杯清茶，淡到极致，却清润有余。云若淡，风必轻盈，气若定，云淡风轻，她的淡定从容，散发出女人最深的味道。

将狂热的追求轻轻拒绝，她知道炽热不是爱情的常态，不如从爱恨情仇中超脱，寻找爱情之外的广阔。将刻薄的讽刺淡然回应，没有尖酸狰狞的愤怒，是因为对世态人情的看破。

她的淡定不是平庸，她只是去寻求那份心灵的安宁和性情的淡定。她的淡定不是不在乎，而是事事洞明，是沉稳果断。

所以，面对死亡她也同样淡定，如果家乡真的要遭受铁蹄的践踏，死亡未尝值得惧怕。这样强大的气场，才让她的美丽圆润完整。

做女人，淡定是一种优雅。

淡定不是平庸，而是一种超然的生活态度，你可以在平淡中感受着寻常的幸福，在平凡的生活中怀揣一颗感恩之心，活得简单而有味道。

世界纷扰复杂，能够保持内心平静，的确是一件很不容易的事。

你要学会在生活中寻找平衡感，并找到精神的支撑，才能不被花花的世界所迷惑。

对于很多浮躁的女人而言，这恰恰是她们所缺乏的。她们所谓的“精神支撑”不过是整日盲目地攀比炫耀。买了个名牌包包，想方设法到朋友面前显示一番；孩子考试得

了第一名，她也以最快的速度让同事知道；老公升了职，迫不及待地昭告天下……这样做不但给别人造成了压力，而一旦别人的某些方面比她更优秀，她的心里顿时失衡，开始浮躁不安，不但马上让自己处于“备战”状态，还很容易把期望寄托在周围最亲密的人身上，有的妻望夫贵，有的望子成龙，总之，整个家庭的和谐都被打破。

很多女孩儿，更是执着于对物质的追求，为了满足虚荣的心理，竟不惜出卖自己的灵魂和年轻的身体。她们从不去认真思考，一个名牌的包包到底会让生活幸福多少。所以，她们稚嫩的脸庞上写满了浮躁。

不如，让生活少一点儿这样的市侩，尝试着建立一个丰富高贵的精神世界。踏实地工作不好高骛远，才能有所收获；在闲暇的日子安排一次旅游，不是为了疯狂购物炫耀自己的财富，只是为了让不一样的景致充实自己的心灵；把买名牌的钱省下来买点儿书或是报个兴趣班，精神上的充实一定让你的钱物超所值。在心理上不要总是把别人看成对手，每个人头上都有自己的一片天空，特别的你需要活出自己的精彩。

淡定不浮躁，生活过得轻松，才是最大的福气。

淡定是一眼爱的清泉，浇灌幸福人生

内心宁静，事情就顺了。

尤其是对于女人来讲，焦虑和浮躁会让人生变得复杂。

大学毕业时为了工作焦虑，于是四处碰壁多吃了很多苦，意志不坚定的反倒被现实打败；该恋爱时为了择偶焦虑，怕自己成剩女选择草率反倒闪婚闪离；婚姻稳定了又为孩子的未来焦虑，东奔西走的为她谋划人生，她却与你的希望背道而驰，然后，你又要为健康担心……焦虑的人生没有止境。

这一切对未来的担心，并不能帮助你解决问题，反而会阻挠你做出正确的决定。心

理学家说，这种担心是没意义而且浪费时间的。因为研究发现，人们常常高估自己的决定对未来产生的不良影响，实际上，很多事情并未有你想象得那样差，所以淡定些，放下担心的女人才能看到世间的风景和生活的美好。

不求在纷扰的世间心如止水，但至少要变得厚重沉稳，情绪中少一些躁动，神态中多一些从容，心境多一些平和，才能理智地看懂人生。

淡定之所以可以如一眼爱的清泉浇灌幸福的人生，是因为淡定从容的女人更在意的是内心的丰盈，她不是无所追求碌碌无为，她知道自己想要什么，所以步伐坚定。

生活原本很简单，一箪食、一瓢饮即可，是无止境的物欲让生活变得复杂，慕虚的张扬、名利的角逐让人焦虑浮躁，如果能用智慧将人生看得通透，就会少做很多“无用功”，少买一件名牌，可以换回多少轻松！别让心里塞满太多欲望，保留一块安静的角落，去追问自己最初的梦想，才能让人生不偏离方向。

有了方向，才不怕路远。《典雅》中的一句“落花无言，人淡如菊”写出了淡定的精髓。“落花无言”，在经历了华美的绽放即便是落土化泥也无怨无悔，“人淡如菊”的女人只有平实内敛全无冷漠高傲。

有这样一种宁静的美丽，女人走到哪里，都会是一道亮丽的风景。

静/思/小/语

好好把握平静快乐的时光，拥有一颗轻松自在的心，不管世界如何变化，让自己都能有一片清净的天地。走过了起落和坎坷之后要更加笃定和从容。“落花无言，人淡如菊”，有这样一种宁静的美丽，女人走到哪里，都会是一道亮丽的风景。

阴晴圆缺会有时，美景只是刚刚好

莲开的六月，宁谧的老宅，江南的少女带着夏日的荷香慢慢成长，当林家有女初长成之时，清雅的气质已经悄然闪烁光芒，等到经过西方的文化洗礼，她终于将美丽和才华演绎到极致，虽然人生如月，难免阴晴圆缺，可是，却不妨碍她将生命捧出一段又一段的辉煌。

行走中顿悟生命的纯美

林徽因的一生不长，但是她却有着极为丰富的经历，幼年时在江南水乡蕴养出秀美清雅，来到尊贵的皇城，她静静地感受这座城市的喧嚣，游历欧洲，她找到自己的梦想，从此她生命里繁花滋长，再回到北京，她用美丽和温润成为了焦点。

她原以为她的人生应该永远不会有冬季来临。当苦难不期而至，她远比自己想象中坚强，不管岁月遗失了多少平静，她都试图用诗意的生活去圆满人生。她于生命之旅中不断行走，当顿悟到生命的纯美，她终于懂得了活着的意义。

1931 年，年仅 27 岁的林徽因病倒了，不但一下子消瘦了很多，自己也常常觉得虚弱，到医院检查之后，才确诊为肺结核。无奈之下，她只好放下手头的工作，准备去香山养病。身体的不适她不得不放慢工作的脚步，不能同丈夫一道为梦想拼搏，她难免有些失落。

不过，很快，她重拾了生活的快乐，面对香山的烂漫美景，她心中那些迤逦曼妙的文字成为她释放情绪的出口。于是，世人从此可以在一个个经典的文学作品中清晰地读到她的善良、乐观、温暖、踏实和坚韧。

不管生命要强加给她多少的负担，可是唯一自由的应该是人的灵魂。

不管是文学还是建筑设计，林徽因的生活被艺术之美充盈着，她在书中写下艺术的魅力："艺术不仅要从生活得到灵性，得到思想和感情的深度，得到灵魂的骚动或平静，而且能在艺术的线条和色彩上形成它自身，艺术本身的完美在它的内部，而不在外部，

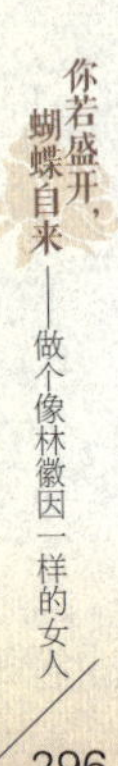

它是一层纱幕，而不是一面镜子。它有任何森林都不知道的鲜花，有任何天空不拥有的飞鸟，当然也会拥有任何桑树上没有的蚕。”

她向善向美的精神气质和超凡脱俗的情感体验让她即使于疾病中，也能散发迷人的气质。

纵使百般沧桑，做个天使爱自己

莲 / 灯

——林徽因

如果我的心是一朵莲花
正中擎出一支点亮的蜡
荧荧虽则单是那一剪光
我也要它骄傲的捧出辉煌
不怕它只是我个人的莲灯
照不见前后崎岖的人生——
浮沉它依附着人海的浪涛
明暗自成了它内心的秘奥
单是那光一闪花一朵——
像一叶轻舸驶出了江河——
宛转它漂随命运的波涌
等候那阵阵风向远处推送
算做一次过客在宇宙里
认识这玲珑的生从容的死
这飘忽的途程也就是个——
也就是个美丽美丽的梦

人生虽然前后崎岖，可是心却在坎坷命运湍流中的一丝光亮，微弱却不乏力量，随波逐流却不迷失方向。风会把她推向渺茫的远方，但她仍无悔地“认识这玲珑的生从容的死”。就如同泰戈尔所说“生若夏花般绚烂，死若秋叶般静美”，也许是因为受身体所累，使得林徽因对于生命的美好更加珍视和向往。所以，她说即使人生如梦，也要做个美丽的梦。

在这美丽的梦中，自己应该是当之无愧的主角，只有爱自己，才能将如戏人生演绎得多彩多姿。爱自己首先得让自己变得漂亮。

她不想让人看到一个病恹恹的邋遢女人，所以，很多人回忆起林徽因当时的风华，仿佛丝毫不受她疾病的影响。

《诗经》中曾有这样的诗句：自伯之东，首如飞蓬。愿言思伯，谁适为容！

大体的意思就是，自从你去了东方，我的头发像枯草飞蓬一样。表示作者所思念的人离开了她去了远方，即使她再悉心打扮也没意思。

虽然它生动地描绘出了情之深切,但是诗歌中女人只为男人打扮的行为却不可取。

生命是自己的，要为自己而活，取悦别人和取悦自己同样重要。

其实，女人对于外表的精心体现出的正是对自己生命的珍视。

爱自己，还得学会有一个好的心态，不让失望和悲观蚕食生命的美好。有一个好的心态可以少去很多焦虑、浮躁，自然就多一份安适、多一份恬静，有心情去感受“宠辱不惊，闲看庭前花开花落，去留无意，漫随天外云卷云舒”的自在，就告别了生命中的很多沉重。于是，高雅精致的女人把生活中平常的时光转换成了巨大享受的时刻。

爱自己，才是对生命的最大尊重。

心若安好，便是晴天

林徽因的一生，给了人太多诗意的遐想。她用内敛平和、浪漫敏锐、理性热情尽情地抒写着生命的诗意与春天。她曾让每一个靠近她的心，都变得清澈而柔软。文学艺术和建筑艺术的滋养，让她把一个女人的生命建筑得恢宏而且独一无二。

在她去世时，为她默默守护一生的金岳霖挥泪写下了“一生诗意千寻瀑，万古人间四月天”的挽联。这应该是对林徽因一生最准确的概括。

她走过的路曾平坦也曾崎岖，可是，她都努力地用最真诚的爱去编织五彩的人生，她知道怎样安放好自己的心灵，所以她的人生就像四月天般明媚。

世界的繁杂是我们每天必须面对的，快乐或悲伤、丰富或乏味，不过一念之间。你不安世界更浮躁，很多女人忙碌却都是徒劳，这是因为她们想要的并未是她们需要的。女人，应该寻找到一种内心的松弛状态，生命的单纯与美好全系于平适的心境，心若安好，便是晴天。

有一句印第安谚语说：“如果我们走得太快，停一停，让灵魂跟上来。”

脚步匆匆、神色茫然的你，是不是会突然感叹：时间都去哪儿了。当回头看走过的岁月，很多时候你被时间和压力催赶着盲目地做了很多事情，可是这些事情却丝毫不能让你快乐。

不如，放慢自己的脚步，多问问你的灵魂，你，究竟在追寻什么、究竟希望得到什么。当你找到生命的支点，你才能走得更加从容。即使现实会黯淡如黑夜，心里也要有诗一样的幸福。这就是为何，关于林徽因的记忆永远不会苍白。

她跨越了百年的美丽。

初见她，惊艳；

再见她，依然。

静/思/小/语

无论何时我们都要重视生活品质，既不能因为忙而把家里弄得一团糟，也不能纵容自己蓬头垢面、不修边幅。放慢脚步，适时地审视一下自己的生活，努力让每一天都成为将来美好的回忆。